KB180762

고득점을 위한 해석과 독해 비법서

1등급 영어 해독법

1등급 영어 해독법
: 고득점을 위한 해석과 독해 비법서

© 남기선, 2020

1판 1쇄 인쇄_2020년 3월 20일
1판 1쇄 발행_2020년 3월 31일

지은이_남기선
펴낸이_홍정표
펴낸곳_글로벌콘텐츠
등록_제25100-2008-000024호

공급처_(주)글로벌콘텐츠출판그룹
대표_홍정표 이사_김미미 편집_김수아 이예진 권군오 이상민 홍명지 기획·마케팅_노경민 이종훈
주소_서울특별시 강동구 풍성로 87-6, 201호
전화_02) 488-3280 팩스_02) 488-3281
홈페이지_http://www.gcbook.co.kr
이메일_edit@gcbook.co.kr

값 16,500원
ISBN 979-11-5852-275-9 53740

※ 이 책은 본사와 저자의 허락 없이는 내용의 일부 또는 전체의 무단 전재나 복제, 광전자 매체 수록 등을 금합니다.
※ 잘못된 책은 구입처에서 바꾸어 드립니다.

고득점을 위한 해석과 독해 비법서

수능영어 1등급 정복!

1등급 영어 해독법

남기선 지음

유튜브, 네이버, 다음 동영상 강의 제공

글로벌콘텐츠

머리말

영어 학습에서 혹은 각종 영어 시험에서 가장 필요한 것은 문장의 해석과 글 전체(지문)의 독해이고, 이 해석과 독해를 잘하기 위해 가장 기초 혹은 기본이 되는 것은 누가 뭐라고 해도 당연하게 어휘와 구문(문장구성 혹은 문장구조)이다. 어휘 실력과 구문 실력을 향상시키기 위해서 많은 시간을 그것에 투자해야 하는 것은 불가피한 일이다. 이런 상황에서 우리에게 필요한 것은 효율적이면서 효과적으로 어휘 실력과 구문 실력을 향상시키는 방법을 찾아서 그 방법으로 공부하는 것이다. 그렇다면, **"효과적인 구문 공부 방법, 즉 효과적인 해석 방식과 독해 방식은 무엇일까?"** 이 질문에 해답이 바로 이 교재의 목적이라고 하겠다.

'해석'이란 '구문을 분석하는 것'을 의미하는데, 구체적으로 말하면, '한 문장 안에서 차례대로 등장하는 단어들의 의미를 결합하여 그 문장의 의미를 파악하는 것을 의미한다. 그렇다면 단어들의 의미만 알면 해석이 잘 되는가? 그렇지 않다는 것은 우리가 실제로 해석을 해 보면 알 수 있다. 단어들의 의미를 안다고 해석이 잘 되는 것은 아니다. 해석을 잘 하기 위해서는, 어휘실력뿐만 아니라, **문장의 어순과 구조에 있어서, 한국어와는 다른 언어인 영어만의 독특한 구문들의 유형(pattern)별 분석연습을 통해서, 해석 실력(구문분석 실력)을 향상시켜야 한다**.

우리는 대개 한 문장, 한 문장, 즉 한 문장씩 이해(해석)하면서 글 전체를 이해(독해)하려고 애쓴다. 글(지문) 전체를 이해(독해)하기 위해서는, 각 개별문장들을 글이 전개되는(짜여진) 순서대로 이해(해석)하면서 나아갈 때 가능하다. 여기서 '해석'과 '독해'의 개념이 등장하는데, 해석은 개별문장을 이해하는 것이고 독해는 글 전체를 이해하는 것이다. 일단 이런 개념을 적용하면, 먼저 해석 실력을 향상시킨 후에, 독해 실력을 향상시켜야 할 것으로 이해된다. 이것은 먼저 개별문장들을 이해(해석)한 후에야 글 전체를 이해(독해)할 수 있다고 간주하기 때문이다. 그러나 해석능력과 독해능력은 별개의 문제라고 간주하는 관점을 고려하면, **해석능력과 독해능력을 각각 동시에 키워나가는 것이 올바른 공부방식이 된다**. 이 교재는 이런 관점, 저런 관점을 다 고려하여 설계되어 제작된 교재이므로 **해석연습과 독해연습을 동시에 병행해도** 문제될 것이 없을 것이다. 교재의 목차(순서)에서만 전반부에 해석능력 향상에 대한 내용이 먼저 등장하고 후반부에 독해능력 향상에 대한 내용이 등장할 뿐이다. 해석능력 향상을 먼저 중시하는 것이 일반적이므로 문제될 것이 없을 것이다.

앞서 언급했던 "효과적인 구문 공부 방법, 즉 효과적인 해석과 독해 방식은 무엇일까?"라는 질문으로 되돌아가보자. 이 질문에 대한 일반적인 답은 **"영어에서 나올 수 있는 모든 구문을 수준별로(단계별로) 몇 가지 유형(pattern)으로 분류하여 이 유형들을 학습하고 숙지해 나가면서 실전에 적용하는 방식"이 될 것이다. 이에, 이 교재는 수준별로(단계별로) 그 해법을 제시하여, 즉 단계별 원리와 공식을 제시하여, 효과적으로 학습자의 문장의 해석 실력과 글 전체(지문)의 독해 실력이 향상되도록 설계되었다.**

이 교재의 큰 특징은 **수준별, 단계별, 총체적으로 학습할 수 있도록 편성**되어 있다는 것이고, 그 특징을 구체적으로 살펴보면, 첫 번째, **영어에서 나올 수 있는 모든 가능한 구문을 몇 가지 유형(pattern)으로 제시하여 이것을 학습하고 숙지하여 나아가게 하고,** 두 번째는, **이 유형들을 실전에 적용할 수 있도록 다양한 실전 구문 예시들과 실전 지문들을 제공하여 연습하게 하고,** 마지막 세 번째는, **고득점을 위한 독해 비법을 제시하여 시험에는 무엇을 어떻게 적용해야 문제를 쉽게 풀 수 있는 지를 명백하게 보여준다.** 백문이 불여일견이다.

남기선

Contents

Part 3
해석비법 실전구문

Part 4
독해비법 논리독해

Appendix
부록

교재의 특징 및 활용법

교재의 특징: ① 수준별(단계별), 총체적으로 학습할 수 있도록 편성되어 있다.
② 해석과 독해를 가장 효과적으로 빠른 시간 안에 제대로 습득시켜주는 교재다.

Part 1은 중학생 및 고등학생(1학년) 수준의 기초 입문 단계의 기초 구문편이고,
Part 2는 수능 3등급 정도를 목표로 하는 학생들을 위한 중급 단계의 중급 구문편이고,
Part 3는 수능 1~2등급을 목표로 하는 학생들을 위한 상급 단계의 상급 구문편이다.
Part 4는 수능 1등급을 목표로 하는 학생들을 위한 상급 단계의 독해 비법편이다.

바로 위에서 언급된
이 교재의 특징에 맞추어 효율적으로 이 교재를 이용하는 방법

본인이 초급자로 간주되면,
Part 1 단계부터 시작하여 Part 4 단계로 나아가면 된다!

본인이 중급자 이상으로 간주되면,
본인 수준에 맞는 Part의 단계를 집중적으로 학습하고,
그 다음 단계로 나아가도 된다.

Part 1
해석비법 기초구문

해석'이란 '구문을 분석하는 것'을 의미하는데, 구체적으로 말하면, '한 문장 안에서 차례대로 등장하는 단어들의 의미를 결합하여 그 문장의 의미를 파악하는 것을 의미한다. 그렇다면 단어들의 의미만 알면 해석이 잘 되는가? 그렇지 않다는 것은 우리가 실제로 해석을 해 보면 알 수 있다. 단어들의 의미를 안다고 해석이 잘 되는 것은 아니다. 해석을 잘 하기 위해서는, 어휘실력뿐만 아니라, **문장의 어순과 구조에 있어서 한국어와는 다른 언어인 영어만의 독특한 구문들의 유형(pattern)별 분석연습을 통해서, 해석 실력(구문분석 실력)을 향상시켜야 한다.**

우리는 대개 한 문장, 한 문장, 즉 한 문장씩 이해(해석)하면서 글 전체를 이해(독해)하려고 애쓴다. 글(지문) 전체를 이해(독해)하기 위해서는, 각 개별문장들을 글이 전개되는(짜여진) 순서대로 이해(해석)하면서 나아갈 때 가능하다. 여기서 '해석'과 '독해'의 개념이 등장하는데, **'해석'은 개별문장을 이해하는 것이고 '독해'는 글 전체를 이해하는 것이다.** 일단 이런 개념을 적용하면, 먼저 해석 실력을 향상시킨 후에, 독해 실력을 향상시켜야 할 것으로 이해된다. 이것은 먼저 개별문장들을 이해(해석)한 후에야 글 전체를 이해(독해)할 수 있다고 간주하기 때문이다. 그러나 해석능력과 독해능력은 별개의 문제라고 간주하는 관점을 고려하면, **해석능력과 독해능력을 각각 동시에 키워나가는 것이 올바른 공부방식이 된다.** 이 교재는 이런 관점, 저런 관점을 다 고려하여 설계되어 제작된 교재이므로 문제될 것이 없을 것이다. 교재의 목차(순서)에서만 전반부에 해석능력 향상에 대한 내용이 먼저 등장하고 후반부에 독해능력 향상에 대한 내용이 등장할 뿐이다. 해석능력 향상을 먼저 중시하는 것이 일반적이므로 문제될 것이 없을 것이다.

이 Part 1에서는 기초 구문 편으로서 영어 구문 유형(pattern)의 가장 기초가 되는 문장들을 제시하고 있다. 따라서 기초가 부족하다고 느끼는 학습자들은 반드시 여러 번(4~5회) 반복하여 숙지해야 하고 기초를 어느 정도 쌓았다고 생각하는 학습자들은 확인 및 점검의 차원에서 학습하기 바란다.

1 | 기본 문장 구성의 원리(비법)

PART 1_ 해석비법 - 기초구문

'해석'이란 '구문을 분석하는 것'을 의미하는데, 구체적으로 말하면, '한 문장 안에서 차례대로 등장하는 단어들의 의미를 결합하여 그 문장의 의미를 파악하는 것을 의미한다. 그렇다면 단어들의 의미만 알면 해석이 잘 되는가? 그렇지 않다는 것은 우리가 실제로 해석을 해 보면 알 수 있다. 단어들의 의미를 안다고 해석이 잘 되는 것은 아니다. 그 이유는 우리는 외국어(영어)를 한국어로 번역하여 이해할 수밖에 없는 한국인이기 때문이다.

구체적으로 말하면, 한국어의 어순은 '주어+목적어+동사'인 반면에 영어의 어순은 '주어+동사+목적어'인 것처럼, 한국어의 어순과 영어의 어순은 다르기 때문에 우리가 영어해석에 어려움을 겪을 수 있다. 이와 같은 '주어+동사+목적어'의 어순은 영어의 기본적인 문장구성의 원리 중에서 하나인데, 다음에서 우리는 '해석'의 기초가 되는 기본 문장 구성의 원리(비법)을 배우자!

기본 문장 구성의 첫 번째 원리: 동사의 수가 접속사의 수보다 하나 더 많다.

- 하나의 문장에는, 반드시 하나의 **술어(동사)**가 있어야 한다.
- 두 개의 문장에는, 반드시 두 개의 **술어(동사)**가 있어야 하고 또한 반드시 하나의 **연결어(접속사)**가 있어야 한다.
- 세 개의 문장에는, 반드시 세 개의 **술어(동사)**가 있어야 하고 또한 반드시 두 개의 **연결어(접속사)**가 있어야 한다.

⋮

a. 주어 + 술어(동사) ~.

b. 주어 + 술어(동사) ~ 연결어(접속사) + 주어 + 술어(동사) ~.

c. 주어 + 술어(동사) ~ 연결어(접속사) + 주어 + 술어(동사) ~ 연결어(접속사) + 주어 + 술어(동사) ~.

a. John loves Mary.

b. John loves Mary, and Tom loves Jane.

c. John loves Mary, and Tom loves Jane, and Steve loves Ann.

☞ **술어(동사) : 부록 기초개념_술어(p310) 참고**

☞ **연결어(접속사, 관계사) : 부록 기초개념_연결어(p311) 참고**

2 | 어미(조사, 접사)를 붙이는 원리(비법)

우리는 한국인이므로, 특히 초기 외국어(영어) 학습에 있어서는, 한국어를 매개로 하여 외국어(영어)를 이해할 수밖에 없다. 따라서 외국어(영어)가 우리 모국어(한국어)로 어떻게 해석되는지에 대한 원리(비법)을 아는 것이 곧 해석을 제대로 하는 해결책이 된다.

다음 두 문장들을 해석하자.

a. Cats like dogs (문장 a의 의미 = 고양이는 개를 좋아한다)
고양이 좋아하다 개

b. Dogs like cats (문장 b의 의미 = 개는 고양이를 좋아한다)
개 좋아하다 고양이

문장 a의 의미는 단어들의 차례대로의 의미인 "고양이-좋아하다-개"가 아니라 "고양이는 개를 좋아한다"이고, 문장 b의 의미는 단어들의 차례대로의 의미인 "개-좋아하다-고양이"가 아니라 "개는 고양이를 좋아한다"이다. 한국인은 한 문장(예를 들어 문장 a)을 단어들의 단순한 의미의 결합체인 "고양이-좋아하다-개"로 해석하면 이해할 수 없고 "고양이**는** 개**를** 좋아한다"로 해석해야만 이해할 수 있듯이, '는' 그리고 '를'이라는 '어미(조사, 접사)'를 붙여야 영어가 이해된다. 결국, **첫 번째 해석의 비법(열쇠)**은, 우리(한국인)가 영어를 이해하는 방식, 즉 영어를 자연스럽고 올바르게 해석하는 방식은 **영어 단어 및 구절(의 의미)에 우리말(한국어)의 '어미(조사, 접사)'를 붙여서 이해하는 방식**이라는 것을 깨닫고 적용하는 것이다.

한편, 위의 문장 a와 문장 b는 서로 완전히 다른 의미를 가진다. 문장 a와 문장 b는 동일한 성분인 dogs, cats, like를 가지고 있지만 두 문장들의 의미는 서로 다르다. 이와 같이, 영어는 '성분의 위치'가 해석을 결정하는 언어다. 한국어는 '성분의 위치'가 해석을 결정하기보다는 '어미(조사)'가 해석을 결정하는 언어다.

요컨대, 우리(한국인)는 외국어(영어)를 한국어로 번역하여 이해할 수밖에 없는 한국인이므로 영어 단어 및 구절(의 의미)에 '어미(조사, 접사)'를 붙여서 해석할 수밖에 없다는 사실을 인지하고, 영어 단어 및 구절(의 의미)에 '어미(조사, 접사)'를 붙이는 원리(공식)를 아는 것이 해석을 정복하는 비법임을 깨닫기 바란다. 특히, 이 교재에서 제시하는 **첫 번째 해석의 비법(열쇠)**는 바로 **영어 단어 및 구절(의 의미)에 '어미(조사, 접사)'를 붙이는 원리(공식)를 숙지하여 적용하는 것**이다.

1 문장성분(역할어)의 '어미(조사, 접사) 붙이기'의 기초

문장성분인 동사(서술어)는 '-이다', '-하다'로 끝나는 말이고, 주어는 대개 '-은', '-는', '-이', '-가'로 끝나는 말인데, 이러한 '-이다', '-하다', '-은', '-는', '-이', '-가'와 같이, 우리말(한국어)의 단어 혹은 구절의 끝에 오는 말을 어미(조사, 접사)라고 한다. 다음은 어미(조사, 접사)를 붙이는 첫 단계 원리(비법)이다.

1 주어: -은, -는, -이, -가, -하는 것은, -하는 것이 등으로 해석된다.

[Studying English eagerly] is my habit. ➔ [ ] = **주어** is = 동사 ***eagerly 열심히**

[열심히 영어를 공부하는 것]**-은** 나의 습관이다.

2 목적어: -을, -를, -라고, -에 대해 등으로 해석된다. ※ 간접목적어: -에게, -에게서

I enjoy **[studying English eagerly]**. ➔ enjoy는 타동사(목적어를 필요로 하는 동사)다.

나는 [열심히 영어를 공부하는 것]**-을** 즐긴다. ➔ [ ] = **목적어**

3-1 주격보어: -(것)이다, -하다 등으로 해석된다.

My joy is [studying English eagerly]. ➔ be동사(여기서는 is) 뒤에는 보어가 위치한다.

나의 즐거움은 [열심히 영어를 공부하는 것]**-이다**. ➔ [ ] = **주격 보어**

3-2 목적(격)보어: ~(으)로, ~라고, ~하는 것을, ~하게 등으로 해석된다.

a. I made the program [what I want]. [내가 원하는 것]**-으로** 만들었다 ➔ [ ] = **목적(격)보어**

b. The teacher told the boy [to study English eagerly]. [영어를 열심히 공부하]**-라고** 말했다

c. The teacher wanted the boy [to study English eagerly]. [영어를 열심히 공부하]**-는 것을** 원했다

d. The teacher made the boy [study English eagerly]. [영어를 열심히 공부하]**-게** 했다

4-1 명사 전치수식어(명사의 앞에서 수식하는 말): -할, -인, -하는, -한, -ㄴ, -의 등으로 해석된다.
I like (eagerly studying) boys. ( ) = 명사 boy를 수식해주는 말
나는 (열심히 공부하)**-는** 소년을 좋아한다.

4-2 명사 후치수식어(명사의 뒤에서 수식하는 말): -할, -인, -하는, -한, -ㄴ, -의 등으로 해석된다.
I like a boy (studying English eagerly). ( ) = 명사 boy를 수식해주는 말
나는 (열심히 영어를 공부하)-는 소년을 좋아한다.

5 **전치사의 의미**: 전치사가 이끄는 구절은 다양한 기능을 담당한다. 보어의 기능을 담당하기도 하고, 명사수식어 기능을 담당하기도 하고 기타수식어 기능을 담당하기도 한다. 대개, 전치사는 "-에(서), -에는, -(으)로, -와, -의, -에 대해서, -에 반하여, -를 위하여" 등으로 해석된다.
☞ **전치사: 부록 기초개념_전치사(p319) 참고**

in의 의미: ~안에(서), ~에(서), ~하는 데에 (있어서), ~에 대해

a. I live in [Seoul]. 나는 서울에 산다. ➔ in의 의미: ~안에(서), ~에(서)

b. I need you in [studying English]. ➔ in의 의미: ~하는 데에 (있어서),
나는 [영어를 공부하]**-는 데에 (있어서)** 너를 필요로 한다.

c. My interest in [English] is great. ➔ in의 의미: ~에 대해, ~에 대한
interest 관심 나의 영어에 대한 관심은 상당하다.

d. He wrote letters in red ink. ➔ in의 의미: ~로
그는 빨간 색 잉크로 글씨를 썼다.

6 **기타수식어**: 대다수 전치사와 대다수 접속사가 이끄는 구절이 흔히 기타수식어로 기능을 하며, ~ing, pp, to v(to부정사)가 이끄는 구절도 흔히 기타수식어로 기능을 한다. 기타수식어는 조사(어미/접사)인 "~에, ~에서, ~로, ~에게, ~에게로, ~로서, ~로써, ~와, ~처럼, ~만큼, ~보다, ~라고", 그리고 "-이(많이, 깨끗이), -히(조용히), -리(빨리, 멀리), -게(조용하게)", 그리고 "~하고(이고), ~해서(여서), ~하면서, ~할 때, ~하면, 그래서~하다(되다), ~하기에(이기에), ~하는 데

에, ~하듯이, ~하는 대로, ~하기 위해서, ~하도록, ~하는 것에 대해, ~하지만, ~하든지 간에" 등 으로 해석된다.

a. (Studying English eagerly), the man passed the exam.
(열심히 영어를 공부하)-**여서** 그 남자는 그 시험에 합격했다.

b. The man passed the exam, (studying English eagerly)
그 남자는 그 시험에 합격했는데, (열심히 영어를 공부하)-**여서** 합격했다.

2 문장성분의 '6가지 위치'

아래의 문장성분의 '**6가지 위치**'와 '**10가지 형태(단위)**'의 타당한(올바른) 매칭(결합)의 결과가 바로 어미(조사, 접사)를 붙이는 토대가 되며, 2쪽 뒤의 페이지에 매칭표가 그 결과물로서 나온 것이다.

1 주어 위치: 1 + 동사 → 동사의 앞 위치

2 동사의 목적어 위치: 동사 + 2 → 동사의 뒤 위치
※ 간접목적어의 위치: → 동사의 뒤 위치 또는 직접 목적어의 뒤 위치
a. I gave him a book (간접 목적어인 him은 동사 'gave' 뒤에 위치함)
b. I gave a book to him. (간접 목적어인 to him은 직접 목적어인 'a book' 뒤에 위치함)

3-1 동사의 보어 위치: 동사 + 3-1 → 동사의 뒤 위치
3-2 동사의 목적보어 위치: 동사 + 목적어 + 3-2 → '동사 + 목적어'의 뒤 위치

4-1 명사 **전**치**수**식어 위치: 4-1 + 명사 → 명사의 앞 위치
4-2 명사 **후**치**수**식어 위치: 명사 + 4-2 → 명사의 뒤 위치

5 전치사의 목 위치: 전치사 + 5 → 전치사의 뒤 위치
6 기타 수식어 위치: → 1~5 이외의 나머지 위치
(기타 수식어 = 비명사 수식어 = 명사가 아닌 다른 품사를 수식해주는 말)

3 문장성분의 '10가지 형태(단위)'

아래의 [ ] = 주어, 목적어, 보어, 전치사의 목적어; 아래의 ( ) = 수식어

아래의 명사구, 전치사구, 형용사구, 부사구 등은 p328~330 참고

1 명사구: I am [(a) (Korean) student (of English) (with eagerness)]. ➔ [ ] = 명사구
나는 [한국 출신의 영어를 열심히 공부하는 사람이다].

2 전치사구(=전명구): I am a student (of English) (with eagerness). ➔ ( ) = 전치사구
나는 (영어를) (열심히 하는) 학생이다.

3 형용사구: I am a man (eager to study English). ➔ ( ) = 형용사구
나는 (영어를 공부하는데 열심히 하는) 사람이다.

4 부사구: I study English (very eagerly). ➔ ( ) = 부사구
나는 (매우 열심히) 영어를 공부한다.

5 pp(과거분사) 구: English is the subject (studied eagerly by me). ➔ ( ) = pp구
나는 (나에 의해 열심히 공부되는) 과목을 좋아한다.

6 구: I enjoy [studying English eagerly]. ➔ [ ] = ing구
나는 [영어를 열심히 공부하는 것을] 즐긴다.

7 to-v(to 부정사) 구: I want [to study English eagerly]. ➔ [ ] = to-v구
나는 [영어를 열심히 공부하는 것을] 원한다.

8 wh-절(의문사-절): I wonder [who study English eagerly]. ➔ [ ] = wh-절
나는 [누가 영어를 열심히 공부하는지를] 궁금하게 여긴다.

9 that-절: I think [that I study English eagerly]. ➔ [ ] = that-절
나는 [내가 영어를 열심히 공부한다고] 생각한다.

10 부사절: I will pass the exam (because I study English eagerly). ➔ ( ) = 부사절
나는 (내가 영어를 열심히 공부하기 때문에) 그 시험에 합격할 것이다.

※ 동사구: I [study English eagerly]. 나는 [영어를 열심히 공부한다].

4 문장성분의 형태(단위)와 위치의 매칭(결합)

문장성분의 6 위치와 10형태(단위)를 매칭(결합)시킨 표가 바로 표1이고, 이 표1의 예시들을 소개하는 것이 바로 표2이다. 이 표1과 표2가 해석의 기초 틀(기초원리)이면서 영어에서 가능한 모든 유형의 기초 구문들의 생성원리이다.

표1. 문장성분의 형태(단위)와 위치의 매칭(결합) = 해석틀 (△는 드문 경우)

형태(단위) / 위치	명사구	전치사구	형용사구	부사구	pp구	-ing구	to-v구 (원v)	wh절	that절	부사절
1 (주)	○					○	○	○	○	
2 (목)	○					○	○	○	○	
3 (보) (목보)	○	△	○		○	○	○	○	○	
4-1 (전수)			○		○	○				
4-2 (후수)		○	○		○	○	○	○	○	
5 (전목)	○					○	△	○	△	
6 (기타)		○	△	○	○	○	○	△	△	○

아래의 표2는 표1의 예시들을 번호순으로 소개하여 다음 페이지의 '3. 기초 구문 연습' 편에서 구체적인 문장의 예시로 보여주고 있다.

표2. 문장성분의 형태(단위)와 위치의 매칭(결합) = 해석틀 (p22~35의 예시1~99)

형태(단위) / 위치	명사구	전치사구	형용사구	부사구	pp구	-ing구	to-v구 (원v)	wh절	that절	부사절
1 (주)	1~13					14	15	16~18	19	
2 (목)	20~28					29	30,31	32,33	34,35	
3 (보) (목보)	36~**38**	39	40		41	42~44	45~50 **48,49, 50**	51~**53**	54	
4-1 (전수)			55		56,57	58,59				
4-2 (후수)		60,61	62		63,64	65,66	67	68,69	70	
6 (전목)	71					72	73	74,75	76	
7 (기타)	77	78,79	80	81,82	83,84	85,86	87,88	89~94	95	96~99

※ **목적보어 = 38, 48, 49, 50, 53**

※ 원V (=원형부정사 : to부정사에서 to를 뺀 부정사) → p28: 47번 참고

a. The durg helps **to lower** cholesterol. (→ 밑줄 = to부정사)

b. The durg helps **lower** cholesterol (→ 밑줄 = 원형부정사)

(a와 b 둘 다, '그 약은 콜레스테롤을 낮추는 것을 돕는다'로 해석됨)

표2 숫자의 의미 : 예를 들어 '주어' 로 사용된 '명사구' 의 예는
p22와 p23에 소개된 **1번에서 13번**까지의 문장들이다.

3 | 기초 구문 연습

PART 1_ 해석비법 - 기초구문

문장성분의 6위치와 10형태(단위)가 매칭(결합)된 표1과 표2(p20~21 참고)를 통해 얻어진 영어에서 가능한 모든 유형의 기초 구문들을 바로 아래에서 만나보자. 이 기초구문들이야말로 해석의 기초 틀이므로 여러 번 반복하여 숙지해야 한다.

대괄호인 [ ]는 주성분(주어, 간접목적어를 포함한 목적어, 목적보어를 포함한 보어)이고 소괄호인 ( )는 수식성분이다.

1 주어 (위치)

주어는 아래의 ①에서 ⑮까지의 형태(단위)로 나타난다.

01 [Tigers] walk (at night). [①명사구] :[호랑이들]은 밤에 다닌다.

02 [Tigers] are carnivores. [①명사구] carnivore 육식동물 :[호랑이들]은 육식동물이다.

03 [Students] study English (eagerly). [①명사구] eagerly 열심히 :[학생들]은 열심히 영어를 공부한다.

04 [(A) student (of English) (with eagerness)] succeeds (in the test). [②명사+전치사구] (of English) = 전치사구; (with eagerness) = 전치사구 eagerness 열심, 열의
[(영어를) (열심히) 공부하는 사람]은 (그 시험에서) 성공한다.

05 [(A) (very useful) book] is a newspaper. [③형용사구+명사] (very useful) = 형용사구 useful 유용한 newspaper 신문 :[(매우 유용한) 책]은 신문이다.

06 [(A) book (very useful in solving the problem)] is his latest paper. [④명사+형용사구] (very useful ~ problem) = 형용사구 solve 해결하다 :[(그 문제를 해결하는데 매우 유용한) 책]은 그의 최신 논문이다.

07 [(The) (very excited) man] was my brother. [⑤pp구+명사] (very excited) = pp구 [(매우 흥분된) (그) 남자]는 나의 형이었다. ***excited 흥분된**

08 [(The) subject (studied eagerly by me)] is English. [⑥명사+pp구] (studied eagerly by me) = pp구 subject 과목 :[(나에 의해 열심히 공부되는) 과목]은 영어다.

09 [(The) (very exciting) game] was the final. [⑦ing구+명사] (very exciting) = ing구
[(매우 흥분시키는) 그 게임]은 결승전이었다.

10 [(The) boy (studying English eagerly)] likes America. [⑧명사+ing구] (studying English eagerly) = ing구
[(열심히 영어를 공부하는) 그 소년]은 미국을 좋아한다.

11 [(A) boy (to study English)] has the English book. [⑨명사+to v구] (studying English eagerly) = ing구
[(영어를 공부하려는) 소년]은 그 영어책을 가지고 있다.

12 [(The) girls (who study English eagerly)] succeed (in English test). [⑩명사+wh-절] (who study English eagerly) = wh-절 :[열심히 영어를 공부하는 그 소녀들]은 영어시험에서 성공한다.

13 [(The) subject (that I can study eagerly)] is English. [⑪명사+that절] (that I can study eagerly) = that절
[(내가 열심히 공부할 수 있는) 과목]은 영어다.

14 [Studying English eagerly] is my habit. [⑫ ing구] [Studying English eagerly] = ing구 :[열심히 영어를 공부하는 것]은 나의 습관이다.

15 [To Study English eagerly] is my wish. [⑬ to v구] [To Study English eagerly] = to v구 :[열심히 영어를 공부하는 것]은 나의 바람이다.

16 [Who studies English eagerly] is people's concern. [⑭ wh-절] [Who studies English eagerly] = wh-절 concern 관심사 :[누가 열심히 영어를 공부하는 지]가 사람들의 관심사다.

17 [What I want] is his book. [⑭ wh-절] [What I want] = wh-절 :[내가 원하는 것]은 그의 책이다.

18 [When he will leave Seoul] is people's concern. [⑭ wh-절] :[When he will leave Seoul] = wh-절 :[언제 그가 서울을 떠날지]가 사람들의 관심사다.

19 [That tigers walk at night] is true. (= It is true that [That tigers walk at night].) [⑮ that절]
[That tigers walk at night] = that절 :[호랑이들은 밤에 다닌다는 것]이 사실이다.

2 목적어 (위치)

앞서 주어의 **①에서 ⑮까지**의 형태(단위)를 동일하게 가진다. 즉 목적어도 주어와 같이 **①에서 ⑮까지**의 형태(단위)로 나타난다.

20 Teachers like [students (of English)]. 선생들은 [(영어를) 공부하는 학생들]을 좋아한다.

21 English teachers like [(Korean) kids (eager to study English)]. (eager to study English) = 형용사구
영어선생들은 [(한국사람인) (영어를 공부하는데 열심히 하는) 아이들]을 좋아한다.

***eager 열심히 하는, 열심인**

22 We criticized [(the) (very excited) man]. [⑤pp구+명사] (very excited) = pp구
우리는 [(매우 흥분한) (그) 남자]를 비난했다. ***criticize 비난하다**

23 He doesn't like [(the) subject (studied eagerly by me)]. [⑥명사+pp구] (studied eagerly by me) = pp구
그는 나에 의해 열심히 공부되는 그 과목을 좋아하지 않는다.

24 We enjoyed [(the) (very exciting) game]. [⑦ing구+명사] (very exciting) = ing구
우리는 [(매우 흥분시키는) 그 게임]을 즐겼다. ***exciting 흥분시키는**

25 She likes [(the) boy (studying English eagerly)]. [⑧명사+ing구] (studying English eagerly) = ing구
그녀는 [(열심히 영어를 공부하는) 그 소년]을 좋아한다.

26 She should meet [(a) boy (to study English)]. [⑨명사+to v구] (to study English) = to v구
그녀는 [(영어를 공부하려는) 소년]을 만나야 한다.

27 He likes [(the) girls (who study English eagerly)]. [⑩명사+wh-절] (who study English eagerly) = wh-절
그는 [(열심히 영어를 공부하는) (그) 소녀들]을 좋아한다.

28 I like [(The) subject (that I can study eagerly)]. [⑪명사+that절] (that I can study eagerly) = that절
나는 [(내가 열심히 공부할 수 있는) 그 과목]을 좋아한다.

29 I enjoy [studying English eagerly]. [⑫ ing구] :나는 [열심히 영어를 공부하는 것]을 즐긴다.

30 I want [to study English eagerly]. [⑬ to v구] :나는 [열심히 영어를 공부하는 것]을 원한다.

31 Students learn [how to study English]. [⑬ to v~]
학생들은 [어떻게 영어를 공부할지]를 배운다. (=학생들은 [영어를 공부하는 방법]을 배운다.)

※ '**wh- + to v**'(31번처럼 how to study)를 'to v'구에 포함시킴('**wh-** ' = who, which, what, when, where, how)

32 I don't know [how I should study English]. [⑭ wh-절] [how I should study English] = wh-절
나는 [어떻게 내가 영어를 공부해야 할지]를 모른다.

33 You do not know [what I want]. [⑭ wh-절] [what I wan] = wh-절
너는 [내가 무엇을 원하는 지]를 모른다. (= 너는 [내가 원하는 것]을 모른다.)

34 I believe [that you study English eagerly]. [⑮ that절] [that you study English eagerly] = that절
나는 [네가 열심히 영어를 공부한다]고 믿는다.

35 We find it natural [that many people die in traffic accidents] [⑮ that절] (it = 가목적어 ; [ ]= 진목적어)
우리는 [많은 사람들이 교통사고로 죽는다는 것]을 당연한 것으로 생각한다.

3 보어(목적보어 포함) (위치)

주어와 목적어의 **①에서 ⑮까지**의 형태(단위)를 가질 수 있고, 아래의 **(16), (17), (18)**의 형태(단위)도 포함됨. 즉 보어(목적보어 포함)도 위의 주어, 목적어와 같이 **①에서 ⑮까지**의 형태(단위)로 나타나며, 아래의 **(16), (17), (18)**의 형태(단위)로도 나타난다.

36 Kim is [(a) (Korean) student (of English) (with eagerness)]
Kim은 [(한국사람인) (영어를) (열심히) 공부하는 학생]이다.

37 Tigers are [animals (which walk at night)]. :호랑이들은 [(밤에 다니는) 동물]이다.

38 The teacher made the boy [a student (eager to study English)]. [ ] = 목적(격)보어 (~으로)
그 선생은 그 소년을 [(영어를 공부하는데 열심히 하는) 공부하는 학생]으로 만들었다.

39 The book is [of great use]. [**(16) 전치사구**] (of use = useful: 유용한) :그 책은 [매우 유용하]다.

40 The book is [greatly useful]. [**(17) 형용사구**] :그 책은 [매우 유용하]다.

41 The man was [excited at the game]. [**(18) pp구**] :그 소년은 그 게임에 [흥분되]었다.

42 The game is [exciting]. 그 게임은 [흥분시킨]다. (exciting = 흥분시키는)

43 The girls are [studying English eagerly]. (be동사+~ing = 1. ~하고 있다: 진행형)
그 소녀들은 영어를 [열심히 공부하고 있]다.

44 My pleasure is [studying English eagerly]. (be동사+~ing = 2. ~하는 것이다: 명사구)

45 My wish is [to study English eagerly]. :나의 바람은 [열심히 영어를 공부하는 것]이다.

46 My question is [how to study English]. :나의 의문은 [어떻게 영어를 공부하는 지]다.

47 All we should do is [study English eagerly]. :우리가 해야 할 모든 것은 [열심히 영어를 공부하는 것]이다.
[ ] = 원v (원형부정사) 보어

48 The teacher wanted the boy [to study English eagerly]. [ ] = 목적(격)보어 (~하는 것을)
그 선생은 그 소년이 [영어를 열심히 공부하]**는 것을** 원했다.

49 The teacher told the boy [to study English eagerly]. [ ] = 목적(격)보어 (~라고)
그 선생은 그 소년이(소년에게) [영어를 열심히 공부하]**라고** 말했다.

50 The teacher made the boy [study English eagerly]. [ ] = 목적(격)보어 (~하게) = 원v (원형부정사) 목적보어
그 선생은 그 소년이(소년에게) [영어를 열심히 공부하]**게** 했다.

51 My question is [how I study English]. :나의 의문은 [어떻게 영어를 공부하는 지]**다.**

52 His book is [what I want]. :그의 책은 [내가 원하는 것]**이다**.

53 I made the program [what I want]. [ ] = 목적격보어 (~으로) the program = 목적어
나는 그 프로그램을 [내가 원하는 것]**으로** 만들었다.

54 My belief is [that you study English eagerly]. :나의 믿음은 [네가 열심히 영어를 공부한다는 것]**이다.**

4 명사 수식어 (위치)

아래의 예문과 거의 동일하게, 위의 주어(위치)에서 예문 4)~13)에 명사수식어들이 ( )로 나타나 있다.

( ) = 명사수식어(명사 ㅇㅇ를 수식하는 말)

55 What I want is a (very useful) book of English. ( ) = 명사수식어(명사 book을 수식하는 말)
내가 원하는 것은 (매우 유용한) 영어 책이다.

56 The (very excited) man was my brother. ( ) = 명사수식어(명사 man을 수식하는 말)
그 (매우 흥분된) 남자는 나의 형이었다.

57 My (studied) subject for winter was English. ( ) = 명사 subject를 수식하는 말 (studied = pp구: 공부되는)
(subject = 과목) :내가 겨울동안 공부했던 과목은 영어였다.

58 The (very exciting) game was the final. ( ) = 명사 game를 수식하는 말
(매우 흥분시키는) 그 게임은 결승전이다.

59 I like (eagerly studying) boys. ( ) = 명사 boys를 수식하는 말
나는 (열심히 공부하는) 소년들을 좋아한다.

60 I need a book (of great use). ( ) = 명사 book을 수식하는 말
나는 (매우 유용한) 책을 필요로 한다.

61 I found a book (of English) (with a black cover) in the room. ( ) = 명사 book을 수식하는 말
나는 그 방에서 검은 색의 표지를 가진 영어책을 발견했다.

62 I need a book (very useful in solving the problem). ( ) = 명사 book을 수식하는 말
나는 (그 문제를 해결하는데 매우 유용한) 책을 필요로 한다.

63 The man (excited at the game) was John. ( ) = 명사 man을 수식하는 말
(그 게임에 흥분된) 남자는 존이다.

64 English is a subject (studied eagerly by me). ( ) = 명사 subject를 수식하는 말
영어는 (나에 의해 열심히 공부되는) 과목이다.

65 The game (exciting me) was the final. ( ) = 명사 game을 수식하는 말
(나를 흥분시키는) 그 게임은 결승전이었다.

66 I like a boy (studying English). ( ) = 명사 boy을 수식하는 말
나는 (영어를 공부하는) 소년을 좋아한다.

67 I like a boy (to study English). ( ) = 명사 boy을 수식하는 말
나는 (영어를 공부하는) 소년을 좋아한다.

68 I like boys (who study English). ( ) = 명사 boys를 수식하는 말
나는 (영어를 공부하는) 소년을 좋아한다.

69 I like the school (where I can study English eagerly). ( ) = 명사 school을 수식하는 말
나는 (내가 열심히 영어를 공부할 수 있는) 그 학교를 좋아한다.

70 I like the subject (that I can study eagerly). ( ) = 명사 subject를 수식하는 말
나는 (내가 열심히 공부할 수 있는) 과목을 좋아한다.

5 전치사의 목적어와 전치사구의 위치

전치사 자체의 의미와 문맥적 의미를 동시에 고려하면서 **전치사구의 해석**이 이루어져야 한다. 먼저, 각각의 전치사 자체의 주요한 2~3가지 정도의 의미를 알아두는 것이 필요하다.

대개 전치사들의 의미는 -에(서),-에는, -(으)로, -와, -의, -에 대해서, -에 반하여, -를 위하여 등인데, 전치사 in의 경우(p319 참고), 시간, 장소를 나타내는 '~에', 또는 '~속 에', 그리고, 방식 혹은 원인을 나타내는 '~로' 등의 의미를 알아두어야 한다. 전치사에서 전치사의 의미와 더불어 또 한 가지 중요한 것은 전치사구(= 전치사 + 명사구절)의 위치이다. **전치사구의 위치**(전치사구가 출현하는 위치)는 두 군데인데, 앞에서 소개한 '4. 명사수식어위치'와 다음에 소개할 '6. 기타수식어' 위치이다.

71 I need you in [study of English]. = [명사구] :나는 [영어 공부]**에** 네가 필요하다.

72 I need you in [studying English]. = [ing구] :나는 [영어를 공부하]**는 데** 있어서 네가 필요하다.

73 I am about [to study English]. = [to v구] (about = 전치사; be about to v = 막 v 하려고 하다)
나는 막 [영어를 공부하]**려고** 했다.

74 My success (in English test) depends on [how I study English]. = [wh-절]
나의 영어시험에서의 성공은 [어떻게 내가 영어를 공부하는 지]**에** 달려있다.

75 The truth is in [what I said]. 진실은 [내가 말했던 것] **속에** 있다. = [wh-절]

76 I like you in [that you study English eagerly]. = [that절] (in=전치사; in that=~라는 점에서)
나는 [네가 열심히 영어를 공부한다는 점]**에 있어**서 네가 좋다.

6 기타 수식어 (위치)

주어의 앞 혹은 완전한 문장의 앞, 그리고 완전한 문장의 뒤 등의 위치를 기타수식어의 위치(기타수식어가 놓이는 위치)라고 하고 이 위치에 오는 어구가 '기타 수식어'다. 대개 이 위치에는 **10가지의 형태(형식) 전부**, 즉 명사구, 전치사구, 형용사구, 부사구, pp구, ing구, to v구, wh-절, that절, 부사절이 온다. 해석은 다음과 같이 이루어진다.

부사구인 경우 부사격조사(~에, ~에서, ~로, ~에게, ~에게로, ~로서, ~로써, ~와, ~처럼, ~만큼, ~보다, ~라고)와 -이(많이, 깨끗이), -히(조용히), -리(빨리, 멀리), -게(조용하게), 등의 어미로 끝나며, **'전치사구'**는 전치사 자체의 의미와 문맥적 의미를 동시에 고려하면서 해석하고, 나머지(대다수)의 경우는 -하고(이고), -해서(여서), -하면서, -할 때, -하면, 그래서~하다(되다), -하기에(이기에), -하는 데에, -하듯이, -하는 대로, -하기 위해서, -하도록, -하는 것에 대해, -하지만, -하든지 간에 등으로 해석된다.

77 (<u>Last night</u>), I saw many stars. (명사구) = 기타수식어 :(지난 밤)<u>**에**</u> 나는 많은 별을 보았다.

78 (<u>In the school</u>), I studied English. (전치사구) = 기타수식어 :(그 학교)<u>**에서**</u> 나는 열심히 영어를 공부했다.

79 I studied English (<u>in the office where my mom worked</u>) (전치사구) = 기타수식어 ('where my mom works' = 명사 office를 수식) :나는 (나의 엄마가 일했던 사무실)<u>**에서**</u> 영어를 공부했다.

※ 다음 두 문장의 의미는 동일한가? 다른가?

a. In Seoul, I met her. **b. I met her in Seoul.**

두 문장의 의미는 동일하기도 하고 다르기도 하다. 문장 a는 'What happened in Seoul?'이라는 질문에 대한 대답이 되는 문장일 수도 있는 반면에, 문장 b는 'Where did you meet her in Seoul?'이라는 질문에 대한 대답이 되는 문장일 수도 있다.

80 John passed the exam, and (happy), the boy danced.
= John passed the exam, and (being happy), the boy danced.
존은 그 시험에 합격했고 (행복해)**하면서** 춤을 추었다. (the boy = John)

81 (Unfortunately), John died. (부사구) = 기타수식어 :(불행하)**게도** 존이 죽었다(존이 죽었다는 사실이 불행이다).

82 John died (unfortunately). (부사구) = 기타수식어
(불행하)**게(도)** 존이 죽었다(존이 죽었다는 사실이 불행이다 or 존은 불운하게(불운한 방식으로) 죽었다).

83 (Left alone), the boy danced. (left alone = pp구) = 기타수식어 :그 소년은 (혼자 남겨)**져서** 춤을 추었다.

84 The man broke up with the woman, (left alone). (left alone) = 기타수식어 (break up with ~와 헤어지다)
그 남자는 그 여자와 헤어졌고, (홀로 남겨지)**게 되었다**.

85 (Singing together), the boys danced with pleasure. (ing구) = 기타수식어 (with pleasure = 즐겁게)
그 소년들은 (함께 노래하)**면서** 즐겁게 춤을 추었다.

86 The boys sang together, (dancing with pleasure). (ing구) = 기타수식어
그 소년들은 함께 노래하면서 (즐겁게 춤을 추었)**다.**

87 (To pass the exam), the man studied English eagerly. (to v구) = 기타수식어
(그 시험에 합격하)**기 위하여**, 그 남자는 열심히 영어를 공부했다.

※ The man studied English eagerly (to pass the exam). (to v구) = 기타수식어
(그 시험에 합격하)**기 위하여**, 그 남자는 열심히 공부했다.

88 The man used lunch time (to walk). :그 남자는 (산책하)**기 위해** 점심시간을 이용했다.

89 (When he stayed home), he was bored. (wh-절) = 기타수식어 :(그가 집에 머물) **때**, 그는 따분해했다.

90 (Where he stayed), he wanted to die. (wh-절) = 기타수식어 :(그가 머물)**던 곳에서**, 그는 죽고 싶었다.

91 (Whenever the boys play the game), they feel happy. (wh-절) = 기타수식어
(그 소년들이 그 게임을 할) **때마다**, 그들은 행복해했다.

92 (Whatever you want), you can't take what you want. (wh-절) = 기타수식어
(당신이 무엇을 원하)든**지 간에**, 당신이 원하는 것을 가져갈 수 없다.

93 (However old you are), you can learn English. (wh-절) = 기타수식어
(당신이 나이가 얼마)**인지 간에**, 당신은 영어를 배울 수 있다.

※ However+ x(형용사/부사) = 얼마나 x**인지 간에** VS. How + x(형용사/부사) = 얼마나 x**인지**

94 (Whether it rains or not), we will go out. (wh-절) = 기타수식어
(비가 오던지 오지 않)**던지 간에**, 우리는 외출할 것이다.

95 He was so happy (that he danced). :그는 상당히 행복해서 (결국 춤을 추)**게 되었다**.

※ He was so happy (that he could dance). :그는 (춤을 출) **만큼** 상당히 행복했다.

96 (Because I missed the bus), I was late for school.
(나는 버스를 놓쳤)**기 때문에** 지각했다.

97 (If you pass the exam), I'll feel happy :나는 (네가 그 시험에 합격하)**면** 행복할거다.

98 (Although turtles are slow on land), they are not slow in the sea. *turtle 거북이

(거북이는 육지에서는 느리)**지만**, 바다 속에서는 느리지 않다.

99 (As rust eats iron), so care eats the heart. *rust 녹 iron 쇠 care 걱정

(녹이 쇠를 갉아먹)**듯이**, 걱정이 마음을 갉아먹는다.

Part 2
해석비법 기본구문

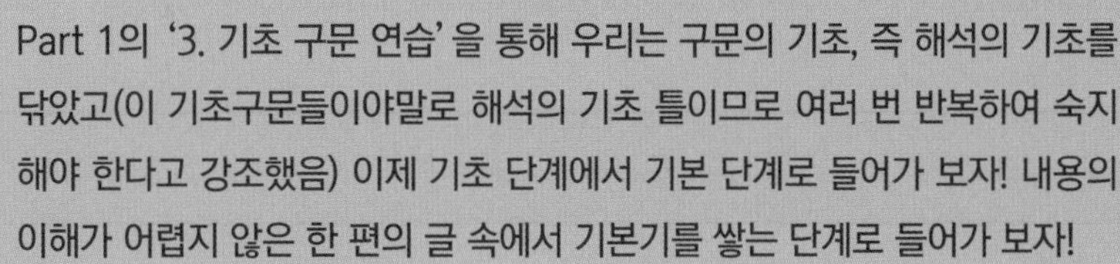

Part 1의 '3. 기초 구문 연습'을 통해 우리는 구문의 기초, 즉 해석의 기초를 닦았고(이 기초구문들이야말로 해석의 기초 틀이므로 여러 번 반복하여 숙지해야 한다고 강조했음) 이제 기초 단계에서 기본 단계로 들어가 보자! 내용의 이해가 어렵지 않은 한 편의 글 속에서 기본기를 쌓는 단계로 들어가 보자!

1 5형식 구문과 동사의 하위범주화 구조

Living things live here, and all species try to survive, and They are alive.
S V S V S V C

They eat food, and the nutrition from food gives the species energy for survival,
S V O S V IO DO

but the most important are oxygen compounds like H_2O and CO_2, which
C V S (접속사) S

make humans and other species alive. In short, all need H_2O & CO_2.
V O C (OC) S V O

동사의 하위범주화 구조: 동사는 자신만의 특정한 '목적어 혹은 보어'를 취한다. 이런 '목적어 혹은 보어'를 동사의 하위범주라고 한다. 동사가 5형식 중에서 '몇 형식을 취하는지'와 동사가 '어떤 하위범주를 취하는지'는 동일한 의미이다. → **부록편(p330) 참고**

해석 살아있는 것들은 여기에 살고 있다. 모든 종들은 생존하려고 애쓰고 그들은 생존한다. 그들은 음식을 먹고, 그 음식으로부터 나오는 영양분은 그 종들에게 생존을 위한 에너지를 공급한다, 하지만 가장 중요한 것은 H_2O와 CO_2같은 산소화합물들인데, 이것들은 인간과 다른 종들을 생존하게 만드는 것이다. 즉 모든 종들은 H_2O와 CO_2를 필요로 한다.

S=주어, V=서술어(동사), O=목적어, C=보어, IO=간접목적어, DO=직접목적어, OC=목적보어

2 주어와 보어의 유형과 위치

Being alone without feeling lonely is to feel good and will make us feel free
S V C (tov) v O OC (feel=원v)

and comfortable, but to be bored when alone may be of little use.
when (we are) alone = in solitude C = little useful

However, whether we feel lonely or bored is all up to us.
S (= whether to feel lonely or bored) V C (be up to~ ~에 달려있다)

해석 외롭다고 느끼지 않으면서 혼자 있는 것은 좋게 느껴질 것이고 우리가 자유롭고 편하다고 느낄 수 있게 해주지만, 혼자 있을 때 따분하면 별로 유용하지 않다. 그러나 우리가 외롭다고 느끼거나 따분하다고 느끼는 것은 전적으로 우리에게 달려있다.

1) **주어의 유형: 5가지 유형: 명구**(=명사구), **ing구, tov구, 후절**(=wh-절), **댓절**(=that-절)
2) **보어의 유형: 7가지 유형: 명구, ing구, tov구, 후절, 댓절, 형구**(=형용사구), **전구**(=전치사구)
→ Part 1. 기초구문 편(p22) 참고

※ **be tov (~is to feel good~)** = 조동사인 will v, be going to v, should v, can v 중의 하나의 의미로 해석하면 OK

3 각종 직접목적어 유형 (명구, ing구, tov구, 후절, 댓절)

I didn't tell him(IO) that(DO) I envy him(IO) his intelligence(DO), and I told him(IO) to solve the problem(DO). I promised him(IO) to give(DO) him(IO) a prize(DO) if he could solve it. And then, he asked me(IO) what kind of prize would be given him(DO). I avoided answering his question immediately(O) and I wondered if(whether) he could solve the problem(O).

4형식 동사 구문 (간목=간접목적어, 직목=직접목적어)

1) **make 유형의 4형식 동사**(동사+간목+직목 ⇔ 동사+직목+for+간목): bring, buy, cook, find, order, prepare…
   ex. I make you cookies ⇔ I make cookies for you
2) **ask 유형의 4형식 동사**(동사+간목+직목 ⇔ 동사+직목+of+간목): beg, inquire, require, request…
   ex. I ask you a question ⇔ I ask a question of you

3) **give 유형의 4형식 동사**(동사+간목+직목 ⇔ 동사+직목+to+간목): 1)과 2)를 제외한 나머지(bring, show, tell…)

ex. I give you a book ⇔ I give a book to you

해석 나는 그에게 내가 그의 지능을 샘내한다고 말하지는 않고 그에게 그 문제를 풀어보라고 말했다. 나는 그가 그 문제를 풀 수 있다면 (내가) 그에게 상을 주겠다고 말했다. 그러자, 그는 나에게 어떤 유형의 상이 주어지는지 물었다. 나는 그의 질문에 즉각적으로 답변하지는 않고(답변을 회피하고) 그가 그 문제를 풀 수 있는지 궁금히 여겼다.

4 각종 목적보어 유형 (명구, ing구, tov구, 후절, 댓절, 형구, 전구)

People in the ball (often) saw her dancing(dance) beautifully.
O OC -ing (원v = 원형부정사)

She was called dancing queen. We considered her movement
OC (명구) O

very good(graceful). What we noted was what her motion
OC 형구 or 전구(=of grace) S C

communicated, and that it encouraged us not to take our eyes off.
C (us = O ; not to v~ = OC)

해석 사람들은 그 무도회에서 (종종) 그녀가 아름답게 춤추고 있는(춤추는) 것을 보았다. 그녀는 댄싱퀸으로 불리고 있었다. 우리는 그녀의 움직임이 매우 훌륭하다고(우아하다고) 여겼다. 우리가 주목했던 것은 그녀의 움직임이 전달하고 있는 내용과 그것(그녀의 움직임)이 우리로 하여금 우리의 눈을 뗄 수 없도록 했다는 것이다.

5형식 동사 구문: 어떤 목적보어를 취하는지에 따라 대략적으로 3가지 유형으로 나뉜다.

1) **형보**(형용사 목적보어)를 취하는 동사: consider, keep, find, leave, make

ex-a. I consider John **smart**. b. I keep the room **clean**.

나는 존이 영리하다고 생각한다. 나는 그 방을 깨끗하게 유지한다.

2) **원보**(원형부정사 목적보어)를 취하는 동사: let, have, make, help, see, hear…

ex-a. I saw John **dance**. b. I let John **dance**.

나는 존이 춤추는 것을 보았다. 나는 존이 춤추게 했다(허용했다).

3) **tov보**(to부정사 목적보어)를 취하는 동사: get, tell, allow, force, believe, want…

ex. I want John **to dance**. b. I get John **to dance**.

나는 존이 춤추는 것을 원한다. 나는 존이 춤추게 했다.

5 동사구와 명사구

He swims (during the day) (very eagerly) and studies English very hard
S V1 수 수 V3 O 수

at night. That is, he is a very good swimmer and a student of English
V2 C C

with great zeal.

현재시제: He swims during the day. 그는 늘상(항상) 낮에 수영을 한다(수영선수일 수도).
He will "study English very hard" = He will be "a student of English with great zeal"

해석 그는 (낮에는) (매우 열심히) 수영하고 밤에는 영어를 매우 열심히 공부한다. 즉, 그는 매우 수영을 잘하고 매우 열심히 영어를 공부한다.

※ 명사구를 동사구로 전환하여 해석하기

a. 형은 요리를 잘 한다(직업이 요리사가 아님) = My brother is a good cook.

b. Young people today have a clearer picture of the world. = 오늘날 젊은이들은 세상을 더 명백하게 바라본다.(명사 picture를 동사로 해석=바라보다)

6 주어와 동사 찾기

The background of Mary's poor performances in the recent
S(주어)가 단수임
concerts [was / were] that she didn't have enough time to practice.
단수 V C(보어)
One of the most important things for Mary's teacher that [make/makes] Mary
S make(복수 V)가 올바른 표현 ⇐ 수 (that의 선행사=things)
an excellent performer [is / are] how hard she may work, whether she has
주어는 One ⇐ 단수 V C 수
musical talent or not.

위 두 번째 문장에서, that절(that make Mary an excellent performer)은 teacher가 아닌 things를 수식해준다. 즉 동사 'makes'가 아닌 동사 'make'의 주어는 things가 된다.

해석 최근 콘서트들에서 메리가 형편없는 공연들을 한 배경(근거)은 연습하기에 충분한 시간을 갖지 못했다는 것이다. 메리의 선생에게는 메리를 훌륭한 연주자로 만들어 줄 중요한 것들 중에 하나는, 그녀가 음악적 재능이 있는지 혹은 그렇지 않은지 간에 상관없이 그녀가 얼마나 열심히 연습하는지이다.

1 To know in which areas we are strong or weak is the key to increasing our happiness.

문장 전체의 동사는 is ; 문장 전체의 주어는 [To know ~ weak]

해석 우리가 어느 영역에서 강한지 혹은 약한지를 아는 것이 당신의 행복을 증진시키는 열쇠이다,

2 At a time when sports and other activities are being cut from the schools, solely getting rid of soda and sugar-filled drinks is nothing but a temporary measure.

문장 전체의 동사는 is ; 문장 전체의 주어는 [solely getting ~ drinks]

해석 스포츠와 다른 활동들이 그 학교들로부터 배제되고 있는 때에, 단순히 탄산음료와 설탕이 든 음료를 없애는 것은 일시적 조치에 불과하다.

7 명사 수식어구(=형용사구)인 전구, 형구 pp구, ing구, tov

John needed books of great use for study of English. One day, he found the
명수 (전치사구) ※ 명수 = 명사 수식어구

books of English with a blue cover in the attic. The books written by a
명수(전치사구) 명수(전치사구) 명수 (pp구)

professor was exciting comic ones. These were the books to make him study
명수 (ing구) (=books) 명수 (tov구)

English eagerly.

전치사구인 'of great use'가 명사 'books'를 수식해준다. 전치사구인 'in English'와 'with a blue cover'가 명사 'books'를 수식해준다. pp(과거분사)구가 명사 'books'를 수식해준다. ing(현재분사)구가 명사 'ones(books)'를 수식해준다. tov(to부정사)구가 명사 'books'를 수식해준다.

해석 존은 영어공부를 위해 상당히 유용한 책들을 필요로 했다. 어느 날, 그는 다락방에서 파란 색 표지의 영어책들을 발견했다. 한 교수에 의해 쓰여진 그 책들은 흥미로운 만화책들이었다. 이것들은 그가 열심히 영어를 공부하게 하는 책들이었다.

8 명사 수식어절(=형용사절)인 수식어 후절(wh절) & 수식어 댓절(that절)

The teacher who you loved made his claim that you supported come true.
S 수 V O 수 OC
1. 동-동 구문(loved ‖ made) 2. 동-동 구문(supported ‖ come) (come = 원v)

동-동 구문('동사+동사' 구문)

1. 앞동사(**loved**)는 종속절(who you **loved**)의 동사인 반면, 뒷동사(**made**)는 주절동사다.
2. 앞동사(여기서는 **supported**)는 종속절(that you **supported**)의 동사인 반면, 뒷동사(**come**)는 원v(=원형부정사)이다.

명사 수식어절은 명사(구)를 수식하는 절, 즉 형용사절이다. 두 가지 유형으로 나뉜다.

1) **수식어 후절**(wh절) = 접속사 who, which, when, where 등이 이끄는 절이 수식어역할을 하는 경우

2) **수식어 댓절**(that절) = 접속사 that이 이끄는 절이 수식어역할을 하는 경우

해석 (네가 사랑했던) 그 선생은 (네가 지지했던) 그의 주장이 실현되도록 만들었다.

9 동-동(동사+동사) 구문

The times when John met Mary were very good, the places where they together walked were peaceful, but also the woman who John loved was the best.

수 / 수 / 수

1) 동사 walked ‖ 동사 were

2) 동사 loved ‖ 동사 was

해석 존이 메리를 만난 시절은 좋았고 그들이 함께 거닐던 장소들도 평화로웠지만, 존이 사랑한 그 여자가 가장 좋았다.

동-동 구문: (주)+(접)+주+동-동 구문

a. The claim (that) John made was false. (동-동 구문) (that은 관계사 which로 교체가능)

해석 (존이 말했던) 주장은 거짓이었다.

b. The woman who John loved was Mary. (동-동 구문)

해석 (존이 사랑한) 그 여자는 메리였다.

c. The times when John danced were very good. (동-동 구문) (관계부사 when절)

해석 (존이 춤을 추던) 시절은 매우 좋았다.

d. When he will return matters. (접-주-동-동 구문)

해석 언제 그가 돌아올지가 중요하다.

10 명사 수식어와 그 위치

[10-1] 명-수-수 구문 (="꼬리물기" 수식구문) → 아래 구문과 어떻게 다른가?

The herb was described as the secret plant(명) consumed by the players(수) who won the game(수).

'consumed by the players'가 명사 'plant'를 수식하고 'who won the game'이 명사 'players'를 수식한다.

해석 그 약초는 (그 게임에서 승리한) (선수들에 의해 섭취된) 신비의 식물로 기술되었다.

[10-2] 명-수-수 구문 (="따로따로" 수식구문) → 위 구문과 어떻게 다른가?

The herb was the secret plant(명) taken by the athletes(수) that allowed them to win the game(수).

'taken by the athletes'가 명사 'plant'를 수식하고 'that allowed them to win the game'이 명사 'players'를 수식한다.

해석 그 약초는 (그 게임을 승리하게 만든) (선수들에 의해 섭취된) 신비의 식물이었다.
(= 그 약초는 그 게임을 승리하게 만든 신비의 식물이었다.)

※ **a.** Examine the program in detail with great care. ('in detail'과 'with great care'이 'examine'을 따로 수식)
그 프로그램을 주의 깊게 상세히 살펴보라.

b. You must finish the assignment (that) I gave you this morning (before you go home).

before you go home)는 'gave'가 아니라 'finish'를 수식해준다.

너는 (집에 가기 전에) 내가 오늘 오전에 내준 과제를 마쳐야 한다.

11 명사 수식어 (위치)와 기타 수식어 (위치)

[Of all the varieties of music (기타 수식어) that fill concert halls, theaters, and clubs (명사 수식어), only jazz (S), which often involves improvisation (명사 수식어), is (V) to my certain knowledge (기타 수식어) native American music (C) which was invented by African American musician (명사 수식어). Those days when the genre of music arose, during the late 19th and early 20th century (기타 수식어), the music (S), which oriented in black society (명사 수식어), emerged (V) in many parts of the U.S. (기타 수식어) in the independent popular musical styles (기타 수식어).]

해석 콘서트홀, 극장, 클럽을 채우는 다양한 종류들의 음악 중에서, 종종 즉흥연주를 포함한, 재즈만이 내가 확실히 아는 바로는 미국 흑인들에 의해 발명된 본래(토종) 미국음악이다. 그런 음악의 장르(재즈)가 나타났던 그 당시, 19세기말과 20세기초 동안, 흑인사회에서 태동된, 그 음악(재즈)는 미국의 여러 곳에서 독립적인 인기있는 음악 양식으로 출현했다.

※ 제한적(한정적) 용법과 계속적(비제한적) 용법

a. The girls who are wearing skirts are dancing. (제한적 용법은 comma가 없다)

b. The girls, who are wearing skirts, are dancing. (계속적 혹은 비제한적 용법은 comma가 있다)

➔ 스커트(치마)를 입은 소녀들**만** 춤을 춘다(**제한적**) Vs. 소녀들이, 전부 다 스커트(치마)를 입었는데, 춤을 춘다(계속적).

12 수-형구(수식어 형용사구=명사 수식어)와 수-전구(수식어 전치사구)

They are very good students, but very poor teachers, and very odd writers.

(= They study in a good way, but teach in a poor way, and write in an odd way.)

It can be said that they have the problem in teaching writing to students.

Writing in a good way is being read by readers in a easy(good) way.

So, writers with care will write with care.

└→① 형구　　　└→② 부구

1) 수식어구의 두 가지 유형: 명사수식어(=형용사구)와 기타(비명사) 수식어(=부사구)

① very good, very poor, very odd ➔ 명사수식어(=형용사구)

② in a good way, in a poor way, in an odd way, in teaching~, ➔ 전시사구로서 부사구

2) 전치사구 수식어의 두 가지 유형: 명사 수식어와 기타(비명사) 수식어

① 명사 수식어(형용사구) : Writers with care will write with care. (with care가 명사 writers를 수식)

② 비명사 수식어(부사구) : Writers with care will write with care. (with care가 동사 write를 수식)

※ '명사 수식어는 명사(구)를 수식하는 어구이고 '비명사 수식어'는 명사가 아닌 다른 품사들인 동사, 형용사, 부사를 수식하는 수식어를 의미한다. 대개 '비명사 수식어'를 '기타 수식어'라고도 한다.

해석 그들은 매우 공부를 잘하지만 잘 가르치지 못하고, 이상하게 글을 쓴다. 그들은 학생들에게 글쓰기를 가르치는 것에 문제가 있다고 말할 수 있다. 좋은 글쓰기는 쉽게 읽히는 것이다. 그래서, 조심스러운 작가들은 조심스럽게 글을 쓸 것이다.

13-1 수-ing('-ing' 수식어), 수-pp('pp' 수식어), 수-tov('to v' 수식어)

Sounding loudly, the man tried to awake the fainting boy lying on the bed.
수-ing(소리내면서) 수-ing(실신한) 수-ing(누워있는)

After he went out, left with a doctor Mary, not alone, the frightened boy
수-pp(남겨지면서) 수-pp(겁먹은)

encouraged by her presence began to be relieved with her witty jokes.
수-pp(용기를 받은)

The good doctor to do tough job worked hard to help many patients.
명 수-tov (힘든 일을 해야 하는) v 수-tov (많은 환자를 돕기 위해)

Sounding~, left(pp)~, to help~ 이 3개의 수식어는 기타 수식어이며, fainting, lying, frightened(pp), encouraged(pp), to do~ 이 5개의 수식어는 명사 수식어임

※ To help many patients, the good doctor to do tough job worked hard. (⇐ 위의 마지막 문장과 동일한 의미)

해석 크게 소리내면서, 그 남자는 그 침대에서 누워서 실신한 그 소년을 깨우려고 애썼다. 그가 나간 후에, 혼자가 아닌 의사인 메리와 함께 남겨지면서, 그녀(메리)의 존재에 의해(그녀와 함께 있어서) 용기를 받은 그 겁먹은 소년은 그녀(메리)의 재치있는 농담으로 안심되기 시작했다. 힘든 일을 해야 하는 그 훌륭한 의사는 많은 환자를 돕기 위해 열심히 일했다.

begin to v = v하기 시작하다 | frightened 겁먹은 | presence 존재 | witty 재치있는

13-2 기타수식어(수-ing, 수-pp, 수-tov)의 위치와 해석

[Hitting the girl, the boy was very regretful, but later hit by the girl, the boy was frightened, and soon, very angry, to hit the girl the boy ran to her house.]

Hitting the girl, = -ing구 수식어이면서 기타 수식어 = 그 소녀를 구타**해서**
hit by the girl, = pp구 수식어이면서 기타 수식어 = 그 소녀에 의해 구타당**해서**
to hit the girl = to v구 수식어이면서 기타 수식어 = 그 소녀를 구타**하기 위해**

해석 그 소녀를 구타해서 그 소년은 매우 후회했지만 이후에 그 소녀에 의해 구타당해서 그 소년은 매우 겁이 났고 그러고 곧 너무 화가 한 나머지 그 소녀를 구타하기 위해 그녀의 집으로 달려갔다.

※ **To hit Mary**, the boy will be very regretful. 메리를 구타**하면** 그 소년은 매우 후회할 것이다.
→ **To hit Mary** = to v구 수식어이면서 기타 수식어 = 메리를 구타**하면**

14-1 기타 수식어 위치 & 외치 구문

[Why John told the lie to them, they still didn't understand, and his lie
O S
made worse the problem the man faced. It was the lie like a gas meter
O (problem과 the man 사이에 ?)
that John might be reluctant to tell. He should have kept in mind
that honesty is the best policy.]
O

해석 그들은 왜 존이 그들에게 그 거짓말을 했는지 이해하지 못했고 그의 거짓말은 그가 직면한 문제들을 더욱 나쁘게 만들었다. 존이 말하는 것을 꺼려했을 지도 모르는 것은 바로 터무니없는 거짓말이었다. 그는 정직함이 가장 좋은 방책이라는 것을 명심했어야만 했다.

※ 외치 구문 (어떤 어구가 문장의 앞쪽 혹은 뒤쪽으로 배치된 구문)

a. It did not matter [whether it rained or snowed]. [ ] = 진주어
비가 오든지 눈이 오든지는 중요하지 않았다(문제가 되지 않았다).

b. It is that book over there (that I want to borrow). ➔ it-that강조구문
(댓절) = CD를 수식하는 수식어
내가 빌려주길 원하는 것은 저기 있는 저 책이다.

14-2 외치/가진성분 구문과 강조 구문 (가-진 성분 = 가주어-진주어 혹은 가목적어-진목적어)

I found it natural for Tom to claim that John loved Mary, before I
(it: 가O, natural: OC, for Tom to claim that John loved Mary: 진O)

heard the story from you. It was your claim that John loved Mary,
(It: 가S, that John loved Mary: 진S)

which equaled the claim that Tom made. It was before John told you
(which = your claim; that은 관계대명사; It: 강조구문의 it; before John told you that he loved her: 강조어구)

that he loved her that John told it to Tom, John's friend. That is, it
((강조구문에서 that은 관계사); it: 강조구문의 it)

was Tom's claim that I heard earlier than I heard from you.
(Tom's claim: 강조어구)

강조구문(p76 참고)

해석 나는 톰이 존이 메리를 사랑한다고 주장하는 것이 당연하다고 생각했는데, 이후에 나는 너에게 그 이야기를 들었다. 존이 메리를 사랑했다는 것은 너의 주장인데, 그 주장은 (톰이 말한) 주장과 동일한 것이었다. 존이 자기친구인 톰에게 그것을 말한 것은 존이 너에게 자기가 메리를 사랑한다고 말하기 이전이었다. 즉, 내가 너에게서 들었던 것보다 더 이전에 내가 들었던 것은 톰의 주장이었다.

※ **가진주어 구문**

a. It gave me great pleasure to think about how my dream would become a reality.

해석 어떻게 나의 꿈이 현실이 될 것인지를 생각하는 것은 나에게 큰 즐거움을 주었다.
(가주어 It-진주어'to think' 구문)

b. It is far better to confront a person or situation than [hiding / to hide] our anger away, brood and nurture resentment in our hearts. ➔ 'than'(등위구조 접속사) 때문에 'to confront'와 접속되는 'to hide'가 올바르다.

해석 우리 마음의 화를 숨기고 분노를 되씹고 키우는 것보다 사람이나 상황에 정면으로 부딪히는 것이 훨씬 더 좋다.

15 명-명(명사+명사) 구문 & 외치/장미 구문

Last night the boy in the next door explained to Mary the claim

Last night	the boy	in the next door	explained	to Mary	the claim
수(명사)	S (명사)	수	V	수(명사)	O(명사)

1. 수-명 구문: Last night ‖ the boy
2. 장미 구문: Mary ‖ the claim

(that) John made last morning.

➔ 3. 명-명 구문: the claim ‖ John made

※ Last night와 last morning은 수식어

해석 지난 밤, 옆집에 사는 그 소년은 존이 지난 아침에 말한 주장을 메리에게 설명했다.

명-명 구문이 되는 경우들

1) 수-명 구문: '수식어+명사' 구문 e.g. Last night ‖ the boy(주어) ~
2) 장미 구문: **장(long)** 정보는 **문미(End)**로 이동 e.g. Mary ‖ the claim
3) 명-명 구문: '명사+명사' 구문 e.g. the claim ‖ John made

16-1 수-댓절(that절) 세 타입 (관계절/동격절/부사절)

The claim <u>that John loved</u> was false in that your claim <u>that John loves Mary</u> is true. But, John's claim was <u>so</u> strong <u>that we could not help believing it</u>.

(S: The claim / 수-관계절: that John loved / V: was / C: false / 수-동격절: that John loves Mary / 수-부사절: that we could not help believing it)

(so~that…:너무 ~해서 …하다; can not help ~ing:~할 수 밖에 없다)

수-댓절에는 관계절과 동격절, 그리고 부사절 3가지가 있다.
(전자 that은 which로 교체가능, 후자 that은 which로 교체불가)

해석 (존이 메리를 사랑한다는) 너의 주장이 진실이므로 (존이 좋아한) 그 주장은 거짓이다. 그러나 존의 주장이 너무 강해서 그것(존의 주장)을 믿을 수밖에 없었다.

16-2 접속사 That(댓)의 유형: 완댓(that + 완) & 불댓(that + 불)

1) **동완댓**(동+that+완) 2) **명완댓**(명+that+완) 3) **아완댓**(아+that+완) 4) **명불댓**(명+that+불)

동 = 동사; 완 = 완전한 문장 = 주어, 목적어, 보어 성분이 완전하게 갖춰진 문장
명 = 명사; 불 = 불완전한 문장 = 주어, 목적어, 보어 성분 중 어느 하나라도 빠진 문장
아 = 아무거나 즉 아무 성분이나 상관없음

1) 동완댓: I think <u>that</u> John loves Mary. ⇦ think(동사)+that+완
2) 명완댓: 관계부사 that과 동격절 that
   a. The times (<u>that</u>) John met Mary were very good (관계부사 that = when)
   b. Your claim <u>that</u> John loves Mary is true. (동격의 that ➔ 16-3 동격절 참고)

3) 아완댓(so~that 구문의 that): John's claim was so strong <u>**that**</u> we could not help believing it

4) 명불댓: 관계대명사 that: Her claims <u>**that**</u> John believed was false.

해석 존이 믿었던 그녀의 주장들은 거짓이었다.

16-3 동격절과 부사절(so/such ~ that)을 이끄는 that

1) 동격절: The news <u>that</u> he had been killed was a great shock to her.

해석 그가 살해당했다는 소식은 그녀에게는 큰 충격이었다.

belief, conclusion, feeling, fact, idea, news, rumor, opinion, saying, thought, wish, evidence 등의 추상명사(대개 동사에서 파생된 명사)가 '~라는'으로 해석하는 동격절(that절) 유도

※ 동격 표현: '~라는'의 의미를 가진 표현들

a. We traveled around the city <u>of Athens</u>. 우리는 아테네라는 도시 주변을 여행했다.

b. The novel <u>Crime and Punishment</u> was written by Tolstoy. 죄와 벌이라는 소설은 톨스토이에 의해 쓰여졌다.

2) 부사절: They were <u>so</u> eager to study <u>that</u> they could pass the exam.

해석 ① 그들은 상당히 공부를 열심히 <u>해서 (그래서)</u> 그 시험에 합격할 수 있었다.

② 그들은 그 시험에 합격<u>하도록</u> 상당히 공부를 열심히 했다.

so 혹은 such =상당히; that = ① 그래서 ② ~하기 위해서(하도록)

17 부사구의 위치와 해석 (기타 수식어)

Mary did not consider John careful. She wanted him to consider the question very carefully. But, very unfortunately, John answered the question very foolishly.

Very unfortunately, John answered the question very foolishly.

= To John's misfortune, John answered the question with great stupidity.

해석 메리는 존이 신중하다고 생각하지 않았다. (careful은 John의 목적보어) 존이 그 질문을 매우 신중하게 고려하길 원했다.(very carefully는 부사어구) 그러나, (존에게는) 매우 불행하게도, 존은 그 질문에 매우 어리석게 대답했다.

※ "Unfortunately, John died"와 "John died unfortunately"의 의미가 동일한가/다른가? 동일하기도 하고 다르기도 하다.

a. (Unfortunately), John died. : (불행하)게도 존이 죽었다(존이 죽었다는 사실이 불행이다)

b. John died (unfortunately). : (불행하)게(도) 존이 죽었다(존이 죽었다는 사실이 불행이다) or 존은 불운하게(불운한 방식으로) 죽었다.

18 각종 부사절 (기타 수식어)

When you wait for the bus, you may become bored. Because the bus comes every one hour, waiting may be boring, and you may go around elsewhere in the moment. However, if you miss the bus, you will be late for school.

You must finish the assignment I gave you this morning before you go home.

해석 네가 그 버스를 기다릴 때 너는 지루해 질 수 있다. 그 버스는 한 시간마다 오기 때문에 기다리는 것은 따분하게 할 수 있어서 순간 다른 곳 주변으로 돌아다닐 수 있다. 하지만 네가 버스를 놓치면 너는 학교에 지각할 것이다. 너는 네가 집에 가기 전에 내가 너에게 오늘 오전에 내준 과제를 끝내야 한다.

※ a. If you miss the bus, you will be late for school. (네가 버스를 놓치**면** 너는 학교에 지각할 것이다.)

b. You will be late for school, if you miss the bus. (너는 학교에 지각할 건데, 네가 버스를 놓친다면 말이지)

➔ 문장 a와 문장 b는 각기 다른 어순이지만 둘의 의미는 동일하다.

19-1 선후/인과 구문 (Not until; Too~to; So~that; the 비교급~the 비교급)

선후 인과 = 사건들이 시간적인 순서로 배열되는 경우(버스를 놓침-그리고 이후-지각함), 먼저 일어난 사건(버스를 놓침)을 '선 사건', 나중에 일어난 사건(지각함)을 '후 사건'이라고 한다. 인과 중에서 '**선후 인과**'는 바로 이런 '선 사건-후 사건'의 배열을 말한다.

e.g. He raised his hand to ask a question. 손을 올려 질문했다(손을 올린 사건은 선사건; 질문한 사건은 후사건).

순차적 해석

Not until John met Mary last night did he realize that her visual power was weak. Mary's eyesight was too poor to see something clearly. That is, her vision was so bad that he could not view vividly. The more distantly she sees something, the less clear it looks to her. She had to wear glasses lest she should fall over obstacles.

해석 존이 어젯밤 메리를 만나서야 비로소 그는 그녀의 시력이 약하다는 것을 깨달았다. 메리의 시력은 너무 좋지 않아서 무언가를 확실히 볼 수 없다. 즉 메리의 시력은 너무 좋지 않아서 무언가를 확실히(생생히) 볼 수 없다("부정 인과"구문). 그녀가 무언가를 멀리 떨어져서 볼수록 그녀에게 그것은 덜 선명하게 보인다. 그녀는 장애물에 걸려 넘어지지 않도록 안경을 써야만 했다.

1) **Not until A(구절) B(동+주~) "비로소" 도치 구문**: A해서야 비로소 B하다 **➔** (p65 도치 구문 참고)

ex. Not until John met Mary last night **did he realize** that her visual power was weak. (did he realize = 도치구문)

= It was not until John met Mary last night that he realized that her visual power was weak. (It…that 강조구문)

해석 존은 지난 밤에 메리를 만나서야 비로소 그녀의 시력이 나쁘다(약하다)고 알게 되었다.

2) **Too + A(형/부) + to B(동) "지나치게 A해서 B할 수 없다" 부정 인과 구문**

= so A(형/부) that + **NoT** + B(주+동)

※ **부정어가 있지만 긍정으로 해석하는 구문**: Not until…, Not only…, No sooner…,

a. **Not until** 2017 could he swim. 그는 2017년이 돼서야 비로소 수영할 수 있었다.

b. **Not only** do I like apples but I like bananas. 나는 사과를 좋아할 뿐만 아니라 바나나를 좋아한다.

c. **No sooner** had I seen her than I ran away. 나는 그녀를 보자마자 도망갔다. **➔ [19-3] 참고**

3) **The 비교급 + A(주+동), the 비교급 + B(주+동)**: A할수록 B하다. (A, B가 도치되는 경우가 흔함)

ex. **The more** we see it, **the more** we want it. 우리가 그것을 더 많이 보면 볼수록, 우리는 그것을 더 많이 원한다.

4) **접속사 lest + 주어(S) + should ~: '~하지 않도록' 구문** = so that 주어(S) may **not** ~

ex. Keep it in your mind lest you (should) forget. 그것을 잊지 **않도록** 마음에 새겨라.

선후/ 인과 구문

A (선행/ 원인) cause B (후속 / 결과) = B (후속/결과) be caused by A (선행/원인)

A (선행/ 원인)	cause	B (후속 / 결과) = B (후속/결과) be caused by A (선행/원인)
	= result in = bring about	= result from
	= lead to = give rise (to)	= depend on
	= precede (= be followed by)	= follow (= be preceded by)
	= influence = end in	
	= enable+목+to V (결과)	

※ attribute A(결과) to B(원인) = owe A to B

19-2 선후/인과 구문: 결과, 목적 or 정도

John was born a few weeks before Christmas. John's family was so poor as to skip meals frequently. Early in his life, he had to work in a factory all day and finish all the work his employer gave him in the morning before he could go home. He tried to finish the day earlier only to fail. However, he worked hard so that his family could live in comfort in future. As people sow, so will people reap.

So 대등 도치 ⇦ '조+주+본' 도치

해석 존은 크리스마스 몇 주 전에 태어났다. 존의 가족은 매우 가난해서 (그래서) 자주 끼니를 걸렀다. 어렸을 때부터 존은 온종일 공장에서 일해야만 했고 집에 가기 전에 사장이 아침에 준 일 모두를 끝마쳐야만 했다(일을 다 마치고 퇴근해야만 했다) 존은 일찍 하루를 마치려고 애썼으나 결국 실패했다. 그러나 그는 가족이 장차 편안하게 살도록 열심히 일했다. 사람은 씨를 뿌린 만큼(대로), 그만큼 거둘 것이다.

1) A before B '선후 인과' 구문: A하고 B한다.

As+A(주동), so+B(주동): A만큼, B한다. (B파트는 도치가능)

John eats food before he brushes his teeth.

해석 존은 식사 후에 양치질한다.

2) so A(형/부) as tov '선후인과/ 정도' 구문: 선후인과(~해서) 혹은 정도(~할 만큼)

a. John was so rich as to buy the land.
존은 상당히(매우) 부자여서 그 토지를 살 수 있었다.

b. He is not so rich that he can buy the expensive car. (B할 정도로 A이지 않다)

3) so A(형/부) that B(주동): 선후인과(~해서) 혹은 정도(~할 만큼)

a. John was so smart that he could buy the land.
존은 상당히(매우) 영리하여 그 토지를 살 수 있었다.

b. John was so rich that he could buy the land.
존은 그 토지를 살 수 있을 만큼 부자였다.

※ **"such A(명사구) that B(주동)" = so A(형,부) that B(주동)**

➔ **"such A(명사구) that B(주동)"**와 동일한 어순을 취하는 구문: what[quite , rather] + A(명사구)

"so A(형/부) that B(주동)"와 동일한 어순을 취하는 구문: how[so, too, as] + A(형/부)

a. He is **such** **an honest man** that everybody trusts him. ➔ 밑줄 친 부분이 **명사구**임

= He is so **honest a man** that everybody trusts him. ➔ 밑줄 친 부분은 '형용사+ a +명사'의 구조임

그는 상당히(매우) 정직한 사람이어서 모든 사람이 그를 신뢰한다.

b. He is such a fool as to believe such a thing.

(He is such a fool that one can believe such a thing)

c. She could not so much as spell her own name. (not so much as X = X조차 못한다)

d. He is not so foolish as to believe such a thing. (not so A as to B = B할 만큼 A하진 않다)

4) only to V : "그러나 결국~하게 되다"의 '결과'구문

He worked hard only to fail. 그는 열심히 애썼으나 실패했다.

※ 흔한 so~that (결과 구문) 용법으로 해석하지 않는 경우 (결과 구문이 아니라 '원인/이유'로 해석)

(여기서의 that = 아완댓 = 이유의 부사절 이끄는 접속사)

a. I was so touched that I had made her happy. (so 감정술어A that B = B해서 A하다)

나는 내가 그녀를 행복하게 해서 매우 감동했다.

b. John must be so crazy that he should say such a thing.

존은 자기가 그런 말을 하다니 미쳤음에 틀림없다.

(1) 결과 구문

a. He worked too hard, so that he fell ill.

b. He climbed the mountain never to return. ➔ 결코 ~하지 않다

c. He tried only to fail. ➔ 그러나 결국 ~하게 되다

d. To my surprise, I found him ill in bed. (= I was surprised to find him ill in bed)

➔ To + one(X)'s + 추상명사(Y) ; X가 Y하게도

(2) '목적-수단' 구문 혹은 '문제-해법(수단)' 구문

a. He worked hard in order to make up for the lost time.

➔ in order to (~하기 위해) = so as to ※ 부정형: so as not to = ~하지 않도록

b. He works hard so that his family may live in comfort.

➔ so that~ (~하도록) = in order that~

c. No holidays were allowed lest the habit of work should be broken. (해법-문제)

➔ for fear that~ (~하지 않도록/ ~할까 두려워)

(3) 원인 / 이유 구문

1. She must be crazy that she should say such a thing. (that ~ = ~ 하다니)

(= She must be crazy to say such a thing.)

2. 분사구문 + as it does(as it is) + S + V : ~하기 때문에

a. Standing as it does on the hill, the villa commands fine view.

그 별장이 언덕 위에 있어서, 그 별장은 전망이 좋다.

b. Written as it is in plain English, the novel is fit for the beginners.

그 소설이 쉬운 영어로 쓰여 있기 때문에, 그 소설은 초보자들에게 적합하다.

3. Seeing that it has become quite dark, he must have arrived there. (~ 인 것을 보면)

꽤 어두워진 것을 보면, 그는 거기에 도착했을 것이다.

4. a. What with overwork, and what with anxiety she became ill. (What with~: 원인)

과로 때문에, 그리고 걱정 때문에 그녀는 아팠다.

b. What by bribes, and what by threats, he gained his present position. (수단)

뇌물로, 그리고 협박으로, 그는 그의 현재의 위치를 얻었다.

19-3 선후 구문 + '과거완료' 구문

Had I seen her, I would have run away. In fact, no sooner had I seen her than I ran away. That is, hardly had I seen her when[before] I ran away. But, I had not gone far before I lost the way.

해석 내가 그녀를 봤다면 나는 도망쳤을 것이다. 사실, 나는 그녀를 보자마자 도망쳤다. 즉, 나는 그녀를 보자마자 도망쳤다. 그러나 나는 멀리 못 가서 길을 잃었다.

과거완료 구문

1) **Had+주어S1+pp(X), 주어S2+would have pp(Y): '가정법 과거완료' 도치** 구문: S1이 X했다면, S2가 Y했을텐데…

 → **도치는** (p65 도치 구문) **참고**

2) **No sooner had+주어S+pp(X) than Y(과거) = Hardly had+주어S+pp(X) when(before) Y(과거) 도치** 구문

= **"S가 X하자마자"** Y했다

그런데, '하자마자' 구문과 달리, **"주어S had not pp(X)…before Y(과거)"**는 "S가 X하지 못한 채 Y했다"로 해석

3) **As if+'가정법 과거완료'** 구문

a. John spends much as if he were rich. 존은 마치 그가 부자인 것처럼 많이 소비한다.

b. John spent much as if he had beeb rich. 존은 마치 그가 부자였던 것처럼 많이 소비했다.

20-1 대립/양보 구문 (= 비록~이지만, ~이든지 간에)

1)[Strange / Strangely] as it may sound, 2) whatever you may choose, it won't satisfy you. That is, 3) no matter what you may pick up, your happiness is short-lived. At last, 4) whether you are conscious of this or not, in your daily life you will live that way.

1) "도치-As"구문 2) Whatever구문 3) No matter what구문 4) whether (or not)구문

해석 이상하게 들리겠지만, 당신이 무엇을 고르든지 간에 그것은 당신을 만족시키지 못할 것이다. 즉, 당신이 무엇을 고르든지 간에 당신의 행복은 일시적이다. 결국 당신이 이것을 의식하던 그렇지 않던 간에, 당신의 일상의 삶 속에서 당신은 그런 식으로 살아갈 것이다.

※ **특수 양보절**

(1) X+[**의문사**/as]+S+V,~ / **명령문 형식**/ **조건명령문**(V~, and/or you will~)

a. Cost what it may, I will buy the book.(=Whatever it may cost, I will buy the book.)

b. Try as you may, you cannot do it in a week.(=No matter how hard~)

c. Be it ever so humble, there is no place like home.(=However+형+S+V)

d. Suffice it to say, S+V~. (= It suffices to say that S+V~)

e. Young boy[young] as he was, John(he) made it.

존은 어렸지만 그것을 해냈다. ➔ 무관사 명사[or 형용사 or 부사]+as+S+V,~

f. Hurry up, and you will be there in time. 조건명령문(V~, and you will~)

g. Hurry up, or you will not be there in time. 조건명령문(V~, or you will~)

(2) if **삽입구 양보구문**: if ever, if any, if at all, if not…

a. He seldom, if ever, goes to the cinema. (if ever: ~한다하더라도)

그는, (극장에) **<u>간다하더라도</u>**, 극장에 거의 안 간다.

b. He has few, if any, friends to talk over the matter with. (if any: ~있다하더라도)

그는, (그런 친구가) **<u>있다하더라도</u>**, 그 문제에 대해 함께 얘기할 친구가 거의 없다.

c. There is little, if any, hope of his recovery.

그의 회복에 대한 희망이, (그런 희망이) 있다하더라도, 거의 없다.

d. He is little, if at all, better than a beggar.

그는, 거지보다 낫더라도, 거의 거지나 다름없다.

e. It is very difficult, If not impossible, to climb the mountain.

그 산을 등반하는 것은, 불가능하지는 않지만, 매우 힘들다.

※ Can you be there by six? If not, I'll go instead. (if not = <u>if</u> you can <u>not</u>~ = 조건)

6시까지 갈 수 있니? 그렇지 않다면, 내가 대신 가겠다.

20-2 대립 / 대조 / 추가 구문

1) Some (people) love winter; others do not.

→ Some … others ~ = 일부는 …하는 반면에 다른 일부는 ~하다

해석 일부 사람들은 겨울을 좋아한다; 그러나 다른 사람들은 아니다.

2) a. To know is one thing; to teach is another. **대립(대조) 구문**

→ … one thing, ~ another = …과 ~는 별개의 것

해석 아는 것과 가르치는 것은 별개다.

b. I have a Mustang and a Lincoln; the one(=the former) is white and the other(=the latter) is black.

→ the one(former)…, the other(latter)~ = 하나(전자)는 …이고 다른 하나(후자)는 ~이다

해석 나는 머스탱(자동차)과 링컨(자동차)을 가지고 있다; 전자는 흰색이고 후자는 검은색이다.

c. On the one hand I have to look after the children, on the other hand I have a lot of customers to deal with.

→ On the one hand…, on the other hand~ = 한편으로 …이고 다른 한편으로 ~이다

해석 한편으로 나는 그 아이들을 돌보아야 하고 다른 한편으로 많은 고객을 상대해야 한다.

3) This book is not only interesting but(also) instructive.

(= This book is instructive as well as interesting.)

→ Not only…, but (also)~ = …뿐만 아니라 ~이기도 하다

해석 이 책은 재미있을 뿐만 아니라 교육적이기도 하다.

20-3 대립 / 대조 / 비교 구문 (~보다, ~만큼)

A: Your car is less fast than John's. John's car is faster than yours.

B: I disagree, my car is no less fast than his. It's because

A as X as B (A는 B만큼 X하다) ⇦ A no less X than B (his = his car)

the engine of my car is no more poor than that of his. I don't drive

당근 A는 X가 아님(B가 X아니듯이 A도 X아니다) ⇦ A no more X than B (that = the engine)

a car as [effective / effectively] as he does, but my engine is

부사 접 S V (does=drive이하)

as [efficient / efficiently] as his is.

A: You can't say "nothing (is) better than yours"!

해석 A: 너의 차는 존의 차보다 빠르지 않다. 존의 차가 너의 차보다 더 빨라! B: 아니야. 나의 차는 그의 차만큼 빨라!(양자긍정). 왜냐하면, 나의 차의 엔진은 형편없지 않아!(그의 차의 엔진이 형편없지 않은 것처럼 말이지) 나는 그보다 효과적으로 운전을 하지 못하지만 나의 엔진은 그의 것(엔진)만큼 능률적이다. A: 너는 "너의 엔진보다 더 나은 것은 없다"고 말할 수는 없지!

※ 부정어구(no)+비교 구문: no more than / not more than / no less than / not less than

a. John has no more than $10. (no more than = only) 존은 10달러 밖에 없다.

b. John has not more than $10. (not more than = at most) 존은 많아봐야 10달러 있다.

c. John has no less than $10. (no less than = as much as) 존은 10달러씩이나 있다.

d. John has not less than $10. (not less than = at least) 존은 적어도 10달러 있다.

e. He is no better than a beggar. (~와 마찬가지 , ~에 불과하다) 그는 거의 거지와 마찬가지다.

f. He is not better than a beggar. (~보다 못하다 , 겨우 ~이다) 그는 거지보다 못하다.

※ 비교구문

1. no 비교급 than = as 반대의미의 원급 as

He was no wiser than his wife. (no wiser than = as foolish as)

해석 그는 그의 와이프만큼 어리석었다.

2. 배수사(몇 배) 구문

a. He has five times as many books as I have.

해석 그는 내가 가진 책(의 수량)의 5배를 가지고 있다.

b. This is three times as large as that. (배수사+as 원급 as)

해석 이것은 그것보다 세배 크다.

= This is three times the size of that. (배수사+the 단위명사)

c. I paid double the usual fare. (보통 요금의 2배)

해석 나는 보통요금의 두 배를 지불했다,

d. He has as much again as you. (너 보다 2배나 많은) ※ as much 동량의

해석 그는 너보다 2배나 많은 량의 것을 가지고 있다.

3. 최상급을 나타내는 다양한 표현

① X+the 최상급(A) ~ = X가 가장 A하다

Mt. Baekdu. is the highest in Korea.

해석 백두산이 한국에서 제일 큰 산이다.

② 부정어+비교급(A)+than X = X보다 더 A한 것은 없다 = X가 가장 A하다

No other mountain in Korea is higher than Mt. Baekdu.

해석 백두산이 한국에서 제일 큰 산이다.

※ X+비교급(A)+than any other 단수명사

Mt. Baekdu. is higher than any other mountain in Korea

③ 부정어+so [as]+원급(A)+as X = X만큼 A한 것은 없다 = X가 가장 A하다

a. Nothing is so precious as health. 해석 건강만큼 귀중한 것은 없다 = 건강이 제일 귀중하다.

b. A whale is no more a fish than a horse is. 해석 말이 물고기가 아니듯이 고래도 물고기가 아니다.

= A whale is not a fish any more than a horse is.

※ He is not so much a doctor as a scientist. 해석 그는 의사라기보다는 과학자다.

④ 비교/정도/양태 구문: ~처럼, 만큼, ~하는 대로(하는 식으로) → 도치 가능

1. As you sow, so will you reap. → 주절도치: so will you~ 해석 네가 씨를 뿌린 만큼, 그만큼 거둘 것이다.

2. You may pick as many flowers as you like.

3. Boys enjoyed the cartoons just as much as did girls.

4. a. He works as hard as any student.

b. He is as great a violinist as ever lived.

5. He [can /cannot] speak French, [much(still) more / much less] English. '물론(하물며)'

➔ can은 much(still) more와 호응(연결)되고 cannot은 much less와 호응(연결)된다.

6. Leave the vase as it is. ➔ '있는 그대로(사실대로)' 해석

7. If I were rich, I would buy a Cadillac, but as it is, I cannot buy a Ford.

8. He speaks as if he knew everything. ➔ '마치 ~처럼' 가정법 해석

해석 그는 모든 것을 다 아는 것처럼 말한다.

21 도치 구문

도치란 성분들 간의 전도된 배치를 의미한다. 즉 성분들 간에는 일반적인(기본적으로 정해진) 배치(배열)구조가 있다. 이런 일반적인 배치(배열) 구조에서 벗어난 배치(배열) 구조를 도치라고 한다.
도치 = '목적어 혹은 보어 혹은 수식어구가 문두로 배치' or '동사+주어의 배치'

(1) **'목적어 혹은 보어 혹은 수식어구가 문두로 배치'**: '주어+동사'의 어순을 유지하면서 주어 앞에 목적어 혹은 보어 혹은 수식어가 오는 경우도 도치의 일종으로 보자.

a. **What you want him to do** I don't know. ➔ 밑줄 = (동사 know의) 목적어
당신이 그가 무엇을 하길 원하는지(를) 나는 모르겠다.

b. **More careful** you need be of your health. ➔ 밑줄 = (동사 be의) 보어
당신은 당신의 건강에 좀 더 신경을 쓸 필요가 있다.

c. **Until yesterday** he did not change his mind. ➔ 밑줄 = 수식어
어제까지는 그는 그의 마음을 바꾸지 않았다.

(2) **'동사+주어의 배치'**

[There is a hill in the town[1]. Never did I see so beautiful a hill.[2] On the hill stood a nice house.[3] Curiously, why it stood there alone I still did wonder.[4]]

1) There be 존재 구문: "There is/are + 주어(S)" 도치 구문: "S가 존재한다"

→ 3) '부사어구+자동사' 도치구문에 해당

2) '부정어구(never) 문두' 도치구문: "Never+조동사+주어(I)+본동사" 어순

(※ 문두 = 문장 맨 앞 위치)

3) '부사어구(on the hill)+자동사' 도치구문: "On the hill+자동사(stood)+주어(a nice house)" 어순

4) '목적어/보어 문두' 도치구문

a. 동사 **wonder**의 목적어인 'Why it stood there alone'가 문두로 도치되는 경우

b. 보어(분사)의 도치: Writing in English was the novelist.

해석 그 시내에는 하나의 언덕이 있다. 나는 그렇게 아름다운 언덕을 본 적이 없었다. 그 언덕위에는 멋진 집이 있었다. 이상하게도, 그것이 왜 거기에 홀로 놓여있는지 여전히 궁금했다.

'주어+동사'의 도치에는 '동사+주어' 도치와 '조동사+주어+본동사' 도치, 두 가지 유형이 있다. **1)과 3)은 "동+주" 도치이고 2)는 "조+주+본" 도치다.**

1) 도치구문의 유형

1. '부정어구 문두' 도치

a. Not a word did she say all day long.

b. Never was he tired.

c. Not until yesterday did he change his mind.

d. Only if it stops raining do you go on a picnic.

e. No sooner had I saw him than I ran away.

f. Hardly[rarely, scarcely] had I saw him before I ran away.

g. (Only after some time and struggle) does(조V) the student(S) begin(V) to develop the insights and intuitions(O) (that enable him to see the centrality and relevance of this mode of thinking).

→ only after~, only when~, only if~는 부정어구로 취급하여 '부정어구(never) 문두' 도치구문이 된다.

해석 (어느 정도의 시간과 노고가 있은 뒤에야) 학습자는 (이런 사고방식의 중요성과 타당성을 알 수 있게 해주는) 통찰력과 직관을 발달시키기 시작한다.

2. '부사어구+자동사' 도치

a. First had come Jimmy and then Steve.

b. On a hill in front of them stood a great castle.

3. So 문두 강조 도치

a. So ridiculous did she look that everybody burst out laughing. 그녀가 우스꽝스럽게 보여서 모든 이가 빵 웃었다.

b. A: I like Lee. B: So do I. (나도 마찬가지야! or 나도 그래!)

c. A: I do not like Lee. B: Neither do I. (나도 그래!)

→ So[neither] do(be, have, can) +S = 'So/As/Neither/Nor ~' '마찬가지' 도치 = ~도 마찬가지다.

4. if절의 둔갑형 도치

a. Should it rain, I will[would] give you my house. ('Should it rain' = 'If it should rain')

해석 비가 오면 너에게 내 집을 주겠다.(설마 비가 오겠어!)

b. Had he worked hard, he would have been employed.

해석 그가 열심히 일했다면 그는 고용되었을텐데… (열심히 일하지 않았으니까 고용되지 못 했지!)

22 반복회피를 위한 대용표현과 생략구문 (→등위/병렬 구조와 연계)

어떤 어구를 계속 반복하여 쓰는 상황을 피하기 위한 방식에는 두 가지가 있다. 하나는 다른 어구로 바꾸어서 표현하거나(대용표현을 사용하거나)다른 하나는 아예 생략을 한다. 즉, 어떤 A라는 어구를 반복하여 사용하여야 하는 경우에, 그 A라는 어구와 동일한 의미를 가진 다른 형태의 표현(예를 들어, 대명사와 같은 대용표현)을 사용하거나 혹은 아예 그 A라는 어구를 생략한다.

1) 대용표현: 등위/병렬 구조와 연계

(1) Every boy has its own toys. (its = every boy 's) → its = **대용표현**

('every'는 단수로 취급되므로 boys도 아니고 have도 아니고 their도 아님)

해석 모든 소년들은 자기만의 장난감들을 가지고 있다.

(2) A: I like Lee. B: So do I. (So do = do so = like Lee) → do so = **대용 표현**

→ So do I = I do so, too

해석 A: 나는 Lee를 좋아한다. B: 나도 역시 그래(나도 역시 Lee를 좋아한다)

(3) I like Lee more than does Kim. (does = like Lee) → do = **대용 표현**

해석 킴이 Lee를 좋아하는 것보다는 내가 더 많이 Lee를 좋아한다.

(4) A: Do you think he will come? B: I think not. (not = he will not come)

→ **hope, fear, afraid 등 뒤에 not 사용**

해석 그가 올 것이라고 생각하니? 나는 그렇지 않다고 생각한다.

(5) She will come if she has a mind to. (to = to come) → **to = 대부정사**

해석 그녀는 올 마음이 있다면 올 것이다.

(6) a. He always blames, and never praises, his pupils. → **밑줄 = 공통어**

해석 그는 항상 자기 제자(학생)들을 비난하고, 칭찬하지 않는다.

b. His achievement was, is, and will be unparalleled. → **밑줄 = 공통어**

해석 그의 업적은 과거에도 비할 데 없었고, 현재에도 없고, 앞으로도 없을 것이다.

→ a에서 his pupils은 동사 blames와 동사 praises의 목적어임, 즉 두 동사의 공통의 목적어임
b에서 unparalleled은 동사 was, 동사 is, 동사 will be의 보어임, 즉 두 동사의 공통의 보어임

※ **주의할 대명사 용법:** 재귀대명사(itself, yourself, himself, themselves…)는 동일절 속에서 자기의 선행사를 찾고 일반대명사(it, you, him, them…)는 동일절 밖에서 자기의 선행사를 찾으면 OK.

a. Parents can have a significant impact on how children see [them/ **themselves**].

→ **themselves = children**

해석 부모는 아이들이 자신(아이들)을 어떻게 바라보느냐에 있어서 상당한 영향을 미칠 수 있다.

b. The drugs, designed to treat heart disease, help nervous musicians by lowering the heart rate, and enabling [**them** / themselves] to play unimpeded by shaking hands. (unimpeded 방해받지 않는) → **them = nervous musicians**

해석 심장병을 치료하기 위해 설계된 이 약은 심장박동수를 낮추고 그리고 떨리는 손에 의해 방해받지 않고 그들(불안해하는 음악가들)이 연주를 할 수 있게 함으로써 불안해하는 음악가들에게 도움을 준다.

c. Learning to correlate spoken words with the symbols that represent [**them** / themselves] on a page does not ensure that one will understand the operations of the spoken or written language. (correlate 서로 연관시키다; represent 나타내다; operation 운용) → **them = spoken words**

해석 구어 낱말들과 그것들(구어 낱말들)을 지면 위에 나타내는 상징들을 서로 연관시키는 것을 배운다고 해서 반드시 구어나 문어의 운용을 이해하게 되는 것은 아니다.

2) 생략구문: 특히 아래의 (13~16)처럼 '비교/대립' 구문에서의 '생략어구' 파악에 주의할 것

(7) I think (that) John loves Mary. But, the woman (who) the man loves don't love him.

↳ (접속사 that 생략)

해석 나는 존이 메리를 사랑한다고 생각한다. 하지만, 그 남자(존)이 사랑하는 그 여자(메리)는 그를 사랑하지 않는다.

(8) It's the only way __ you can keep playing the piano.

↳ (way 뒤에 접속사 how 생략)

해석 그것이 당신이 계속 피아노를 연주할 수 있는 유일한 방법이다.

(9) You may be surprised at the number of people __ willing to help.

(people 뒤 '관계사+be동사' 인 who are 생략) ↵

해석 당신은 기꺼이 도움을 주려고 하는 사람들의 수에 놀랄 수 있다.

(10) Reading these books helps John __ understand Mary better.

↳ (understand 앞에 to 부정사의 'to' 생략)

해석 이 책들을 읽는 것은 존이 메리를 더 잘 이해하는데 도움이 된다.

(11) a. She turns on the radio when __ doing the homework

↳ she is 생략

해석 그녀는 숙제를 할 때 라디오를 켠다.

b. When __ in the army, you must obey all commands.

↳ you are 생략

해석 네가 군대에 있다면 모든 명령에 복종해야 한다.

(12) He needs more money with which to travel.

→ 어구 'with which to travel'은 어절 'with which he can travel'의 축약된 형태임

해석 그는 여행에서 쓸 돈이 더 많이 필요하다.

(13) His mind is never so sharp as __ in the morning.
↳ (it is sharp= his mind is sharp) 생략

해석 그의 정신은 아침에서만큼 영민하지 못하다 = 그의 정신은 아침에 가장 영민하다.

(14) Mary has washed the dishes, __ dried them, and __ put them in the cupboard.
↳ has 생략 ↳ has 생략

해석 메리는 그 접시들을 닦았고, 그것들을 말렸고, 그리고 찬장에 그것들을 넣어놓았다.

(15) They need not stay at home, but you must __ .
↳ stay at home 생략

해석 그들은 집에 머물 필요가 없지만 너는 머물러야 한다.

(16) The sun shines in the daytime and the moon __ at night.
↳ shines 생략

해석 태양은 낮에 빛나고 달은 밤에 빛난다.

※ Maybe because your confidence in the claim was strong enough for friends but not as strong among the most knowledgeable. ➔ 'but(등위 접속사)'와 그 뒤의 'not'의 사이에 'your confidence in the claim was'가 생략되었다.

해석 아마도 그 주장에 대한 당신의 자신감은 친구들에게는 충분히 강했지만, 가장 식견이 있는 사람들 사이에서는 그만큼 강하지 않았기 때문이었을 것이다.

23 삽입 구절 (밑줄 = 삽입 구절)

삽입된 구절의 처리 = 삽입된 구절을 빼고 문장구조(구문)을 파악하자!
Wh- 혹은 that + (주어 + 동사): 단, [동사 = 사고(think)/전달(say)/인식(konw) 동사]

1) 삽입구절

a. Our plan was, after all, a failure.

해석 우리의 계획은 결국 실패였다. (after all = 결국)

b. Wisdom, we believe, is the weapon to fight bad. ("we believe" 삽입)

= We believe (that) wisdom is the weapon to fight bad.

해석 우리가 믿기로(는), 지혜는 나쁜 것과 싸우는 무기다.

c. Who they believe we are doesn't matter to those who we believe respect everyone.

("they believe"와 "we believe" 삽입; 앞의 who는 의문대명사 그리고 뒤의 who는 관계대명사)

해석 (그들이 믿기로는) 우리가 누구인지는 (우리가 믿기로는) 모든 사람들을 존중하는 사람들에게는 중요하지 않다.

d. There is nothing (that) we imagine which we do not already know. 밑줄 = 삽입어구

해석 우리가 상상하는 것으로 이미 알지 못하는 것은 없다. (= 우리가 상상하는 것은 이미 다 아는 것들이다)

e. What do you think he threw out of the window? 밑줄 = 삽입어구

해석 당신이 생각하기로 그는 무엇을 창밖으로 던졌나?

※ ①과 ②의 구조는 다르다.

① **John is the man who I think is innocent.** ("I think" 삽입)

해석 존은 내가 생각하기에는 죄가 없는 사람이다.

② **John is the man who I think to be innocent.** (삽입 구문이 없다. "I think"는 삽입구문이 아님)

해석 존은 내가 생각하기에는 죄가 없는 사람이다.

2) 동격구절

Jimmy, my friend, has invested his money in stocks. He has but one aim in life, to make money. Someone judges others by money, a wrong and foolish thing to do.

밑줄 = 앞의 어떤 어구와 동격이 되는 어구: [my friend = Jimmy] ;
[to make money = one aim] ; [a wrong and foolish thing to do = 앞 문장: Someone~money]

해석 나의 친구인 지미는 돈을 주식에 투자했다. 그는 인생에서 돈을 벌겠다는 목적 외는 아무것도 없다. 어떤 이는 돈으로 사람을 판단하는데, 그것은 잘못된 바보짓이다.

24 등위구조 (병렬구조, 대등구조)

A and B → A와 B는 동일한(등위의, 대등한) 형태, 기능, 의미, 통사를 가져야 하는 원리를 등위(대등) 접속(=병렬 연결)의 원리라고 한다.
A and B, A but B, A or B, A than B와 같은 표현처럼 등위(대등) 접속사(=병렬 연결어)인 and, but, or, than, as 등에 의한 접속 혹은 연결을 등위(대등) 접속 혹은 병렬 연결이라고 하고, 이런 등위 접속(병렬 연결)에 의한 구조를 등위 구조(병렬 구조, 대등 구조)라고 한다.

a. I used it(the skill) to save my life and [to help/ helped] others. [정답 : to help]

해석 나는 나의 생명을 구하기 위해 그 기술을 사용했지만 다른 사람들을 돕기 위해서도 그랬다.

b. I never thought that a dog is able to attack people but [save /saves /saved] them.

해석 나는 개가 사람을 공격할 수 있지만 그들을 구할 수도 있다는 생각을 해 본적이 없다.

c. A man enters the hall where guests are seated and [stand / stands] before the presiding person.

해석 한 남자는 손님들이 앉아있는 홀에 들어와서 사회자의 앞에 선다.

d. Dolphins were believed to save drowning men by pushing them to the surface, or [protect / protecting] them from sharks by surrounding them. (them = drowning men)

해석 사람들은 돌고래는 물에 빠진 사람들을 수면 위로 밀어 올려서 구해주거나, 그들을 에워싸서 상어로부터 보호해준다고 믿었다.

e. I thought about the many travelers who must have come to the same well and [drank / drunk] from the same gourd. *gourd 조롱박

해석 나는 같은 우물에 왔음에 틀림없는 그리고 같은 조롱박으로부터 물을 마셨음에 틀림없는 많은 여행자들에 대해 생각했다.

f. She told the pastor, "I watched my child go out in the yard, get on her knees, and [ask/ asked] God for a cat." [정답: ask]

해석 그녀는 목사님에게 말하기를, "우리 애가 마당으로 나가 무릎을 꿇고 하나님에게 고양이를 달라고 기도하는 모습을 봤어요."

g. We are controlled by, rather than [control of / in control of], natural forces.

[정답: in control of (we are in control of~)]

해석 우리는 자연의 힘을 통제하기보다는 자연의 힘에 의해 통제를 받는다.

h. I am the youngest child and thus less [aggressive / aggressively] than my older brothers and sisters.

[정답: aggressive (be 동사의 보어들의 등위접속)]

해석 나는 막내라서 형이나 누나들보다 덜 적극적이다.

25 주의할 부정 구문

부정 구문이란 대개 부정어인 no, not 이외에 부정어구(부정 부사어구인 no, not, never, scarcely, hardly, seldom, rarely, too, only와 부정 술어인 avoid, fail, doubt, deny, refuse, reject, disagree, without 등)를 포함한, 의미적으로 부정적인 구문이다.

1. They never meet without quarreling. ➔ never A without B = A하면 반드시 B한다

해석 그들은 만나면 싸운다

2. a. He is not a novelist, but a poet. 해석 그는 소설가가 아니라 시인이다.

➔ not A but B = A가 아니라 B다 = less A than B = not so much A as B

b. He does it not because he likes doing it, but because he thinks it right.

해석 그는 그것을 하는 것을 좋아해서 그것을 하는 것이 아니라 그것이 옳다고 생각해서 그것을 한다.

c. We love her. Not that she is pretty, but that she is kind.

해석 우리는 그녀를 사랑한다. 그녀가 예뻐서가 아니라 친절해서 그렇다.

3. We cannot praise John too much[enough/to excess/excessively].

➔ cannot ~ too much = 아무리 ~해도 지나치지 않다

해석 우리는 존을 아무리 칭찬해도 지나칠 것이 없다)

We cannot praise John too much [enough/to excess/ excessively].

= We cannot overpraise John(him).

= He cannot be overpraised.

= He cannot be praised too much.

= It is impossible (for us) to praise him too much.

= It is impossible for him to be praised too much.

= It is impossible for him to be overpraised.

4. too A to B (A = 형용사 혹은 부사; B는 동사 즉 to부정사)

a. The price of this book is too high for us to buy.

해석 이 책의 가격이 상당히 높아서 우리는 살 수 없다.

b. He is too wise <u>not</u> to think of it. A하므로 B하지 않을 리가 없다(not to B인 경우)

해석 그는 매우 현명해서 그것에 대해 생각하지 않을 리가 없다.

c. He is <u>not</u> too old to work. B할 수 없을 만큼 A하지 않다(not too A인 경우)

해석 그는 일할 수 없을 만큼 매우 늙지는 않다.

※ 흔한 too~toV 용법(매우~해서 V 못한다)으로 해석하지 않는 경우

d. A man who is too <u>eager</u> to be rich will not be rich. (단순 강조의 too = very)

해석 부자를 매우 열망하는 사람은 부자가 되지 못한다. (인과구문 = who+원인; 주절+결과)

e. She is too <u>ready</u> to talk. 해석 그 여자는 너무 입이 가볍다.

↳ apt, liable, likely (단순 강조의 too = very)

f. I am <u>only</u> <u>too</u> glad to see you. (only too = very)

※ 부정어의 인계: '<u>too</u> A to <u>B</u>' 구문의 'too'와 'A <u>no</u> more X than <u>B</u>' 구문(20-3. 대립/비교 구문 p63 참고)의 'no'가 뒤에 있는 종속절(to B 혹은 than B)에 부정의 의미를 부여(인계).

a. '<u>too</u> A to B' 지나치게 A해서 <u>**B할 수 없다**</u>.

b. 'A <u>no</u> more X than B' <u>**B하지 않듯이**</u> A도 X가 아니다.

5. No(Not) ~ Ving **부정구문**

a. I cannot help <u>killing</u> him. = I cannot but <u>kill</u> him.

➔ cannot help ~ing = ~할 수밖에 없다 = cannot but +원v = have no choice but to v

해석 나는 그를 죽일 수밖에 없다. (원V=원형부정사 : p21 참고)

b. There is no telling what may happen.

➔ There is no ~ing = ~ 할 수 없다(불가능하다). 해석 무엇이 일어날지 말할 수 없다.

c. It is no use persuading her.

➔ No use ~ing = ~ 해도 소용없다 해석 그녀를 설득해도 소용없다.

6. 부분부정 구문

a. Her injuries were serious, but not necessarily fatal. (부분 부정)

→ 부분 부정은 문장내용 전체의 부정이 아니라 부분적으로만 부정하는데 "not(never) + all, every, both, necessarily"인 경우에 발생한다.

해석은 "전부 혹은 반드시 ~한 것은 아니다"

해석 그녀의 부상은 심각했다, 하지만 반드시 치명적인 건 아니다.

b. Every man is not polite, and all are not born gentleman. (부분 부정)

해석 모든 사람이 전부 다 공손한 것은 아니고, 모든 사람들이 전부 다 신사로 태어난 것은 아니다.

7. 부정어 no(not)가 없지만 부정적 의미 내포하는 어구

too, only, only that(~만 하지 않는다면), few, little(less, least), but, or, but that(=unless), except, other than, otherwise, instead of, above, far from, lest, for fear that[of], the last~to v, hardly, scarcely, seldom, rarely, barely, badly('몹시'란 뜻도 있다), anything but, fail to V, deny, keep[prevent]류 동사(keep~from), resist, reject, refuse to V, doubt, forget…

a. He is a heavy hitter, only that he is sometimes struck out. (~만 하지 않는다면)

해석 그는 때때로 삼진아웃당하지만 않는다면 강타자다.

b. I could go but that I am ill. (but that = unless)

해석 내가 아프지 않다면 갈 수 있을텐데…

c. He was the last person to tell lies. (결코 B할 A가 아니다) 해석 결코 거짓말할 사람이 아니다.

d. He is above telling lies. (결코 A가 아니다) 해석 결코 거짓말할 사람이 아니다.

8. 부정어 있지만 긍정 해석 (이중 부정은 긍정해석 포함)

a. They **never** meet **without** quarreling. =A 하면 반드시 B 한다.

그들은 만나면 반드시 싸운다.

b. You can**not** be **too** careful for your health. 건강에 대해 지나치게 주의해도 지나치지 않다

c. **Not until** she was 9 years old did she began to read.

9살이 돼서야 책 읽기를 시작했다.

d. It will **not** be **long** before everybody can freely travel to the moon. (not~long = 곧)

곧 모든 사람들이 자유롭게 달로 여행할 수 있을거다

e. There is **no** rule **but** has exceptions. (but = that ~not) 예외가 없는 규칙은 없다.

f. **Nothing** is **so** precious **as** health. 건강이 제일 귀중하다.

g. He gave me **no less** than $100. 그는 나에게 100달러나 주었다.

26 강조 구문 (밑줄 = 강조 구절)

1) It X that A 강조구문: A한 것은 바로 X다. (→ 강조구문에서 쓰이는 that = 관계사)

a. It was <u>because he was ill</u> that we decided to return.

해석 우리가 되돌아오기로 결정했던 이유는 바로 <u>그가 아팠기 때문</u>이다.

b. It was <u>Jane</u> that phoned John last night.

해석 지난밤에 존에게 전화했던 사람은 바로 <u>제인</u>이었다.

2) What A be X 강조구문: A한 것은 바로 X다

a. What you need most is <u>a good rest</u>.

해석 여러분이 가장 필요한 것은 <u>충분한 휴식</u>이다.

b. What they did not know was <u>that happiness is in us</u>.

해석 그들이 알지 못했던 것은 행복은 우리마음속에 있다는 것이었다.

c. <u>Freedom of speech</u> is what is crucial.

해석 표현(언론)의 자유는 중요한 것이다

3) **도치**에 의한 강조: <u>Seldom</u> had I seen such a remarkable creature.

해석 나는 거의 그런 대단한(놀라운) 생물을 본적이 없다.

4) **비교구문**에 의한 강조: Nothing is <u>more</u> precious than <u>time</u>.

해석 어떤 것도 시간보다 더 소중한 것은 없다(= 시간이 가장 소중하다)

5) **대립 연결사**에 의한 강조

The house itself is beautiful, but <u>the surroundings are rather unpleasant</u>.

해석 그 집 자체는 아름답지만, 그 주변은 오히려 불쾌하다.

6) **강조어구**에 의한 강조

(1) 일반 강조어: do / very / the very~/ (the) only~ / oneself(재귀대명사) / on one's own / enough('형용사/부사 + enough'와 'enough+명사') / still (still+don't)

a. I <u>do</u> love you. 나는 <u>정말로</u> 너를 사랑한다.

b. He is <u>the very</u> man. 그가 <u>바로 그</u> 남자다.

c. He is an artist <u>himself</u>. 그는 예술가 <u>그 자체</u>다.

d. Did you do it <u>on your own</u>? 그것을 <u>너 혼자(스스로)</u> 했니?

e. It is small **enough** to fit into your pocket. 그것은 너의 주머니 속에 들어갈 **만큼** 작다.

f. The wheelchair was **still** not good enough to move easily.
그 휠체어는 **여전히** 쉽게 움직이기엔 역부족이었다.

(2) 비교급 강조(비교급 표현 앞에서 수식하면서 그것을 강조하는 어구): even, (by) far, still, much

This is **even** bigger than that. 이것은 저것보다 훨씬 더 크다.

※ 'much'는 동비과어를 수식: 동사;비교급;과거분사;어(a)로 시작하는 형용사 afraid 등)

(3) 원급(형용사/부사) 강조어와 명사(구) 강조어

원급 강조어 = 원급 표현의 앞에서 수식하면서 그것을 강조하는 어구

so, as, how(ever), too + 원급 Vs. such, what, rather, many, quite + 명사(구)

※ such, what, rather, many, quite(원급, 현재분사도 강조)

a. It is so **nice** a car. = It is such **a nice car**. 그것은 그만큼(상당히) 멋진 차야!

b. How **nice** a car! = What **a nice car**! 얼마나 멋진 차인가!

Part 3
해석비법 실전구문

Part 1과 Part 2에서 학습된 내용을 토대로
드디어 실전구문을 연습해본다.

1 | 실전구문 독해 연습

1 주어의 형태/ 위치/ 범위

1) 주어의 형태: 명사구 혹은 명사절인지 파악 / 가주어-진주어 파악

Still, it is arguable that advertisers worry rather too much about this problem, as advertising in other media has always been fragmented.

해석 그렇다고 하더라도, 다른 미디어를 이용한 광고들은 늘 단편적이었으므로, 광고주들이 이 이 문제에 대해 오히려 너무 많이 걱정하는 것일 수 있다고 주장할 여지가 있다.

➔ 동사는 is ; 주어(진주어)는 명사절인 that절: [that ~ 문장끝] (⇐ 가주어 it과 진주어 that절 구문)

2) 주어의 위치: 문장 전체(주절)의 주어가 혹은 종속절의 주어가 어디에 위치되었는지, 그리고, 동사의 앞 쪽에 있는지 뒤 쪽에 있는지 파악(주어와 동사의 '도치' 파악)

① Because elephant groups break up and reunite very frequently for instance, in response to variation in food availability reunions are more important in elephant society than among primates.

해석 코끼리 집단은, 예컨대 먹이의 이용 가능성의 변화에 대응하여, 매우 자주 헤어지고 재결합하기 때문에 코끼리 사회에서는 영장류들 사이에서 보다 재결합이 더 중요하다.

➔ 주절의 주어와 동사는 각각 'reunions'과 'are' ;
종속절(종속접속사 'because'가 이끄는 절)의 주어와 동사는 각각 'elephant groups'와 'break'

② With the advance of science, there has been a tendency to slip into scientism, and assume that any factual claim can be authenticated if and only if the term 'scientific' can correctly be ascribed to it.

해석 과학의 발전과 함께, 과학만능주의에 빠져들어 '과학적'이라는 용어가 정확하게 그것 에 속하는 것으로 생각될 수 있는 경우에 그리고 오직 그런 경우에만 사실에 입각한 어떤 주장이든 진짜로 입증될 수 있다고 가정하는 경향이 있어 왔다.

→ 주절의 주어와 동사는 각각 'a tendency'와 'has been' (주어와 동사의 도치)
종속절(assume 뒤 that절)의 주어와 동사는 각각 'any factual claim'와 'can be'
종속절(if절)주어와 동사는 각각 'the term'와 'can (correctly) be'

3) 주어의 범위: 주어가 어디에서 어디까지인지 파악

When considered in this light, the visual preoccupation of early humans with the nonhuman creatures inhabiting their world becomes profoundly meaningful.

해석 이런 측면에서 고려될 때, 초기 인류가 자신들의 세계에 살고 있는 인간 이외의 생명체들에 대하여 시각적으로 집착한 것은 깊은 의미를 띠게 된다.

→ 동사는 becomes ; 주어는 명사구인 [the visual preoccupation ~ world]

다음 문장들을 위의 사항들(주어의 형태, 위치, 범위)을 고려하여 해석하시오.

해석연습 01-08

01 Clarity about the knowledge intended in any activity comes from each student's re-creation of concepts and discussing, thinking, arguing, listening, and evaluating one's own preconceptions after the activities, under the leadership of a thoughtful teacher, can bring this about.

02 The fact that the intensity reflects the duration of the separation as well as the level of intimacy suggests that elephants have a sense of time as well.

03 Beside the decreased chance of empty ecological niches but the increased probability of competitors that prevent invasion success, diverse communities are assumed to use resources more completely and, therefore, limit the ability of invaders to establish.

04 Anyone who says that people are genetically programmed to be moral has an oversimplified view of how genes work.

05 Only that which survived in some form in the present was considered relevant.

06 At no point in human history have we used more elements, in more combinations, and in increasingly refined amounts.

07 Nor does the traditional view recognise the role that non-intellectual factors, especially institutional and socio-economic ones, play in scientific developments.

08 Seldom does a new brand or new campaign that solely uses other media, without using television, reach high levels of public awareness very quickly.

해설(해석연습 01-08)

01 어떤 활동에서든 의도된 지식에 대한 명료성은 각 학생의 개념 재창조에서 비롯되는데, 그 활동을 한 뒤에, 사려 깊은 선생님의 지도하에 자신의 선입견에 대해 토론하고, 사고하고, 논쟁하고, 듣고, 평가하는 것을 통해서 이것을 가져올 수 있다.

➔ 동사는 comes ; 주어는 '명사구'인 [Clarity ~ activity] ; intended는 과거분사 수식어 또한, and의 뒤 부분(등위절=대등절)에서 동사는 can bring ; 주어는 '명사구'인 [discussing~ teacher]

02 강렬함이 친밀도뿐만 아니라 떨어져 있었던 시간의 길이도 반영한다는 사실은 코끼리들에게도 시간적 감각이 있다는 것을 암시한다.

➔ 동사는 suggests ; 주어는 명사구인 [The fact ~ intimacy]

fact 뒤 that절은 동격절 수식어 ; suggests 뒤 that절(종속절)은 명사절 목적어

03 빈 생태적 지위의 가능성은 감소하지만 침입 성공을 방지하는 경쟁자들의 가망성은 증가하는 것 이외에도, 다양한 군집은 자원을 더 완전하게 사용하여 침입자가 확고히 자리 잡는 능력을 제한하는 것으로 여겨진다.

➔ 주절의 주어와 동사는 각각 diverse communities(명사구 주어)와 'are assumed' ; 'Beside ~ success'는 부사적 수식어구

주어 diverse communities의 주격보어는 [to use ~ to establish]

04 사람들은 도덕적이도록 유전적으로 프로그램이 짜여 있다고 말하는 누구든 유전자가 작동하는 방식에 대한 지나치게 단순화된 견해를 가지고 있다.

➔ 동사는 has; 주어는 [Anyone who ~ moral]

05 현재에 어떤 형태로 살아남은 것만이 유의미한 것으로 여겨졌다.

➔ 동사는 was considered ; 주어는 [Only that ~ present] ; 'that' = '그 것'으로 해석 ; Only that = 그 것만이

which 이하의 절 = 관계대명사절

06 인류 역사의 어느 지점에서도, 우리는 (지금보다) '더 많은' 조합으로, 그리고 점차 정밀한 양으로, '더 많은' 원소를 사용한 적은 없었다.

➔ 동사와 주어는 각각 have (used)와 we (주어와 동사의 도치) ; 부정어구(At no point in history)의 문두 '도치'구문

[At no point in history + 조동사(have) + 주어(we) + 본동사(used) ~]

07 전통적인 관점은 또한 비지성적인 요인들, 특히 제도적 요인과 사회경제적 요인이 과학 발전에서 하는 역할을 인식 하지 못한다.

➔ 동사와 주어는 각각 does (~play)와 the traditional view (주어와 동사의 도치) ; 부정어구(Nor)의 문두 '도치'구문

[Nor + 조동사(does) + 주어 + 본동사(play) ~]

08 텔레비전을 이용하지 않고, 다른 미디어만을 이용하는 새로운 브랜드나 새로운 캠페인이 아주 빠르게 높은 수준의 대중 인지도에 도달하는 경우는 거의 없다.

➔ 동사와 주어는 각각 does (~reach)와 [a new brand ~ television] ; 부정어구(Seldom)의 문두 '도치'구문

[Seldom + 조동사(does) + 주어 + 본동사(reach) ~]

해석연습 09-17

09 To know which areas need improvement and which are already healthy is the key to increasing your happiness.

10 To make the choice to express a feeling by carving a specific form from a rock, without the use of high technology or colors, restricts the artist significantly.

11 Using a tape measure to determine the distance a javelin was thrown yields very similar results regardless of who reads the tape.

*javelin: 창

12 Making something a little better here, a little better there gradually makes it something a lot better — even entirely different from the original.

13 At a time when sports and other extracurricular activities are being cut from schools throughout the U.S., solely getting rid of soda and sugar-filled drinks is nothing but a temporary measure.

14 Though making a verbal commitment, no matter how bold and how inspiring, does not ensure that we reach our destination, it does enhance the likelihood of success.

15 What often appears to be a piece of worthless old junk may very well be quite valuable.

16 Whether either the material or the intellectual changes in the past half-century produced comparable changes in the American character is difficult to determine.

17 Some studies suggest that where children are placed in their early years is of secondary importance to what happens to them while they are there.

해설(해석연습 09-17)

09 어느 부분이 개선이 필요하고 어느 영역은 아직 건강한지(잘 돌아가는지)를 아는 것이 당신의 행복을 증진시키는 열쇠이다.

➔ 동사는 is ; 주어는 to부정사 이하, 즉 [To know ~ healthy]

10 첨단 기술이나 색상의 도움 없이 돌을 가지고 특정한 형상을 조각해서 어떤 감정을 표현하기로 선택하는 것은 예술가(의 표현)를 상당히 제약한다.

→ 동사는 restricts ; 주어는 to부정사 이하, 즉 [To make ~ colors]

11 줄자를 이용해 창이 던져진 거리를 측정하는것은 누가 측정을 하느냐에 상관없이 유사한 결과를 낳는다.

→ 동사는 yields ; 주어는 [Using ~ thrown]

distance 뒤에 관계부사 that이 생략됨: [distance (that) a javelin ~ thrown]

12 이곳저곳을 조금씩 개선하는 것은 점차 그 대상을 훨씬 더 좋은 것으로, 심지어 원래의 것과는 완전히 다른 것으로 만들어 준다.

→ 동사는 makes ; 주어는 [Making ~ there] ; 목적어 it = something ; 목적어 it 뒤의 something은 목적보어임

13 스포츠와 다른 과외 활동들이 미국 전역의 학교들로부터 배제되고 있는 때에, 단순히 탄산음료와 설탕이 든 음료를 없애는 것은 일시적 조치에 불과하다

→ 동사는 is ; 주어는 [solely getting ~ drinks] ; when은 관계부사로서 그 앞의 선행사 a time을 수식함. are being cut은 '현재 진행 수동형'으로서 '~되고 있는 중이다'로 해석 (cut = 과거분사)

14 비록 아무리 대담하고 고무적이라 하더라도 언어적 선언을 하는 것이 우리가 목적지에 도달하도록 해주는 것은 아니지만, 성공의 가능성을 높여 주기는 한다

→ 주절의 주어와 동사는 각각 'it'과 'does enhance' ;

Though 뒤의 종속절의 주어와 동사는 각각 '[making ~ inspiring]'와 'does (not) ensure' ; though는 접속사

종속절(ensure 뒤의 that절)의 주어와 동사는 각각 'we'과 'reach'

15 무가치한 쓰레기처럼 보이는 것이 상당한 가치가 있을 수도 있다.

→ 동사는 may (very well) be ; 주어는 명사절인 '[What ~ junk]'

16 지난 세기의 물질적, 또는 지적 변화가 미국인의 기질에 상응하는 변화를 가져왔는지 아닌지 여부는 규정하기가 매우 어렵다

➔ 동사는 is ; 주어는 명사절인 [whether ~ character]

17 몇몇 연구 결과는 어린 시절에 아이들이 어떤 곳에 주어지는지(아이들의 선천적 조건)는 그 아이들이 그곳에 있는 동안 어떤 일이 일어나는지(아이들의 후천적 환경)에 비하면 부차적이라는 것을 시사한다.

➔ 주절의 주어와 동사는 각각 'Some studies'와 'suggest'

종속절의 주어와 동사는 각각 [where ~ years]와 is

해석연습 18-25

18 Areas which children are considered good at in sixth grade may not be the same ones in which they excel by the end of their senior year.

19 The poisonous liquid the toad's skin secretes when threatened makes it unappetizing to other animals. *toad: 두꺼비 secrete: 분비하다

20 Even something as basic as the position and design of a window makes a statement about the building's role with respect to the outside world

21 Any learning environment that deals with only the database instincts or only the improvisatory instincts ignores one half of our ability. It is bound to fail.

*improvisatory 즉흥적인

22 Chores once thought to belong only to one sex, for example, fixing cars by men and cooking by women, are sometimes shared now. *chore 허드렛일

23 A federal law to prohibit a practice commonly known as "patient dumping" gives you right to suitable care regardless of your ability to pay.

24 All messages entering or leaving the intranet pass through the firewall, which examines each message and blocks those that do not meet the specified security criteria.

25 As Africa's exploding human populations compete with wildlife for land and resources, the number of lions speared, shot, and poisoned has soared.

해설(해석연습 18-25)

18 아이들이 6학년 때(어릴 때) 잘한다고 여겨지는 분야가 그 아이들이 고3 때(나이 들었을 때) 잘하는 분야와 같지 않을 수도 있다

➔ 주절의 주어와 동사는 각각 [Areas~ grade]와 [may (not) be] ; 관계대명사절인 which절이 명사 Areas 수식

종속절인 which절 속의 주어와 동사는 각각 children과 are

종속절의 in which절 속의 주어와 동사는 각각 they와 excel

19 (두꺼비가) 위협받을 때 두꺼비의 피부가 분비하는 독액은 그 두꺼비를 다른 포식자들에게 맛없게 만들어준다.

➔ 동사는 makes ; 주어는 [The poisonous liquid ~ threatened] ; liquid 뒤에 관계대명사(접속사) that 생략

생략된 that(접속사)이 이끄는 절 속의 주어와 동사는 각각 [the toad's skin]과 'secretes'

when threatened = when (the toad is) threatened

20 심지어 창의 위치나 디자인 같은 기본적인 것들조차도 외부 세상에 대한 그 건물의 역할에 대해 말해준다

➔ 동사는 makes ; 주어는 명사구인 [Even ~ window]

21 데이터베이스에 근거한 직감만을 혹은 즉흥적인 직감만을 다루는 어떤 학습 환경이든 우리 능력의 절반은 무시한다. 그것은 반드시 실패한다.

➔ 동사는 ignores ; 주어는 [Any learning environment ~ improvisatory instincts] ; that 절은 관계대명사절

It은 앞 문장의 주어인 [Any learning environment ~ improvisatory instincts]

22 예를 들어, 남자는 차를 고치고 여자는 요리를 하는 것과 같이 한때 하나의 성(性)에만 속한다고 여겨지던 일들을 지금은 남성, 여성이 함께 공유한다

➔ 동사는 are ; 주어는 [Chores ~ women] ; 'once thought 이하'의 과거분사 구절이 Chores를 수식

23 '환자 유기'라고 알려진 관행을 금지하는 연방법은 당신의 경제적 능력에 상관없이 당신에게 적절한 치료의 권리를 준다.

➔ 동사는 gives ; 주어는 [A federal law ~ "patient dumping"] ; 'to prohibit 이하'의 to 부정사 구절이 federal law를 수식

24 인트라넷을 통과하는(들어갔다가 나갔다가하는) 모든 메시지는 방화벽을 거치게 되는데, 방화벽은 각 메시지를 검사해서 특정한 보안기준을 충족하지 못하는 메시지를 차단한다

➔ 동사는 pass ; 주어는 [All messages ~ intranet]
which절 = 계속적 용법의 관계대명사절 (, which = , and the firewall)

25 아프리카의 폭발적으로 증가하는 인구가 땅과 자원을 차지하기 위해 야생생물과 경쟁하면서, 찔려죽고, 총에 맞고, 그리고 독살되는 사자의 수는 치솟았다

➔ 주절의 동사는 has soared ; 주절의 주어는 [the number ~ poisoned]
종속절의 주어와 동사는 각각 [Africa's ~ populations]와 compete

해석연습 26-33

26 People who say they know where everything is turn out to be using a large amount of their mental capacity and creative energies remembering where they placed things, rather than doing the job.

27 Speeding up can actually slow us down, as anyone who has ever accelerated out of the house only to realize that their keys, wallet, and baby son are sitting on the kitchen table knows only too well.

28 The assumption that what is being studied can be understood in terms of causal laws is called determinism.

29 Science is simply an instrument, for good or for bad. For it to be directed toward good, whoever directs it must have some conception of humanity.

30 The very slightest appearance of favoring one child at the expense of another is instantly observed and resented.

31 Among the effects of notation was that composers could fix their music exactly as they wished it to be performed, as poets had long been able to set down their poems.

32 Because every person is different and circumstances are constantly changing, it takes a leader to figure out what's needed and to put that solution into action.

33 In the early days of the car industry, it was considered good business to charge a lot for spare parts because the owner had no choice but to buy them.

해설(해석연습 26-33)

26. 모든 것이 어디에 있는지 안다고 말하는 사람들은 일을 하기 보다는 그들이 어디에 물건을 놓았는지 기억하느라 상당한 양의 정신적 능력과 창의적 에너지를 사용하는 것으로 판명된다.

➔ 주절의 주어와 동사는 각각 [People who ~ everything is]와 'turn out' ; 관계대명사 who-절 = [who say ~ everything is]

'say'의 뒤에 'that-절'(목적어)의 'that' 생략 ; 동사 turn out(~로 판명되다)의 보어 = [to be using ~ the job]

27 서둘러 집을 나섰다가 열쇠, 지갑, 그리고 아이를 부엌 탁자 위에 놔두고 왔다는 것을 깨닫게 된 사람들은 너무나 잘 알고 있듯이, 서두르는 것이 실제로는 우리를 더 느리게 만들 수 있다.

➔ 주절의 주어와 동사는 각각 'Speeding up'과 'can slow'

'~이듯이'로 해석되는 양태의 접속사 as가 이끄는 절 속에서의 주어와 동사는 각각 [anyone ~ table]과 'knows'

동사 'realize' 뒤의 that-절 속의 주어와 동사는 각각 [their keys ~ son]과 'are sitting'

28 연구되고 있는 것이 인과 법칙의 관점에서 이해될 수 있다는 가정을 결정론이라고 한다.

➔ 동사는 is (called) ; 주어는 [The assumption ~ causal laws]

동격절을 이끄는 that절 속의 주어와 동사는 각각 [what is being studied]와 'can be understood'

29. 과학은 선을 위한 것이든, 악을 위한 것이든 단순히 도구이다. 그것이 선으로 지향되기 위해서는, 그것을 이끄는 사람이 어떤 사람이든 간에 인간다움에 대한 일정한 신념을 가지고 있어야 한다.

➔ 'whoever'가 이끄는 절 = 동사(must have)의 주어로 사용

For it to be directed에서 'For it'은 '(to) be directed'의 의미상 주어 ; it의 선행사는 science (it = science)

30. 한 아이를 다른 아이보다 편애하는 것이 아주 살짝만 드러나도 (그 다른 아이는) 그것을 즉각 눈치 채고 분개한다.

➔ 동사는 is ; 주어는 명사구인 [The very slightest ~ of another] ; resented뒤에는 (by the child)가 문맥상 생략됨.

31 악보표기의 효과 중의 하나는 시인들이 오랫동안 자신의 시를 적어놓을 수 있었듯이, 작곡가들도 자신들의 음악이 연주되기를 원하는 대로 기록할 수 있게 되었다는 것이다.

➔ 동사 was의 주어는 그 동사 뒤에 나오는 that-절이다(동사 뒤에 나오는 주어의 도치 구문임) ;
'they wished'의 앞에 있는 'as' = 양태/양식(방식)의 접속사(~하는 대로)
poets의 앞에 나오는 'as' = 양태/유추의 접속사(~하는 것처럼)

32. 모든 사람은 다르고 환경은 지속적으로 변화하기 때문에, 필요한 것을 파악하고 해결책을 실행하기 위해 지도자가 필요하다.

➔ 대용표현(대명사) it = [Because every person ~ changing]
to 부정사 구절인 [to figure out ~ into action] = 목적(~하기 위해)으로 해석되는, 동사 takes를 수식하는 부사적 수식어구

33. 자동차 산업의 초기에는, 소비자들이 부품을 살 수 밖에 없기 때문에 그 부품들에 많은 비용을 청구하는 것이 이윤이 되는 사업이라고 여겨졌다.

➔ it-to부정사 '가주어-진주어' 구문 ; [good business] = 보어(=5형식동사인 consider의 목적격보어)
had no choice but to 부정사 구문 = ~할 수 밖에 없다.

2 목적어의 '형태/ 위치/ 범위'

1) 목적어의 형태: 명사구 혹은 명사절인지 파악, 그리고 가목적어-진목적어 파악, 그리고 재귀대명사 목적어(oneself)와 그 선행사 파악

Genes and environment interact in ways that make it nonsensical to think that the process of moral development in children, or any other developmental process, can be discussed in terms of nature versus nurture.

해석 유전자와 환경은 아이들의 도덕적 발달 과정, 또는 다른 어떤 발달 과정이, 천성 '대' 양육이라는 견지에서 논의될 수 있다고 생각하는 것을 무의미하게 만드는 방식으로 상호 작용한다.

➔ ways 뒤에 나오는 관계대명사 that-절 속에 있는 it은 동사 make의 가목적어이고 이것의 진목적어는 [to think ~ nurture] ; nonsensical은 목적보어

2) 목적어의 위치: 목적어가 어디에 위치되었는지(동사의 앞 쪽에 있는지 뒤 쪽에 있는지) 파악

① Congress rejected the suggestion of [three committees] it had appointed to decide whether to adopt the bald eagle as the national symbol.

➔ 동사 'had appointed'의 목적어 = [ ]

해석 대머리 독수리를 국가의 상징으로 채택해야 하는지 여부를 결정하도록 임명한 세 개의 위원회의 제안을 의회는 기각했다.

➔ 주절의 주어와 동사는 각각 'Congress'와 'rejected' ; it의 앞에 관계대명사 'that'이 생략됨
it(주어)+'had appointed'(동사)+ ('three committees': 목적어) + ['to decide ~ symbol' : 목적격보어]

② So as not to lose money, publishers of books naturally preferred on the whole, to new books by young and unknown writers, [reliable work by writers of established reputation or reprints of old favorites]. ➔ 동사 'preferred'의 목적어 = [ ]

해석 손해를 보지 않기 위해, 출판업자들은 젊은 무명작가의 새로운 책보다 이름난 작가의 신뢰할 만한 작품, 혹은 과거의 인기 있는 책의 재판을 대체로 선호한다. (prefer A to B : B보다 A를 선호하다 ; on the whole 대체로)

➔ 동사는 preferred ; 동사 preferred의 목적어는 [reliable work ~ old favorites]

3) 목적어의 범위: 목적어가 어디에서 어디까지인지 파악

Many companies confuse activities and results. As a consequence, they make the mistake of designing a process that sets out milestones in the form of activities that must be carried out during the sales cycle.

→ 두 번째 문장의 (동사 make의) 목적어 = 명사구인 [the mistake ~ sales cycle]

해석 많은 회사가 활동과 성과를 혼동한다. 그 결과, 그들은 판매 주기 동안 수행해야 하는 활동의 형태로 획기적인 일을 제시하는 과정을 기획하는 실수를 범한다.

→ make의 목적어인 명사 mistake를 수식하는 수식어 = [of designing a process ~ sales cycle]
designing의 목적어인 명사 a process를 수식하는 수식어 = that sets ~ sales cycle]
전치사 of의 목적어인 activities를 수식하는 수식어 = [that must sales cycle]

다음 문장들을 위의 사항들(목적어의 형태, 위치, 범위)을 고려하여 해석하시오.

해석연습 01-08

01 More generally, when we are presented with a list of alternative explanations for some phenomenon, and are then persuaded that all but one of those explanations are unsatisfactory, we should pause to reflect.

02 Many overnight success stories and those that seem like success we often come to find to be false.

03 It is all too easy to justify to yourself why an experiment which does not fit with your expectations should be ignored, and why one which provides the results you 'hoped for' is the right one.

04 Science has brought within the reach of multitudes benefits and advantages which only a short time ago were the privilege of the few.

05 Whenever anyone suggests that a space program requires a human, examine it in detail with great care to see if the additional cost really is worth it or should be spent in other ways.

06 It is thus quite credible to estimate that in order to meet economic and social needs within the next three to five decades, the world should be producing more than twice as much grain and agricultural products as at present, but in ways that these are accessible to the food-insecure.

07 Thus, archaeologists claiming to follow hypothesis-testing procedures found themselves having to create a fiction. *hypothesis-testing 가설 검증 procedure 절차

08 John developed the idea of combining social work with music, in order to offer children from poor neighborhoods an alternative to life on the streets.

해설(해석연습 01-08)

01 더 일반적으로는 우리에게 어떤 현상에 대한 일련의 대안적 설명이 제공되고, 그런 다음 그 설명들 중 하나를 제외하고는 모든 것이 적절하지 않다는 것을 확신한다면, 우리는 멈춰서 심사숙고해야 한다.

→ 주절의 주어와 동사는 각각 'we'와 'should pause' ; and의 뒤의 'are persuaded'는 수동태 구문으로서 이 뒤에 나오는 that-절은 간접목적어와 직접목적어를 둘 다 취하는 4형식 동사인 persuade의 직접목적어에 해당된다 ; 동사 pause의 뒤에 나오는 to 부정사구문인 'to reflect'는 부사적 수식어구로서 '심사숙고하기 위해'로 해석된다.

02 하룻밤 사이에 (쉽게) 성공하는 이야기와 성공처럼 보이는 이야기들이 거짓된 것이라는 것을 우리는 알게 된다.

→ 주절의 동사는 come ; to 부정사 구문의 동사 find의 목적어는 [Many overnight ~ like success] ; 'to be false'는 find의 목적보어 ; 종속절을 이끄는 'that'은 관계대명사이고 그 앞의 선행사 those는 stories를 가리킨다.

03 당신의 예상과 맞지 않는 실험을 무시해야 하는 이유와, 당신이'기대하는'결과를 제공하는 실험이 올바른 시험인 이유를 당신 자신에게 정당화시키는 것은 너무나 쉬운 일이다. ☞ 동사 justify의 목적어는 [why an experiment ~ right one]

→ 가주어It ~ 진주어 to부정사 구문 (all too easy : 너무나 쉬운) ; 'to yourself'는 부사적 수식어구 ; to부정사 구문 속의 동사는 justify이고 이 동사의 목적어는 [why ~ right one]

04 과학은 얼마 전만 해도 소수의 특권이었던 혜택을 다수가 누릴 수 있게 해주었다.

→ 동사 has brought의 목적어는 [benefits and ~ the few]

'within the reach of multitudes'는 수식어로 처리한다 = 수많은 사람들 사이에(서)

05 누군가가 우주 계획에 인간이 필요하다는 말을 할 때마다, 그 일이 추가적인 비용을 지출할만한 가치가 있는지 아니면 다른 방법으로 지출되어야 하는지를 주의 깊게 상세히 살펴보라.

➔ 동사 examine의 가목적어 it과 진목적어 [to see ~ other ways]; 동사는 examine (명령문: 살펴보라) ; 'in detail(상세히) with great care(주의깊게)'는 examine을 수식하는 수식어구; whenever절 = 부사절(~할 때마다) ; that절 = 명사절(동사 suggest의 목적어) ; if절 = whether 절 (if =~인지 아닌지)

06 따라서 향후 30년에서 50년 이내에 경제적 그리고 사회적 요구를 충족시키기 위해서는 세계가 현재보다 2배가 넘는 곡물과 농산물을, 그러면서도 식량이 부족한 사람들도 이것들을 얻을 수 있는 방식으로 생산해야 한다고 추정하는 것은 꽤 설득력이 있다.

➔ (be) producing의 목적어는 [more than ~ the food-insecure]

문장 전체(주절)의 동사는 가주어 it 뒤에 나오는 is ; 주어는 to부정사 이하, 즉 [to estimate ~ 문장 끝]

'in order ~ five decades'는 부사적 수식어구 (in order to는 '~하기 위해'로 해석)

07 따라서, 가설 검증 절차를 따를 것을 주장하는 고고학자들은 자신도 모르게 가공의 이야기를 써야 했다.

➔ 동사는 found ; 목적어는 themselves (재귀사의 선행사 = archaeologists) ; 목적보어는 [having to create a fiction]

명사 'archaeologists'를 수식하는 수식어 = [claiming ~ procedures]

08 John는 가난한 아이들에게 거리의 삶에 대한 대안을 주기 위해, 사회 사업을 음악과 결합한다는 생각을 전개시켰다.

➔ 4형식 동사(offer) + 간접목적어 ('children ~ neighborhoods') + 직접목적어 ('an alternative ~ streets')

해석연습 09-18

09 The laws of private property grant owners considerable, but not absolute, power to decide how their property is used.

10 Reading furnishes the mind only with materials of knowledge. It is thinking that makes what we read ours.

11 Similarly, corn in Latin America is traditionally ground or soaked with limestone, which makes available a B vitamin in the corn, the absence of which would lead to a deficiency disease.

12 Perfect courage is to do unwitnessed what we should be capable of doing before all man.

13 If he tells you what he wants the object to look like right down to the last detail, he has not given you any room for your imagination.

14 This, in turn, helps conservationists decide which remaining habitats are most critical to set aside for wildlife reserves.

15 Praising people in their absence gives what you say integrity.

16 Many "ex-parents" find the gap left in their life is almost impossible to fill.

17 When the islanders felt their own work and skill would determine success or failure, they did not resort to magic.

18 We should calculate what concentration of greenhouse gases each country has put into the atmosphere over time and use those figures to allocate emission cuts.

해설(해석연습 09-18)

09 사유 재산법은 그 소유자에게 자신의 재산을 사용할 방식을 결정할 수 있는 상당하지만, 절대적이지는 않은 권리를 부여한다

➔ 4형식 동사(grant) + 간접목적어(owners) +직접목적어('considerable ~ used')

명사 power는 수식어구 'to decide ~ used'에 의해 수식을 받음

10 독서는 마음에 지식의 재료만을 제공해준다. 우리가 읽는 것을 우리의 것으로 만드는 것은 사고(사고력)이다.

➔ 동사(makes) + 목적어(what we read) + 목적보어(ours) ; It~that 강조구문(that은 관계대명사 혹은 관계부사) ;

11 마찬가지로, 라틴 아메리카에서는 옥수수를 석회석과 함께 갈거나(갈아먹거나) 적시는데(적셔먹는데), 이것은 옥수수 안의 비타민 B를 섭취할 수 있게 해주고, 이 영양소가 없으면 결핍증을 초래할 수 있다.

➔ 동사 makes + 목적격보어(available) + 목적어(a B vitamin in the corn)

선행사 (limestone) + 관계대명사 (which) ; 'the absence of which'에서 which의 선행사는 'a B vitamin in the corn'

12 완전한 용기는 사람들 앞에서(사람들이 보는 곳에서) 우리가 할 수 있음직한 일을 아무도 보지 않을 때 행하는 것이다.

➔ do의 목적어 = what we should be capable of doing before all man

unwitnessed는 과거분사 구문(부사적 수식어구: 아무도 보지 않을 때)

13 만약 그 사람이 그 대상이 어떻게 보이기를 원하는 지를 꼼꼼한 부분까지 말해준다면, 그 사람은 당신이 상상력을 발휘할 여지를 제공하지 않은 것이다.

➔ what은 전치사 like의 목적어

14 결국 이것은 자연보호론자들이 남아있는 어떤 서식지가 야생동물보호구역으로 따로 지정해두기에 가장 중요한지를 판단하게 도와준다

➔ 동사(helps) + 목적어(conservationists) + 목적격보어('decide which ~ wildlife reserves')

동사 decide의 목적어 = [which remaining ~ wildlife reserves]

동사 are의 주어 = which remaining habitats (= 남아있는 어떤 서식지가)

15 그들이 없을 때 사람들을 칭찬하는 것은 그들의 칭찬(what you say)에 진실성을 부여한다.
➔ 동사 give의 간접목적어 = [what you say] = Praising ; 동사 give의 직접목적어 = [integrity]

16 많은 '전부모들'은 그들의 삶에 남겨진 구멍을 메꾸는 것이 거의 불가능하다는 것을 알게 된다.
➔ 동사 find는 자기 뒤에 that-절 목적어가 온다. 따라서 find와 the gap사이에 that이 생략됨

17 섬사람들이 그들의 노력과 기술로 성공과 실패를 결정할 수 있다고 생각했을 때는 주술에 의존하지 않았다.
➔ 동사 felt + 목적어(= that-절), 따라서 felt와 their 사이에 that이 생략됨

18 우리는 각 나라가 오랜 시간에 거쳐 얼마나 많은 온실가스를 대기 중에 배출했는지를 계산하고 그 수치를 이용해서 배출한도를 할당해야 한다
➔ calculate의 목적어 = [what concentration ~ over time]
'has put'의 목적어 = [what concentration of greenhouse gases]
and는 (should) calculate와 (should) use를 등위접속

해석연습 19-28

19 So central a part have stories played in every society in history that we take it for granted that the great storytellers should be among the most famous people who ever lived.

20 A list of the vices of reading should put first, as worst and most disabling, the expectation that everything should be easily understood. Things worth thought and reflection cannot be taken in at a glance.

21 Some students entered a contest to guess how many soda cans the back of a pickup truck held.

22 Although there are international agreements signed by some governments, people are killing whales without considering what future consequences this will have.

23 Jean Valjean, a simple, hard-working peasant, had to spend in prison no less than nineteen years for stealing no more than a loaf of bread for his sister's starving children.

24 For years, we have been fed the social message that we have to put our desire behind those of others in order to achieve a better world.

25 Through songs, children learn words, sentences, rhythm, and refrains, all of which they will find later in the books.

26 If you can point out what is humorous or absurd about a situation and ease the tension by getting the other party to share your feeling, you will have the upper hand.

27 Optimal experience is thus something that we make happen. For a child, it could be placing with trembling fingers the last block on a tower she has built, higher than any she has built so far.

28 It is important to take into consideration absent-mindedness or poor eyesight before believing that a friend is actually disregarding you.

해설(해석연습 19-28)

19 이야기는 역사상 모든 사회에서 너무나 중요한 역할을 해왔기 때문에 우리는 위대한 이야기꾼들이 가장 유명한 사람들에 속한다는 것을 당연하게 여긴다.

➔ 주어는 stories ; 동사는 'have played' ; 동사 'have played'의 목적어인 [So central a part]의 도치(전치: 문두에 위치)

20 독서의 해악의 목록에는, 최악이고 사람을 가장 무력하게 만드는 것으로서, 모든 것이 쉽게 이해될 것이라는 기대가 놓여져야 한다. 생각하고 숙고할 가치가 있는 것들은 쉽게 한 눈에 받아들여질 수 없다.

➔ put의 목적어 = [the expectation ~ easily understood]

21 어떤 학생들은 소형 트럭의 짐칸에 얼마나 많은 탄산음료 깡통을 실을 수 있는지 추측하는 시합을 했다.

➔ 동사 held의 목적어 = [how many soda cans]

22 몇몇 정부가 승인한 국제적 협약이 있기는 하지만, 사람들은 이런 행동이 어떤 결과를 초래할지를 생각하지 않고 고래를 죽이고 있다.

➔ considering의 목적어 = [what future consequences this will have]
have의 목적어 = [what future consequences] (어떤 미래의 결과를)

23 소박하고 근면한 농부였던 장발장은 자신의 누이의 굶어가는 아이들을 위해 겨우 빵 한 조각을 훔친 죄로 19년이나 감옥에서 보내야 했다.

➔ (to) spend의 목적어 = [no less than nineteen years]
no less than ~ = ~ 만큼이나, ~씩이나 ; no more than ~ = only ~ (겨우 ~ 뿐인)
Jean Valjean, ((a simple, hard-working peasant)), = ((동격))

24 오랫동안, 우리는 더 나은 세상에 도달하기 위해 타인의 욕구를 우리의 욕구보다 우선시해야 된다는 메시지를 들어왔다.

➔ 'have been fed'는 수동형(be+과거분사)으로서 그 뒤에 나오는 'the social message'는 능동형 'feed'(4형식 동사)의 직접목적어에 해당된다 ; we의 앞의 접속사 that은 동격의(앞의 어구와 뒤의 어구가 동격임을 나타내는) that이다.

25 노래를 통해, 아이들은 단어, 문장, 리듬, 후렴을 배우고, 이 모든 것을 이후에 책에서 발견하게 된다.
→ 'all of which'가 find의 목적어 ; which의 선행사(which가 가리키는 말)는 words, sentences, rhythm, and refrains

26 당신이 어떤 상황의 우스운 면이나 부조리한 면을 지적하고 상대편이 그 감정을 공유하게 함으로써 긴장감을 덜어줄 수 있다면, 당신은 우위를 점하게 될 것이다.
→ 동사 'point out'의 목적어 = [what is humorous ~ a situation]
등위구조 = [동사 'point out' ~] and [동사 'ease' ~]
동사 get(ting) + 목적어(the other party) + 목적격보어(to share your feeling)

27 최대치의 경험이란 우리가 일어나게 하는 것이다. 아이에게, 그것은 떨리는 손으로, 자기가 여태껏 만든 그 어떤 탑보다 더 높게, 자신이 만든 탑에 마지막 블록을 올려놓은 것일 수 있다.
→ [placing ((with trembling fingers)) the last block ~ so far]에서 (( ))는 수식어구이고 the last block이 placing의 목적어임 ; it = Optimal experience ; 동명사 구문 = [placing with trembling fingers the last block ~ so far] = '~하는 것'으로 해석됨(placing = 올려놓은 것)

28 한 친구가 실제로 당신을 무시하고 있다고 믿기 전에, (그가) 정신이 다른 곳에 팔려 있는지, 혹은 시력이 나쁜지 고려하는 것은 중요하다.
→ It-to부정사 '가주어-진주어' 구문 ; (to) take의 목적어 = [absent-mindedness or poor eyesight]
[to take ((into consideration)) absent-mindedness or poor eyesight]에서 (( )) = 수식어구

3 보어의 형태/ 위치/ 범위

1) 보어의 위치: 보어가 어디에 위치되었는지(그리고 주격 보어인지 목적격 보어인지), 그리고, 동사의 앞 쪽에 있는지 뒤 쪽에 있는지 파악 (도치: 보어의 전치 or 후치 파악)

※ 전치 = 문장의 선두로 위치시킴 ; 후치 = 문장의 후미로 위치시킴

Letting our children struggle when we have the means to make life easier seems unnatural; there are times when we have to allow them the privilege of hardship.

➔ seems의 보어(**주격보어**)는 unnatural ; (to) make의 보어(**목적격보어**)는 easier

해석 삶을 더 쉽게 만들어 주는 방법이 있을 때 아이들이 고생하게 하는 것은 부자연스러워 보인다. (하지만) 우리가 아이들에게 고난의 특권을 허락해야 하는 때도 있다.

➔ 동사는 seems ; 주어는 [Letting ~ easier] ; seems의 보어(주격보어)는 unnatural ;
make의 보어(목적격보어)는 easier (→ 동사 make + 목적어 life + 목적격보어 easier)
struggle의 뒤의 when은 부사절을 이끄는 접속사(~할 때로 해석)
times의 뒤의 when은 times를 선행사로 하면서 형용사절을 이끄는 관계부사(접속사) ; them = children

2) 보어의 형태: 준동사 구절을 포함하여 형용사구, 명사구 혹은 명사절인지 파악

If you find reading a difficult and unpleasant job, you will find it not very easy to remember a good deal of what you do read.

➔ 동사(find) + 목적어(reading) + 목적격 보어('a difficult ~ job' = **명사구**)
동사(find) + 가목적어(it) + 목적격 보어('very easy' = **형용사구**) + 진목적어(to remember ~ read)

3) 보어의 범위: 보어가 어디에서 어디까지인지 파악

In politics, one significant event can so affect opinion polls as to make all the accumulated knowledge regarding the outcome of an election obsolete overnight, and create a whole new scenario.

***obsolete 쓸모없는**

➔ 동사(make) + 목적어('all the ~ an election') + 목적격 보어 (obsolete overnight = 형용사구)

해석 정치에서는, 하나의 중요한 사건이 여론에 너무나 많은 영향을 끼쳐서 선거결과에 관한 이전의 모든 축적된 지식을 의미 없게 만들고 완전히 새로운 상황을 만들어 낸다.
→ 주절의 주어와 동사는 각각 'one significant event'와 'can affect' ; so A as to B (= 너무나 A해서 그 결과 B하다)
and는 뒤의 create와 (to) make를 등위접속하고 있음

다음 문장들을 위의 사항들(보어의 형태, 위치, 범위)을 고려하여 해석하시오.

해석연습 01-08

01 Probably the biggest roadblock to play for adults is the worry that they will look silly, improper, or dumb if they allow themselves to truly play.

02 Invasions of natural communities by non-indigenous species are currently rated as one of the most important global-scale environmental problems.

03 Sadly, Welsh is considered to be a dying language, since the number of people speaking it remains stagnant, while the population increases. *Welsh: 웨일스어

04 The Europe Union has taken such studies to heart and made the use of inhumane isolating pig stalls illegal. *stall (돼지)우리

05 According to a new survey, more than three quarters of participants consider having sidewalks and places to take a walk one of their top priorities when deciding where to live.

06 If we are made to live in a small cottage and bend to the rule of an aristocrat occupying a castle, and yet we observe that our equals all live exactly as we do, then our condition will seem normal.

07 That we seem compelled to urge citizens to exercise a right to vote indicates that we may err in thinking of voting as a right at all.

08 To expand job creation, new social policies must also provide better incentives for entrepreneurship and innovation. Only then can social policies be considered key factors of production, beyond their role as instruments of social protection.

해설(해석연습 01-08)

01 아마도 어른에게 있어서 노는 것에 가장 큰 장애물은 그들이 진정으로 놀 수 있도록 하면, 그들 자신이 어리석거나, 부적절하거나, 혹은 바보같이 보일 것이라는 걱정일 것이다.

→ 동사는 is ; 보어는 'the worry that they will look silly, improper, or dumb if they allow themselves to truly play'
(if절은 그 앞에 나오는 동사구인 'look 이하' 수식)

02 비토착종에 의한 자연 군집 침입은 현재 가장 중요한 세계적 규모의 환경 문제 중 하나로 평가된다.
→ 동사는 수동형인 are (currently) rated
[as one of ~ problems] = 수동형 'are (currently) rated'의 주격보어 = 능동형(rate)의 목적격보어: 전치사 'as' 이하인 [one of ~ problems]는 수동형인 'are (currently) rated'의 주격보어이지만, 원래는 능동형인 rate(5형식 동사)의 목적격보어이다.

03 아쉽게도, 웨일스어는 사라져가는 언어라고 여겨지는데, 왜냐하면 인구는 증가하지만 그 언어를 말하는 사람들의 숫자는 정체되어 있기 때문이다.
→ 동사는 is (considered) ; 접속사 since가 이끄는 종속절 속의 동사 'remains'의 (주격)보어는 stagnant ; 수동형 'is considered'의 주격보어(=능동형 'consider'의 목적격보어)는 'to be a dying language'

04 유럽연합은 그런 연구를 진지하게 받아들여 비인간적인 고립된 돼지우리의 사용을 불법으로 만들었다.
→ 동사 made + 목적어(the use of inhumane isolating pig stalls) + 목적격보어(illegal)

05 새로운 설문 조사에 의하면, 설문 참가자들의 4분의 3 이상은 도보 혹은 산책할 장소를 가지는 것을 주거지를 결정할 때 가장 중요한 것 중의 하나라고 생각한다.
→ 동사 consider + 목적어('having sidewalks ~ a walk') + 목적격보어('one of ~ to live')

06 만약 우리가 작은 초가집에 살면서 성에 사는 귀족의 지배를 받지만, 우리와 같은 처지의 사람들이 우리와 똑같이 살고 있다는 것을 보게 된다면, 우리의 상태가 정상적으로 보일 것이다.
→ [to live ~ a castle] = 수동형인 'are made'의 주격보어 = 능동형인 make(5형식 '사역'동사)의 목적격보어 ; to 부정사구절인 [to live ~ a castle]는 수동형인 'are made'의 주격보어이지만, 원래는 능동형인 make(5형식 '사역'동사)의 목적격보어이다 ; 동사 seem의 주격보어 = normal ; as(양태와 비교의 접속사: ~하는 것과 같이, ~처럼) + we(주어) + do(대동사: = live)

07 우리가 시민들에게 투표권을 행사하라고 촉구해야 한다는 것은 우리가 투표를 권리라고 생각함

에 있어 잘못 생각하고 있다는 것을 말해준다.

→ 주절의 동사는 indicates ; 주절의 주어 = [That we ~ to vote] ; 동사 seem의 보어 = ['compelled ~ to vote'] ; to부정사 구절인 'to vote' = 수동형인 'compelled'의 주격보어 = 능동형인 'compel'(5형식 동사)의 목적격보어 ; think(ing) of A(=목적어) as B(=목적격보어) A를 B로 생각하다

08 일자리를 확대하기 위해, 새로운 사회 정책은 기업정신과 혁신에 대한 더 나은 유인책을 제공해야 한다. 그때에만 사회 정책이 사회 보장의 도구로서의 역할을 넘어 사회적 생산의 핵심 요소로 여겨질 것이다.

→ 'key factors of production'는 수동형인 'be considered'의 주격보어이지만, 원래는 능동형인 'consider'(5형식 동사)의 목적격보어이다 ; [부정어구(Only then) + can(조동사) + social policies(주어) + be(본동사) ~] = 도치구문

해석연습 09-17

09 The result is the poverty trap, in which extreme poverty keeps vital, even life-saving, technology out of the reach of the poor, and the lack of that technology keeps the poor unproductive and condemns them to continued poverty.

10 If strong bonds make even a single dissent less likely, the performance of groups and institutions will be impaired. *dissent 반대 impair 악화시키다

11 Modern technology has now rendered many learning disabilities virtually obsolete by providing the disabled with access to alternative ways of getting information and expressing themselves. *obsolete 쇠퇴한, 쓰고 있지 않은

12 While we try to make ourselves happy in many ways, its elusive nature often leaves our efforts unfulfilled.

13 The new mobility permitted shopping at self-service supermarkets outside the neighborhood, which made buying food a weekly rather than daily activity.

14 If we come to view ourselves as working for money, we will no longer find the activity worth doing in its own right.

15 Victorian biographers found it their duty to admit nothing about the career of a person which would keep the reader from admiring him.

16 Even though it has become fashionable to view differences between men's and women's minds as social in origin, the temptation to seek an explanation on terms of inborn differences between the sexes remains a powerful one.

17 How much longer can the nations of this planet afford luxury of looking upon each other as separate when it comes to issues such as food supply or ecology?

해설(해석연습 09-17)

09 그 결과는 가난의 덫인데, 이 덫 안에서 극심한 가난은 중요하고 필수적인 기술을 가난한 사람들이 가질 수 없게 만들고, 그 기술의 결핍은 가난한 사람들이 생산력이 없게 만들어 끝없는 가난에 빠지게 한다.
➔ the poor(가난한 사람들)의 앞의 5형식 동사(keeps) + 목적어(the poor) + 목적격보어(unproductive)

10 만약 강한 유대감이 단 하나의 반대도 일어나지 않게 만든다면, 그 집단과 단체의 실적은 나빠질 것이다.
➔ 5형식 동사 make + 목적어(even a single dissent) + 목적격보어(less likely: 형용사구)

11 현대 기술은 학습 장애자들에게 정보를 얻고 자신을 표현하는 대안적인 방식을 제공함으로써 많은 학습 장애가 실질적으로 사라지게 만들었다
➔ 5형식 동사 (has) rendered + 목적어(many learning disabilities) + 목적격보어(virtually obsolete: 형용사구)

12 우리는 여러 가지로 행복해지려고 애쓰지만, 손에 잡히지 않는 행복의 본성은 우리의 노력이 실

현되지 않게 만든다.

➔ 5형식 동사 (make) + 목적어(ourselves) + 목적격보어(happy)

5형식 동사 (leaves) + 목적어(our efforts) + 목적격보어(unfulfilled)

13 새로운 이동성은 동네 바깥에 멀리 있는 무인 슈퍼마켓에서 쇼핑하는 것을 가능하게 했고, 이것은 장보는 것을 매일이 아닌 주간 활동으로 만들었다

➔ 동사 made + 목적어(buying food) + 목적격보어('a weekly ~ activity')

14 우리가 우리 자신을 돈 때문에 일한다고 생각하면, 우리는 더 이상 그 활동이 그 자체로 할 만한 가치가 있다고 생각하지 않게 될 것이다.

➔ 동사 view의 목적격보어 = 'as working ~ money' = 전치사구 ; 동사 find의 목적보어 = 'worth ~ right' = 형용사구

15 빅토리아 시대의 전기 작가들은 독자들이 위인을 존경하는 것을 막을 수 있는 그 어떤 것도 인정하지 않는 것을 자신들의 의무라고 생각했다

➔ it – to부정사(가주어-진목적어) 구문

동사(found) + 진목적어(it) + 목적격보어(their duty) + 진목적어(to admit nothing admiring him)

16 남녀의 사고방식의 차이를 그 기원에 있어 사회적인 것이라고 생각하는 것이 유행이 되었지만, 선천적 차이의 관점에서 설명하려는 유혹은 여전히 강하다.

➔ (to) view의 목적격보어 = [as social in origin] ; 주절의 주어와 동사는 각각 [the temptation ~ sexes]와 remains

Even though(종속절을 이끄는 접속사) + it(가주어) + has become(동사) + fashionable(보어)

동사 remains의 주격보어 = a powerful one (one = temptation)

17 얼마나 오랫동안 이 지구상의 국가들은 환경, 식량과 같은 문제에 대해서 다른 나라를 분리되었다고(자신의 나라와 상관없다고) 생각하는 사치를 누릴 수 있겠는가?

➔ look(ing) upon A(목적어) as B(목적격보어) = A를 B로 보다

해석연습 18-27

18 Psychologists call this avoidance training because the person is learning to avoid the possibility of a punishing consequence.

19 Some people who are for lowering the retirement age insist that it allows people, after a lifetime of hard work, to enjoy some relaxation and travel.

20 In the course of the discussion he would generally get his opponents to recognize the weakness of their arguments, and they would finally be obliged to realize what was right and what was wrong.

21 Don't let words like "New and Improved!" or "All Natural" on the front of a package influence you.

22 Any experienced parent will tell you that the best way to get a broccoli-hating child to sample this food is to have another child sitting nearby who enthusiastically is eating broccoli.

23 Many teachers believe the myth that education is the key to economic success. Plausible as this may seem, this is not necessarily the case.

24 Have you ever found yourself speaking to someone at length only to realize they haven't heard a single thing you've said?

25 Witness how few people read great books today. Those who have missed this experience will probably never know what it is like and will thus be condemned to journey through life never fully literate.

26 In the end, sports are not just an "extra" that can be eliminated without a thought. The high school committee must see how invaluable the sports team is to the school.

27 The lack of etiquette would also make the most intimate friends turn to be the most decided enemies. Therefore, it is advisable to take pains not to do anything against accepted rules lest you should give offense or make enemies.

해설(해석연습 18-27)

18 심리학자들은 이것을 회피 훈련이라고 부르는데 그 사람이 나쁜 결과를 피하는 법을 학습하고 있기 때문이다.

→ 5형식 동사 'call'의 목적격보어 = [avoidance training]

19 은퇴 연령을 낮추는 것에 찬성하는 사람들은 이렇게 하는 것이 오랜 시간 힘들게 일한 후에 사람들이 여가와 여행을 즐기게 해준다고 주장한다.

→ 주절의 동사는 'insist' ; 주절의 주어 = [Some people ~ age] ; 동사 allows의 목적격보어 = [to enjoy ~ travel]

20 토론 과정에서 그는 상대편이 그들의 주장의 약점을 깨닫게 하고, 그러면 마침내 그들은 옳고 그름을 깨닫게 된다.

→ 주절의 주어 동사는 각각 he와 'would get' ; 동사 'get'의 목적격보어 = [to recognize ~ arguments]

21 "품질개선 신제품!", "자연산"과 같은 포장지위의 언어가 당신에게 영향을 끼치게 하지 마라.

→ 'let'의 목적격보어 = [influence you] = 원형부정사 구절(influence = 원형부정사)

22 경험 많은 부모들은 브로콜리를 싫어하는 아이가 브로콜리를 맛보게 하는 최선의 방법은 맛있게 브로콜리를 먹는 아이를 옆에 앉아 있게 하는 것이라고 당신에게 말해 줄 것이다.

→ (to) 'get'의 목적격보어 = [to sample this food] ; (to) 'have'의 목적격보어 = [sitting nearby]

'another child'를 선행사로 하는(즉 another child를 수식하는) 관계대명사절 = [who enthusiastically is eating broccoli]

23 많은 선생님들이 교육이 경제적 성공의 비결이라는 근거 없는 믿음을 갖고 있다. 비록 이것이 그럴듯한 것으로 보일지는 몰라도, 반드시 사실은 아니다.

→ 두 번째 문장의 'Plausible'은 동사 'seem'의 (주격)보어다 ; as = 양보(비록~이더라도)의 접속사 ; [Plausible(보어) + as(양보의 접속사) + this(주어) + may seem(동사)] = 도치구문(보어가 문두로 도치됨)

명사 'myth'의 뒤의 'that' = 동격의 'that'

24 누군가에게 자세히 설명을 했으나 상대방이 당신이 한 말을 하나도 듣지 않았다는 것을 깨달은 적이 있는가?

→ 동사(found) + 목적어(yourself) + 목적격보어('speaking ~ you've said')

Have you ever found ~? = ~를 깨달은 적이 있는가? = yes 혹은 no로 대답하기를 바라는 것이 아닌 '수사의문문'임

25 얼마나 소수의 사람들이 고전을 읽고 있는지를 보아라. 이런 경험을 놓친 사람들은 그 경험이 어떤 것이지를 절대 알지 못할 것이며 결코 문명의 상태를 완전히 벗어나지 못한 채로 인생을 살게 될 것이다.

→ 형용사구 보어 = [never fully literate] = 부가적인/추가적인 상황에 대한 설명, 즉 부연설명/추가정보 구문(~한 채로)

※ 이 형용사구 보어는 분사구문으로 취급하기도 함: [never (being) fully literate]

26 결국, 스포츠는 조금의 고려도 없이 없애버릴 수 있는 '여분' 과목이 아니다. 고등학교 위원회는 스포츠 팀이 학교에 얼마나 소중한지를 알아야 한다.

→ 동사 are의 보어 = [(not just) an "extra" that ~ a thought]

동사 is의 보어 = [how invaluable] ; 동사 see의 목적어 = [how invaluable ~ the school]

27 에티켓의 결핍은 또한 가장 친한 친구를 가장 확실한 적으로 만들 수도 있다. 따라서, 화나게 하거나 적을 만들지 않기 위해서 용인되는 규칙에 위배되는 어떤 일도 하지 않도록 노력하는 것이 바람직하다.

→ 동사(make) + 목적어('the most intimate friends') + 목적격보어('turn to ~ enemies') ;

turn = 원형부정사

it~to부정사 가주어-진주어 구문 ; to부정사 구문 [not to do ~] = ~하지 않기 위해서

[접속사(lest) + 주어(you) + 동사(should give) ~] : 접속사 lest = ~하지 않도록

4 형용사적 수식어 구절의 '형태/ 위치/ 범위'

이미 Part 1~2에서 명사를 수식해주는 '형용사적 수식어구'와 '형용사적 수식어절'(둘을 합쳐서 '형용사적 수식어 구절'이라고 함)에 대해서 소개했다. 그 형태에는 일반 형용사구, 전치사구, 분사구문(현재분사구문과 과거분사구문), 관계사절의 4가지가 있는데, 특히 관계대명사절과 관계부사절(합쳐서 '관계절' 혹은 '형용사절'이라고 함)의 형태, 위치, 범위를 파악하면서 정확하게 해석하는 연습을 해 보자!
특히, 관계절의 경우 유의할 점은 문장 속에 있어야 할 관계대명사 혹은 관계부사가 생략된 경우인지를 파악하는 것이다

1) 형용사 구절(특히 관계절)의 위치

관계절의 경우, 선행사(명사)의 **바로 뒤에** 위치하는지 **보다 더 뒤에** 위치하는지 파악

The challenges today are different from the ones faced twenty years ago, and experience shows that when current challenges are met, a new social situation is created in which new challenges emerge.

➔ 관계절 'in which new challenges emerge'가 수식해주는 어구는? 즉 which의 선행사는?

해석 오늘날의 문제들은 20년 전에 직면했던 것들과는 다르며, 경험으로 알 수 있는 것은 현재의 문제들에 잘 대응하고 나면 새로운 문제가 등장하는 새로운 사회적 상황이 만들어진다는 것이다.

➔ 명사 'ones'+과거분사구절('faced twenty years ago'): 과거분사구절(=형용사구절)이 명사 'ones'를 수식 ; ones = challenges
in which가 이끄는 관계절(형용사절)은 'a new social situation'을 수식해주는데, 관계대명사 which의 선행사(which가 가리키는 말)는 'a new social situation'이다. which = 'a new social situation' ; 'in which' = 'in a new social situation'

2) 형용사 구절(특히 관계절)의 범위: 형용사 구절(특히 관계절)이 어디에서 어디까지인지 파악

An employee who realizes she isn't being trusted by her co-workers with shared responsibilities at work might, upon reflection, identify areas where she has consistently let others down or failed to follow through on previous commitments.

*consistently 지속적으로 follow through on (약속 등을) 이행하다

➔ 관계대명사 'who'가 이끄는 관계절의 범위 = [who ~ at work]
관계부사 'where'가 이끄는 관계절의 범위 = [where ~ commitments]

해석 직장에서 자신의 동료들이 공유된 책무를 자신에게 믿고 맡기지 않고 있다는 사실을 깨달은 직원은 성찰을 통해 자신이 지속적으로 다른 사람들을 실망하게 했거나 이전의 약속들을 이행하지 못했던 분야를 찾아낼 수 있다

→ 주어와 동사는 각각 An employee와 'might ~ identify'
'employee'는 바로 뒤의 who-절에 의해 수식받으며 관계대명사 who의 선행사(who가 가리키는 말)는 An employee이다.
might (upon reflection) identify = 사이에 수식어구 'upon reflection'(성찰을 통해)가 삽입된 구조

다음 문장들을 위의 사항들(형용사적 수식어 구절의 형태/위치/범위, 특히 관계절의 형태/위치/범위)을 고려하여 해석하시오.

해석연습 01-08

01 But without increasing today's limited supplies, we have no chance of developing the alternative green technologies we need to slow climate change.

02 We found a story that we think might have the answer.

03 They marked wet clay tablets with events whose record they wanted to keep.

04 One of the forces that drive evolution is constant competition among species, in the course of which one species gains temporary advantage through an evolutionary innovation, only to be overtaken by a counter-innovation.

05 Allowing customers to buy individual songs rather than an entire CD is one simple example of something recording labels showed remarkable resistance to until recently.

※ 공주어(∅주어 = 눈에 보이지 않는 주어)와 공목적어(∅목적어 = 눈에 보이지 않는 목적어)
02번에서 나오는 공주어와 05에서 나오는 공목적어를 생략과 혼동하지마라.
05번에서 something의 뒤에 관계대명사 that이 생략되었는데, 이런 생략은 의무적이고 필수적인 것이 아니라 '선택적인' 생략인 것이다. 즉 that을 생략해도 올바르고 생략하지 않아도 올바르다. 그러나, 공주어와 공목적어는 반드시 의무적으로 필수적으로 빠져 있어야(눈에 보이지 않아야) 하는 것이다.

06 After weighing the evidence they found against what they already know about the topic, the scientists formulate tentative answers, which they scrutinize and test even further.

07 New ways of growing, storing and selling crops will be developed which can be used by poor people as well as rich people.

08 When we are acquainted with the many ingenious tools and methods the Eskimos have developed for utilizing the limited resources of their ice-bound land, our interest and admiration reach an intensity far above that for people in any other wilderness.

해설(해석연습 01-08)

01 하지만 오늘날의 제한된 공급을 늘리지 않고는, 우리는 기후 변화를 늦추기 위해 우리가 필요로 하는 친환경 대체 기술을 개발할 가망이 없다.

→ 관계대명사절(수식어구)의 범위는 [(that) we need]인데, 관계대명사 that이 자기의 선행사인 technologies의 뒤에 생략되어 있어서 technologies가 관계대명사절 '(that) we need'에 의해 수식을 받는다고 간주된다 ; 관계대명사절 '(that) we need'의 뒤에 나오는 또 다른 수식어구 'to slow climate change'는 동사 'need'를 수식하면서 '기후 변화를 늦추기 위해'로 해석한다

02 우리는 그 해답을 가지고 있을지도 모른다고 우리가 생각하는 이야기 하나를 찾아냈다.

→ 관계대명사 that의 선행사는 a story이며 이 관계절 속에 있는 동사 'might have'의 주어가 '공주어'(눈에 보이지 않는 주어)인 상황을 통해 선행사인 a story를 '공주어'로 간주하면 된다; 동사 think의 뒤에 명사절을 이끄는 접속사 that이 생략됨

03 그들은 젖어있는 점토 평판에 그들이 보존하고 싶은 기록들을 새겼다

→ 관계대명사(whose)의 선행사인 events의 뒤에 나오는 'whose'는 '소유격 관계대명사'이다 ; 'whose'의 선행사(whose가 가리키는 말) = 'of events' = '사건들의'

04 진화의 원동력 중 하나는 종(鍾) 사이의 끝없는 경쟁인데, 이 경쟁의 과정에서 하나의 종이 진화상의 혁신을 통해 다른 종보다 일시적으로 유리해지지만, 결국 역진화에 의해 따라 잡히게 된다.

→ 관계대명사 which (which의 선행사는 ?) = (constant) competition ; 'of which' = 'of (constant) competition' ; 'only to부정사~' 구문(= 그러나, 결국 ~하게 되다)

05 소비자들이 전체 CD가 아니라 개별적인 곡을 구매하도록 하는 것은 음반사가 최근까지도 주목할 만한 저항감을 보여준 것의 간단한 사례이다.

➔ 관계대명사의 선행사인 something의 뒤에 관계대명사 that이 생략됨 ; 'resistance to'의 뒤에 '공목적어'(눈에 보이지 않는 목적어)인 상황을 통해 선행사인 something을 '공목적어'로 간주하면 된다. resistance 뒤의 전치사 'to'는 자기의 목적어를 반드시 취해야 하는데, 여기서는 그렇지 않으므로 '공목적어' 상황이 되고 있다.

something [(that) recording labels showed remarkable resistance to] (until recently) ⇒ [ ] = 관계대명사절

06 그들이 찾은 증거를 기존에 그들이 알고 있는 것과 비교해 보고 난 후에, 과학자들은 잠정적 해답(가설)을 정립하고, 이 가설을 더욱 면밀하게 조사하고 검증한다.

➔ evidence 의 뒤에 나오는 관계대명사절의 범위 = [(that) they found] ; weigh A against B(A와 B를 비교대조하다)

07 부자들 뿐 아니라 가난한 사람들도 사용할 수 있는 새로운 곡물 재배, 저장, 판매 방법이 개발될 것이다.

➔ 관계대명사 which의 선행사(= 관계대명사절이 수식해주는 어구)는 New ways

08 우리가 에스키모 인들이 그들의 척박한 땅의 제한된 자원을 활용하기 위해 만들어낸 기발한 도구와 방법을 알게 될 때, 우리의 흥미와 감탄은 다른 황무지의 사람들에 대한 그것을 훨씬 넘어선다.

➔ the Eskimos의 바로 앞에(= methods와 the의 사이에) 관계대명사 that이 생략됨

해석연습 09-17

09 The standardization of the language was due in the first place to the need of the central government for regular procedures by which to conduct its business, to keep its records, and to communicate with the citizens of the land.

10 Many people I have known who have traveled widely in their lives describe an increasingly strong need to return to their roots later in life.

11 Many gas stations have gotten rid of on-duty mechanics. The skillful mechanic has been replaced by a teenager in a uniform who doesn't know anything about cars and couldn't care less.

12 Thus, if you have a secret you cannot risk others knowing but that is troubling you, it is probably safer to share it with a trained counselor.

13 At home, he kept large sketchbooks into which he might copy the results or enter new ideas, fashioning and refashioning the music, crossing it out and starting again.

14 The most sociable, outgoing person collects in a lifetime not more than a few hundred acquaintances, of whom only a few become intimates.

15 People claim they are "proud" because they are gay, female, white, whatever, all of which are accidents of nature.

16 Similarly, corn in Latin America is traditionally ground or soaked with limestone, which makes available a B vitamin in the corn, the absence of which would lead to a deficiency disease.

17 Through songs, children learn words, sentences, rhythm, and refrains, all of which they will find later in the books.

해설(해석연습 09-17)

09 언어의 표준화는 무엇보다도 사업을 수행하고, 기록을 남기고 그 지역의 주민들과 소통하는 통상적 절차를 정부가 필요로 했기 때문이었다.

➔ 명사구(regular procedures)를 수식해주는 형용사적 수식어구 = [by which to conduct ~ the land]

이 형용사적 수식어구는 관계사 'which'가 있으므로 관계사절로 간주되기도 한다(which의 선행사 = 'regular procedures')

10 내가 알고 있는 사람들 중, 살면서 여행을 폭넓게 한 많은 사람들은 나이 들어서 뿌리로 회귀하고 싶은 강한 욕구를 말한다.

➔ 주절의 주어와 동사는 각각 'Many people'과 'describe'

Many people의 바로 뒤에 관계대명사 who가 생략됨 ; 그리고 known의 바로 뒤의 who도 관계대명사임

Many people (who I have known) (who have traveled widely in their lives) describe ~ → 이중(double) 수식구조임

11 많은 주유소는 상근하는 수리공을 없앴다. 솜씨가 좋은 수리공은 자동차 관리에 대해 전혀 모르고 (그 못지않게) 전혀 신경 쓰지 않는, 유니폼을 입은 젊은 십대 청소년으로 교체되었다.

➔ 관계대명사 'who'의 선행사는(who가 가리키는 말은) 'teenager'이다. ; get rid of ~ = ~를 없애다 ; 'could not care less' = 'not ~ less' = 그 못지않게(적어도 그보다 더) ~하지 않다

12 그러니, 만약 당신이 다른 사람이 알게 하는 위험을 감수할 수는 없지만 당신을 괴롭히는 비밀을 가지고 있다면, 그것을 전문 상담사에게 털어놓은 것이 아마 더 안전할 것이다.

➔ a secret (that) you cannot : 관계대명사 that 생략됨

13 집에 있을 때, 그는 커다란 스케치북을 지니고 다녔고, 거기에 (작곡의) 결과를 옮겨 적거나 새로운 악상을 집어넣으며, 음악을 만들고 고치고, 지웠다가 다시 시작하곤 했다.

➔ sketchbooks (into which he might copy the results or enter new ideas) : which의 선행사는 sketchbooks

14 가장 사교적이고, 외향적인 사람도 평생 몇 백 명의 친분을 쌓을 뿐이며, 그 중의 몇 명만이 친구가 된다.

➔ of whom에서 of는 '~중에서'로 해석됨 ; whom의 선행사는 a few hundred acquaintances

15 사람들은 자신들이 게이, 여성, 백인 등이라는 이유로 '자랑스럽다'고 말하는데, 이 모두는 우연히 타고난 것일 뿐이다.

➔ all of which에서 which의 선행사(which가 가리키는 말)는 gay, female, white, whatever

16 마찬가지로, 라틴 아메리카에서는 옥수수를 석회석과 함께 갈거나(갈아먹거나) 적시는데(적셔 먹는데), 이것은 옥수수 안의 비타민 B를 섭취할 수 있게 해주고, 이 영양소가 없으면 결핍증을 초래할 수 있다.

➔ 동사 makes + 목적격보어(available) + 목적어(a B vitamin in the corn)

선행사 (limestone) + 관계대명사 (which) ; 'the absence of which'에서 which의 선행사는 'a B vitamin in the corn'

17 노래를 통해, 아이들은 단어, 문장, 리듬, 후렴을 배우고, 이 모든 것을 이후에 책에서 발견하게 된다.

➔ 'all of which'가 find의 목적어 ; which의 선행사는 words, sentences, rhythm, and refrains

해석연습 18-21

18 Even now nearly a quarter of all prescribed medicines are derived from just forty plants, with another 16 percent coming from animals or microbes, so there is serious risk with every hectare of forest felled of losing medically vital possibilities.

19 I'm for a free press, but I also support the ethical guidances proposed by a congressman, which would prevent papers from printing unfounded rumors.

20 When they enter the eye of an observer, they set off a chain of neurochemical events, the end product of which is an internal mental image that we call color.

21 If you tell a simple story in as few words as possible the meaning is likely to be fairly obvious, but if you do what novelists do, which is to tell a simple story at great length, the whole thing is likely to become very complicated.

해설(해석연습 18-21)

18 지금도 모든 처방약의 4분의 1이 단지 40종의 식물에서 나오고 있고, 또 다른 16퍼센트는 동물이나 미생물에서 나오는데, 따라서 숲이 조금씩 파괴되면서 의학적으로 중요한 가능성을 잃어버릴 중대한 위험성이 있다.

➔ 명사 'risk'의 수식어구 = [of losing medically vital possibilities] :
serious risk ((with every hectare of forest felled)) [of losing medically vital possibilities] : (( )) = 수식어구
'with+분사 구문' = [with + 의미상 주어(another 16 percent) + 현재분사(coming) ~ microbes] ;
'with+분사 구문' = [with + 의미상 주어(every hectare of forest) + 과거분사(felled)]

19 나는 자유 언론을 지지하지만, 또한 국회의원에 의해 제안된 윤리적 지침을 지지하는데, 그런 지침으로 인해 신문들이 근거 없는 소문을 출판할 수 없을 것이다.

➔ 관계대명사 'which'의 선행사(which가 가리키는 말) = 'the ethical guidances' ; prevent A from B(A가 B하지 못하게 하다)

20 그것들이 관찰자의 눈에 들어가면 일련의 신경 화학적 현상을 일으키는데, 그 현상의 최종 결과물은 우리가 색이라고 부르는 내부의 정신적 이미지이다.

➔ 관계대명사 'which'의 선행사(which가 가리키는 말) = [a chain of neurochemical events]

21 만약에 당신이 가능한 가장 적은 단어를 써서 간단한 이야기를 한다면 의미는 꽤 명확하겠지만, 만약 당신이 소설가들이 하는 일을 한다면, 즉 간단한 이야기를 장황하게 한다면 모든 것은 매우 복잡해지는 경향이 있다.

➔ 관계대명사 'which'의 선행사(which가 가리키는 말) = [what novelists do]
If절 = [If you tell ~ as possible] ; 주절 = [the meaning is ~ obvious]
If절 = [If you do ~ great length] ; 주절 = [the whole thing is ~ complicated]

5 부사적 수식어 구절의 위치/ 형태/ 범위

대개, '부사적' 수식어 구절의 위치는 절(문장), 동사, 형용사, 부사를 수식해줄 수 있는 위치인데, 구체적으로는 동사의 앞, 동사의 뒤, 형용사의 앞, 형용사의 뒤, 부사의 앞, 부사의 뒤, 그리고 문장의 선두(=주어의 앞)과 문장의 후미(=한 문장 속의 마지막 필수 성분의 뒤)에 위치하는 경우가 있다.
이 중에서 특히 2) **동사의 앞**, 그리고 3) **문미(문장 혹은 절의 후미)이면서 명사의 뒤**, 이 두 가지 경우에 유의하자!

1) 주어의 앞에 위치하는 경우

When elderly people were deprived of these meaningful social roles, when they became increasingly isolated and were cut off from the interests and activities that had earlier occupied them, not surprisingly their mental functioning deteriorated. *deteriorate 노화하다
→ 주절의 주어의 동사는? 그리고 이 동사의 부사적 수식어 구절들은?

해석 노인들이 이 의미 있는 사회적 역할을 박탈당했을 때, 그들은 점점 더 고립되었고, 예전에 그들의 마음을 사로잡았던 흥미와 활동으로부터 단절되었을 때, 그들의 정신적 기능이 노화한 것은 당연한 일이다.
→ 문장 전체(주절)의 동사는 deteriorated ; 문장 전체(주절)의 주어인 their mental functioning 의 앞에 오는 문장전체 혹은 동사를 수식해주는 수식어 구절들이 다음과 같이 3개이다:
① not surprisingly ② When elderly ~ roles ③ when they became ~ them

2) 동사의 앞에(즉 주어와 동사의 사이에) 위치하는 경우

The location of senile mental deterioration was no longer the aging brain but a society that, through involuntary retirement, social isolation, and the loosening of traditional family ties, stripped the elderly of the roles that had sustained meaning in their lives.
*senile 노쇠한 deterioration 노화 involuntary 비자발적인 strip A of B A에게서 B를 빼앗다

해석 노쇠한 이들의 정신적 노화의 장소는 더 이상 노화한 뇌가 아니라 비자발적 퇴직, 사회적 고립, 그리고 전통적인 가족 유대감의 해체를 통해 노인들로부터 그들의 삶에서 의미를 유지했던 역할을 빼앗아 버린 사회였다.
→ 동사 stripped의 앞에 부사적 수식어구 'through involuntary ~ family ties'가 위치되어 문장전체 혹은 동사 'stripped'를 수식해주는데, 이 동사 stripped의 주어는 관계대명사 that(= a

society)이다.

'no longer the aging brain but a society'는 'not A but B' (= A가 아니라 B이다)구문이다.

3) 문미이면서 명사 뒤에 위치하는 경우

여기서 '문미(문장의 후미)'란 한 문장 속의 마지막 필수 성분의 뒤에 오는 위치를 말한다. 문장의 마지막 필수성분은 대개 목적어 혹은 보어이고, 이 목적어의 뒤 위치 혹은 보어의 뒤 위치가 문장의 후미가 된다. 중요한 포인트는 부사적 수식어 구절이 명사 뒤에 위치하더라도 그 명사를 수식하는 게 아니라 그 앞의 동사 혹은 문장(절) 전체를 수식해주는 역할을 한다는 것이다.

But in presenting their work they rewrote the script placing the theory first and claiming to have tested it against data which they discovered, as in an experiment under laboratory conditions.

해석 그러나 연구물을 발표할 때, 그들은 실험실 조건에서의 실험에서처럼 이론을 앞세우고 그것을 자신들이 발견한 자료와 비교하여 검증했다고 주장하면서 대본을 다시 작성했다.

→ 주어와 동사는 각각 they와 rewrote ; 동사 rewrote의 목적어는 the script ; 명사 the script의 뒤에 오는 'placing the theory ~ laboratory conditions'는 문미이면서 명사 뒤에 위치하는 '부사적 수식어구'인데, 이 경우는 명사의 뒤에 온다고 그 명사를 수식해주는 '형용사적 수식어구'로 취급하면 안 되는 경우이다.

다음 문장들을 위의 사항들(부사적 수식어 구절의 형태/ 위치/ 범위)을 고려하여 해석하시오.

해석연습 01-08

If-절 구문 (01 ~ 08) : If-절 구문은 부사절 구문(가정법 구문과 조건문 구문)과 명사절 구문으로 구별됨

※ 가정법은 과거시제 혹은 과거완료시제와 함께 사용되는 반면에 조건문은 대개 현재시제 혹은 현재완료시제 등과 함께 사용된다. '~인지 아닌지'의 의미로 해석되는 명사절 구문은 불확실한 내용을 목적어로 삼는 동사의 목적어로서 사용되는 구문이다.

01 If it weren't for the commercial enterprises that produced those records, we would know far, far less about the cultures that they came from. *enterprise 기업

→ '필자 혹은 등장인물이 현재 사실에 반대 상황을 원하는' 가정법 구문인지, 그리고 they의 선행사 (they가 가리키는 말)는 무엇인지 파악

02 But for the newspaper which informs us of what is going on in the world from day to day, we should feel a great deal of inconvenience.

03 If someone has spent his adult life worried about always appearing respectable, competent, and knowledgeable, it can be hard to let go sometimes and become physically and emotionally free.

04 Approach every difficulty as if it were sent to you at that moment and in that way to teach you something you need to learn so you can continue moving forward.

05 The horse's efficient mechanism for running would never have evolved except for the fact that meat-eating predators were at the same time evolving more efficient methods of attack.

06 You do things you later regret. And you think, "Oh, if only I had stopped to think about it, I would never have reacted that way!" Clearly, our lives would be better if we acted based on our deepest values instead of reacting to the feelings of the moment.

07 Were it not for the twin forces of curiosity and discontent, man would still be living in caves and bush shelters.

08 More would have come from the other Eastern European countries to escape poverty rather than to find liberty, had they been allowed.

해설(해석연습 01-08)

01 만약 그런 기록을 만들어내는 상업적 기업이 없다면 우리는 그런 기록이 생겨난 문화에 대해 아주 훨씬 더 적게 알 것이다.

→ 이 문장은 '가정법 과거'표현의 문장 ; if it were not for ~ = ~이 없다면(without)
주절의 주어와 동사는 각각 'we'와 'would know' ; they의 선행사는 those records

02 매일 세상에서 무슨 일이 일어나는지 우리에게 알려주는 신문이 없다면, 우리는 엄청난 불편함을 느낄 것이다.

→ 이 문장은 '가정법 과거'표현의 문장 ; 주절의 주어와 동사는 각각 we와 'should feel'

But for = ~가 없다면(= if it were not for ~ :가정법 과거) ; which절의 동사는 inform ; what 절의 동사는 is

03 만약 누군가가 항상 존경할 만하고, 유능하며, 박식해 보이는 것에 대해 걱정하며 성년기를 보냈다면, 때때로 (그런 걱정을) 버리고 육체적이고 감정적으로 자유로워지는 것은 어려울 수 있다.
➔ 이 문장은 '가정법'표현의 문장이 아님 ; 주절의 주어와 동사는 각각 it과 can be
여기서의 if절은 가정법이 아니라 조건문(직설법) 표현임 (종속절에 동사 'has spent'와 주절에 동사 'can'을 사용하고 있으므로 '가정법 과거'가 아님; 가정법과거는 '과거시제'로 표현됨)

04 인생의 역경을 당신이 성장하기 위해 배워야 하는 것을 가르쳐주기 위해 그 순간, 그 방식으로 당신에게 보내진 것처럼 받아들여라.
➔ 'as if + 과거시제절' (=마치 ~처럼)은 가정법 구문임

05 달리기를 위한 말의 효율적인 기제는 육식성 포식자가 동시에 더 효율적인 공격 방법을 발달시켰다는 사실이 없었다면 결코 진화하지 않았을 것이다.
➔ 'would never have evolved(가정법 과거완료 표현) + except for'을 통해 가정법 구문임을 알 수 있다.
(except for = but for = without '~이 없다면' 또는 '~이 없었다면')

06 당신은 당신이 나중에 후회하는 일들을 한다. 그리고 당신은 생각한다, "아, 내가 멈추어서 그것에 대해 생각해 보았었더라면, 나는 그런 식으로 결코 반응하지 않았었을 텐데!"만약 우리가 그 순간의 감정들에 반응하는 대신에 우리의 가장 깊은 가치들에 기초해서 행동한다면, 분명, 우리의 삶은 더 나을 것이다.
➔ [if only I had stopped ~ , I would never have reacted that way] = 가정법 과거완료 ;
[our lives would be ~ , if we acted ~ the moment] = 가정법 과거
'You do things [(that) you later regret]'에서 [(that) you later regret] = that이 생략된 관계대명사절

07 호기심과 불만족이라는 그 한 쌍의 힘들이 없다면, 인간은 여전히 동굴과 숲속 거주지에서 살고 있을 것이다.
➔ Were it not for ~ (도치 & 가정법 구문) = But for = Without(~이 없다면)

08 그들이 (그렇게 하도록) 허락받았었다면, 더 많은 수가 자유를 찾기 위해서라기보다는 가난을 면

하기 위해 나머지 동유럽의 나라들로부터 왔었을 것이다.

➔ 주어(More) + 동사(would have come = 가정법 과거완료) ~ ; More = More (of them)

[had they been allowed] = [if they had been allowed] = 가정법 과거완료

해석연습 09-14

'so ~ that' 구문

ㄴso A that B : 너무 A해서 그래서 B하다 혹은 B하도록(B할 만큼) A하다 (밑줄 친 부분은 that의 해석)

09 The fallacy of false choice misleads when we're insufficiently attentive to an important hidden assumption, that the choices which have been made explicit exhaust the sensible alternatives.

10 How many people are so solid in their relationship with you that they can tell you the things that are the hardest to hear, things that no one else would dare tell you?

11 Such has been the effect of our general education on most of us that we have tended to believe rather uncritically, first that liberty is a good thing, and secondly that the possession of it is likely to increase our happiness.

12 If greenhouse gas emissions from the aviation industry are regulated such that traffic volumes are reduced, this will affect those tourist destinations that depend on air travel for both tourists and supply of goods.

13 The risk also rose as the frequency of exposure to war increased so that a person subjected to four wartime events or more was eleven times more likely to develop the disease than someone exposed to only one event. *subjected to~ ~을 겪은

14 The reason that we keep making the same error repeatedly is that associations form between the ideas in the chain of thoughts and become firmer each time they are used, until finally the connections are so well established that the chain is hard to break.

해설(해석연습 09-14)

09 잘못된 선택의 오류는, 우리가 숨어 있는 중요한 가정에 불충분하게 주의를 기울이면, 명백한 것으로 밝혀진 선택 사항들이 합리적인 대안을 고갈시키**도록** 오도한다.
➔ ‘~하도록’으로 해석되는 ‘목적’의 부사절을 이끄는 접속사 ‘(so) that’의 용법

10 얼마나 많은 사람들이 당신과의 관계에서 단단한 신뢰를 가지고 있어서 당신이 듣기 힘들어하는 말들, 다른 누구도 감히 하지 못하는 말을 당신에게 해 줄 수 있는가?

➔ 주절의 주어와 동사는 각각 'How many people'과 are ; 'so ~ that' 구문을 구성하는 'that'(여기서는 '그래서'로 해석됨)은 'with you'의 뒤에 나오는 that이다. 'things'의 뒤에 나오는 'that'은 관계대명사다 ; to hear의 뒤에 나오는 , things that에서 , (콤마)는 '즉'으로 해석되는데, 앞에 나오는 'the things that ~ hear'과 동일한 내용을 표현하는 '동격'의 기능을 한다.

11 우리들 대부분에 대한 일반적 교육의 효과는 대단한 것이어서, (그래서) 우리는 처음에 다소 무비판적으로 자유란 좋은 거라 믿는 경향이 생겼고, 그 다음으로는 자유를 가지는 것이 우리의 행복을 증진시킬 가능성이 높다고 믿게 되었다.

➔ Such A that B = A가 대단한 것이어서, (그래서) B하다.

12 항공 산업으로 인한 온실가스 배출을 너무나 심하게 규제해서 교통량이 줄어든다면, 항공 운항에 관광객과 물자공급을 의존하는 관광지에 영향을 주게 될 것이다.

➔ A such that B = 너무나 A해서, (그래서) B하다

등위접속사 and가 believe의 목적어인 that-절(first 뒤의 that절)과 that-절(secondly 뒤의 that-절)을 등위접속함

depend의 앞의 that은 관계대명사로서 그 선행사 destinations을 수식함

13 (전쟁에) 노출 빈도가 커질수록 그 위험성도 더 커졌으며, 그래서 4번 이상 전쟁을 겪은 사람은 1번만 전쟁을 겪은 사람에 비해 11배나 더 많이 그 질병이 생길 확률이 높았다.

➔ 'so that' = 그래서 ; rose의 뒤의 '정도 & 인과'의 접속사 'as' = '~할수록'으로 해석되는 부사절 접속사

배수사(eleven times) + 비교급(more ~) = 11배나 더 많이 ~하는

14 우리가 같은 실수를 반복하는 이유는 사고과정에서 연상 작용이 만들어지고 이것들이 사용될 때마다 굳어져서, 결국 그 연관성이 너무나 단단해져서 사고의 고리를 깨기 어려워지기 때문이다.

➔ so A (well established) that B (the chain is ~) 너무 A해서 B하다

접속사(each time) + 주어(they) + 동사(are used) ~ : each time = ~할 때마다

해석연습 15-23

기타 유의할 부사절

15 It is a very long time before children come to believe there is some virtue in what parents ask of them.

16 It wasn't long before different ideas about how the United States government should be run caused people to take sides.

17 As long as we're not destitute, happiness is less about getting what we want than about appreciating what we already have. *destitute 궁핍한

18 Whether a discovery is good or bad does not concern him in so far as he is a scientist.

19 Provided that there is only one level or there are ramps or elevators between levels, the disabled may need no assistance whatsoever in the workplace. *ramp: 경사로

20 Bosses give directions down to the tiniest detail when it would be better to allow the employee to work out the details of how the job will be done.

21 The reason my emotional pain didn't go away during that time was that I was too busy placing blame when the responsibility was mine.

22 If you see a man behave in a rude and uncivil manner to his father or mother, his brothers or sisters, his wife or children; or fail to exercise the common courtesies of life at his own table and around his own fireside, you may at once set him down as uneducated, whatever pretensions he may make to gentility.

23 Just as the words good and bad get thrown around like unconditional and categorical descriptors, the use of healthy and unhealthy lacks context in most cases.

해설(해석연습 15-23)

15 오랜 시간이 지나서야 아이들은 부모님들이 그들에게 요구한 것에 장점이 있다는 것을 알게 된다.
➔ 'It is a very long time before ~' = 오랜 시간이 지나서야 ~

16 오래지 않아 미국 정부를 운영하는 방식에 대한 서로 다른 생각 때문에 사람들의 편이 갈라지게 되었다.

➔ 'It wasn't long before ~' = 오래지 않아 (곧) ~

17 우리가 궁핍하지 않는 한, 행복은 우리가 원하는 것을 가지는 것의 문제가 아니라 우리가 이미 가지고 있는 것을 소중히 여기는 문제가 된다.

➔ '조건'의 접속사('As long as') = ~하는 한

18 어떤 발견이 (윤리적으로) 선인지 악인지는 그 사람이 과학자인 한에 있어서는 문제가 되지 않는다.

➔ '조건'의 접속사('in so far as') = ~하는 한

19 (건물에) 한 층 밖에 없거나 혹은 각 층 사이에 경사로와 엘리베이터가 있는 한, 장애인들인 직장에서 어떤 도움도 필요로 하지 않을 것이다.

➔ '조건'의 접속사('Provided that' ~) = ~하는 한

20 사장들은 일이 어떻게 처리되어야 하는지에 관한 세부적인 것들을 직원들이 스스로 알아서 하도록 하는 것이 좋음에도 불구하고, 세세한 부분까지 지시를 내린다.

➔ 'when it would'에서 'when' = 역접과 양보(~에도 불구하고, 비록~이지만)

21 그 당시 나의 감정적 고통이 사라지지 않은 이유는 그 책임이 나에게 있었음에도 불구하고 책임을 전가하느라 내가 정신이 없었기 때문이다.

➔ 'when the responsibility was'에서 'when' = 역접과 양보(~에도 불구하고, 비록~이지만)

22 만약 당신이 어떤 남자가 자신의 부모, 형제자매, 처자식에게 무례하고 예의 없는 방식으로 행동하는 것을, 혹은 자신의 식탁과 난롯가에서 일반적인 삶의 예절들을 행하지 않는 것을 본다면, 그가 아무리 고상함을 자처하더라도, 당신은 즉시 그를 교육받지 못한 자로서 여길 것이다.

➔ 'whatever ~ gentility' = 역접과 양보('그가 아무리 고상함을 자처하더라도') ; 주절의 주어와 동사는 각각 you와 may

23 선과 악이라는 말이 무조건적이고 절대적인 표현으로 마구 쓰이듯이, 건강과 건강에 좋지 않음이라는 말의 사용도 대부분의 경우 맥락 없이 쓰인다.

➔ 'Just as the words~'에서 as는 '양태/비교/유추'의 접속사 = ~이듯이, ~하듯이, ~하는 것처럼

해석연습 24-34

기타 유의할 부사절

24 If we are made to live in a small cottage and bend to the rule of an aristocrat occupying a castle, and yet we observe that our equals all live exactly as we do, then our condition will seem normal.

25 We simply can't assume that one ingredient will do the same thing in isolation as it will when it is part of a complex package like a plant.

26 We cannot allocate our attention to multiple things at once and expect it to function at the same level as it would were we to focus on just one activity.

27 The easier they think it is to prey on you, the more easily you can turn the tables.

*prey on ~를 이기다

28 The more science emerges from this investment in the care and feeding of scientists, the greater the need for the rest of us to follow the gist of the science with sufficient understanding that we can all have a say in how its fruits will be used.

29 The more these details are solidified in a certain way, the more the artist invades the audience's domain, and confines the reader's imagination to what is presented to them by others.

30 However, this is a generalization about music and not a definition of it, for it is easy to put forward counter-examples.

31 Among the effects of notation was that composers could fix their music exactly as they wished it to be performed, as poets had long been able to set down their poems.

*notation 악보표기

32 The point is that we do not see things as they are. Instead, we see things as we are.

33 Society is like a building, which stands firm when its foundations are strong and all his timbers are sound. The man who can not be trusted is to society what a piece of rotten timber is to a house.

34 If you do something that affects them in a negative way, however well intentioned it may be, that negative impact will color their opinion of your action.

해설(해석연습 24-34)

24 만약 우리가 작은 초가집에 살면서 성에 사는 귀족의 지배를 받지만, 우리와 같은 처지의 사람들이 우리와 똑같이 살고 있다는 것을 보게 된다면, 우리의 상태가 정상적으로 보일 것이다.

➔ [as('양태/비교/유추'의 접속사: ~하는 것과 같이, ~처럼) + we(주어) + do(대동사: = live)] 'exactly'는 'as-절'을 수식

[to live ~ a castle] = 수동형인 'are made'의 주격보어 = 능동형인 make(5형식 '사역'동사)의 목적격보어

to 부정사구절인 [to live ~ a castle]은 수동형인 'are made'의 주격보어이지만, 원래는 능동형인 make(5형식 '사역'동사)의 목적격보어이다 ; 동사 seem의 주격보어 = 'normal'

25 우리는 한 성분이 식물과 같은 전체의 일부로 존재할 때 그러한 것처럼, 그 성분만 별개의 상태로 같은 기능을 할 것이라고 생각할 수 없다.

➔ the same + A + as(비교의 접속사: ~와 같이) + B(it will) = B와 같이 동일한 A~ ; 'as it will'에서 will은 대동사임

'as it will'의 뒤에는 'do the (same) thing'가 생략됨: [it will (do the same thing)]

26 우리는 한 번에 여러 가지에 집중력을 분배하면서, 그 집중력이 하나의 활동에만 집중했을 때 그러한 것과 같은 수준으로 기능할 것이라 예상할 수는 없다.

➔ 'as it would'에서 as(~와 같이)는 비교의 접속사이고, would는 대동사임(would의 뒤에는 'function at the same level'가 생략됨) ; 'if절' 속이 도치된 [were(동사) + we(주어) + to focus ~] = [if we were to focus ~]

27 상대방이 당신을 이기는 것이 쉽다고 생각할수록, 더 쉽게 당신은 전세를 역전할 수 있다.

➔ [the 비교급 A(절) ~ the 비교급 B(절)] = [A할수록 B하게 되다] ; (The) easier는 뒤에 나

오는 is의 보어임

28 과학자의 육성과 관리에 대한 투자로 인해 더 많은 과학적 발전이 생겨날수록, 나머지 우리 일반인들이 과학의 결실을 사용하는 방식에 발언권을 가질 수 있도록 과학을 충분히 이해할 필요성이 더 커진다.

➔ [the 비교급 A(절) ~ the 비교급 B(절)] = [A할수록 B하게 되다] ; 여기서의 '(The) more'는 부사구로서 '더 많이'로 해석됨 ; the greater 뒤에는 is가 생략됨 = [the greater (is) the need ~] ; 'for the rest of us'는 to부정사인 to follow의 의미상의 주어임

that-절은 '부사절'로서 '~하도록'으로 해석됨(so-that절로 간주)

29 이러한 세부 양식들이 (더 많이) 특정한 방식으로 굳어질수록, 그 예술가는 더 많이 관객의 영역을 침해하고, 다른 사람이 그들에게 제시한 것으로만 관객의 상상력을 제한하게 될 것이다.

➔ [the 비교급 A(절) ~ the 비교급 B(절)] = [A할수록 B하게 되다] ; 여기서의 첫 번째 '(The) more'는 부사구로서 '더 많이'로 해석됨 ; 두 번째 나오는 '(The) more'도 부사구로서 '더 많이'로 해석됨

30 하지만 이것은 음악에 관한 일반화이지 그것에 관한 정의는 아닌데, 왜냐하면 반례(反例)를 제기하는 것이 쉽기 때문이다.

➔ 접속사 'for'는 원인/이유(왜냐하면 ~)의 의미를 나타내는 부사절을 이끄는 접속사이다.

※ '원인/이유' 접속사인 'Because'는 문두(문장의 앞쪽)에 위치할 수 있는 반면에, '원인/이유' 접속사인 'For'는 문장(주절)의 뒤쪽에만 위치한다.

31 악보표기의 효과 중의 하나는 시인들이 오랫동안 자신의 시를 적어놓을 수 있었듯이, 작곡가들도 자신들의 음악이 연주되기를 원하는 대로 기록할 수 있게 되었다는 것이다.

➔ 'they wished'의 앞에 있는 'as' = 양태/양식(방식)의 접속사(~하는 대로)

poets의 앞에 나오는 'as' = 양태/유추의 접속사(~하는 것처럼)

동사 was의 주어는 그 동사 뒤에 나오는 that-절이다(동사 뒤에 나오는 주어의 도치 구문임)

32 요지는 우리가 사물을 있는 그대로 보는 것이 아니라는 것이다. 대신, 우리는 우리의 관점에서 사물을 본다.

➔ ['as' they are]와 ['as' we are]에서 'as' = 양태/양식의('~하는 대로, ~하는 식으로') 접속사

33 사회는 건물과 같고, 그것은 기초가 튼튼하고 그 모든 재목이 견실할 때 굳건하게 서 있다. 신뢰해서는 안 되는 사람과 사회의 관계는 썩은 재목과 집의 관계와 같다.

➔ A is to B what(혹은 as) C is to D = A와 B의 관계는 C와 D의 관계와 같다

[what(혹은 as) a piece ~ to a house] = 부사절로 간주하자

34 만약 당신이 그들에게 부정적인 영향을 미치는 어떤 일을 한다면, 그 일이 아무리 선한 의도를 가진 것이라 하더라도, 그 부정적인 영향은 당신의 행동에 대한 그들의 견해에 영향을 미칠 것이다.

➔ 삽입구문인 ['however' well intentioned it may be] = 양보(아무리 ~하더라도)의 접속사 'however'가 이끄는 양보의 부사절 ; 'however well intentioned'은 (may) be의 보어임.

6 준동사(부정사, 분사, 동명사) 구문

앞서, 즉 'Part 1 & Part 2'에서 소개했듯이, 부정사구문에는 'to 부정사' 구문과 '원형 부정사' 구문이 있고, 분사구문에는 '현재분사' 구문과 '과거분사' 구문이 있다. 동명사 구문은 문장의 주성분 혹은 **필수성분**(주어, 목적어, 보어)으로만 쓰이고, 분사구문의 경우, 필수성분으로는 보어로만 사용되고, 부차적인 성분인 **수식어구**로도 사용된다. 반면에 부정사구문은 **필수성분**(주어, 목적어, 보어)으로도, 부차적인 성분(**수식어구**)으로도 쓰인다.

1) 준동사가 어디에 위치되었는지(필수성분인지 아니면 수식어구인지) 파악

Thus, individuals of many resident species, confronted with the fitness benefits of control over a productive breeding site, may be forced to balance costs in the form of lower nonbreeding survivorship by remaining in the specific habitat where highest breeding success occurs.

➔ 3가지 유형의 준동사구문이 등장한다: (과거)분사구문, to부정사 구문, 동명사 구문

① 과거분사 구문 = [confronted with ~ breeding site] = 부사적 수식어구로 사용

↳ 여기서는 조건('~하면')으로 해석됨: confronted with ~ = ~과 마주하면

② to부정사 구문 = [to balance costs ~ success occurs] = 필수성분(보어)으로 사용

↳ 여기서는 목적격보어('~하게', '~하도록')로 해석됨

③ 동명사 구문 = [remaining in ~ success occurs] = 필수성분(전치사의 목적어)로 사용

↳ 여기서는 이 구문이 전치사 by와 함께 '~함으로써'로 해석됨

2) 준동사의 의미상의 주어는 무엇인지 파악

→ 위의 ① (과거)분사 구문, ② to부정사 구문, ③ 동명사 구문, 각각의 의미상의 주어를 파악하자!

① 과거분사 구문 [confronted with ~ breeding site]의 의미상의 주어? individuals(개체들)

② to부정사 구문 [to balance costs ~ success occurs]의 의미상의 주어? individuals(개체들)

③ 동명사 구문 [remaining in ~ success occurs]의 의미상의 주어? individuals(개체들)

따라서 많은 텃새 종의 개체들은 다산(多產)에 유리한 번식지를 장악[통제]하는 것이 갖는 합목적성에서 오는 이득과 마주하면, 가장 높은 번식 성공이 일어나는 특정 서식지에 머물러 있음으로써 더 낮은 비번식기 생존율의 형태로 대가의 균형을 맞추도록 강요당할 수도 있다.

→ 주어와 동사는 각각 'individuals of many resident species'와 'may be forced' ; 이 주어와 동사 사이에 있는 삽입구(준동사 수식어구: 과거분사 구문)인 [confronted with ~ breeding site]는 조건(~하면)의 의미를 갖기 때문에 'confronted with'는 '~와 마주하면'으로 해석된다.

3) 준동사가 이끄는 구절의 범위: 준동사가 이끄는 구절이 어디에서 어디까지인지 파악

Foods we eat growing up typically become our favorites.

→ 현재분사 구문 = [growing up] = 해석: 우리가 자라**면서**

→ 우리가 자라면서 먹는 음식들은 일반적으로 우리가 좋아하는 음식이 된다.
주어와 동사는 각각 'Food'와 'become'
Foods와 we의 사이에 관계대명사 that이 생략됨: 이 관계사절의 범위는 [(that) we eat growing up]

해석연습 01-09

부정사 구문

01 The exit exam has been introduced to discourage schools from handing out diplomas simply to get poorly educated students out the door.

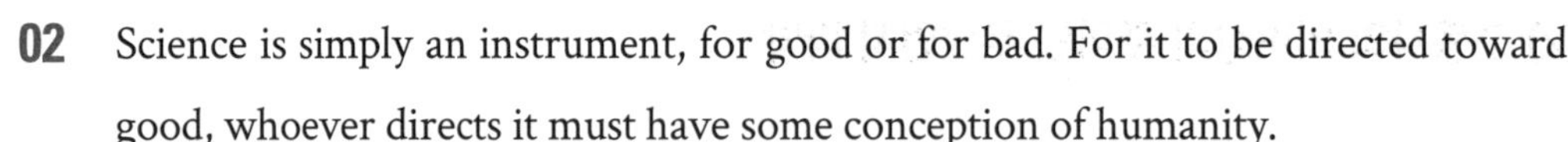

02 Science is simply an instrument, for good or for bad. For it to be directed toward good, whoever directs it must have some conception of humanity.

03 Americans stand ready to fight "to keep the world safe for democracy," yet it is extremely rare for as many as 50 percent of the eligible voters in this country to turn out for an election.

04 Chemical wastes, in growing volumes, seep downward to poison the ground water and upward to destroy the atmosphere's delicate balance.

05 Nature distributes excess fat tissues as far from the body's vital organs as possible so as not to impede their effective operation.

06 Have you ever worked really hard to get something you wanted only to find that when you got it you felt empty inside?

07 People often sell old record albums, bottles and books for pennies only to see them resold for tens or hundreds of dollars as parts of larger collections.

08 If we knew all the possible changes in the future, life would be too full of hopes and fear, and of surprise and disappointments, to permit us a single hour of peace.

09 Who hasn't been tempted to slip the overly complicated word into a report or letter to make themselves sound especially intelligent?

해설(해석연습 01-09)

01 공부를 못하는 학생들을 졸업시키기 위해 학교들이 졸업장을 남발하는 것을 막기 위해 졸업시험이 도입되었다.

➔ to부정사 구절 [to discourage ~ diplomas] = '(be) introduced'를 수식 = 목적(~하기 위해서)으로 해석

to부정사 구절 [to get poorly ~ the door] = '(to) discourage'를 수식 = 목적(~하기 위해서)으로 해석

'to discourate'의 의미상의 주어 = The exit exam ; 'to get'의 의미상의 주어 = schools

02 과학은 선을 위한 것이든, 악을 위한 것이든 단순히 도구이다. 그것이 선으로 지향되기 위해서는, 그것을 이끄는 사람이 인간다움에 대한 일정한 신념을 가지고 있어야 한다.

➔ For it to be directed toward good: 목적(~하기 위해서)으로 해석 ; 'For it(=Science)'은 'to be directed'의 의미상의 주어
두 번째 문장의 주어와 동사는 각각 ['whoever directs it' (과학을 이끄는 사람은 누구든지)]와 ['must have']

03 미국인들은 "세계의 민주주의를 안전하게 지키기 위해" 싸울 준비가 되어있지만, 이 나라의 유권자 중에 50퍼센트 정도라도 선거에 참석하는 일은 매우 드물다.
➔ It-to부정사(가주어-진주어) 구문 ; [for as many ~ this country]는 '(to) turn out'의 의미상의 주어
to부정사 구절 [to fight ~ for democracy] = 형용사 'ready'를 수식 = 목적(~하기 위해서)으로 해석

04 점점 증가하는 화학 폐기물이 땅으로 스며들어 지하수를 오염시키고, 위쪽으로 올라가 대기의 섬세한 균형을 파괴한다.
➔ to부정사 구절 [to poison ~ ground water] = 결과(그 결과, ~하게 되다)로 해석 (의미상의 주어 = 주절의 주어)
to부정사 구절 [to destroy ~ delicate balance] = 결과(그 결과, ~하게 되다)로 해석 (의미상의 주어 = 주절의 주어)

05 자연의 원리는 중요한 장기의 효과적 작용을 방해하지 않도록 (우리 몸의) 여분의 지방을 신체의 중요한 장기에서 가능한 한 최대한 떨어져 두게 하였다.
➔ so as not to 부정사 구문 = 목적(~하지 않도록)으로 해석 ; 주어와 동사는 각각 Nature와 distributes
as A as B = B할 만큼 A한(A하게)

06 당신은 원하는 무엇인가를 얻기 위해 열심히 노력했지만, 그것을 얻었을 때 마음속으로 공허하다고 느껴본 적이 있는가?
➔ to부정사 구절 [to get ~ you wanted] = 동사 'worked'를 수식 = 목적(~하기 위해서)으로 해석
to부정사 구절 [(only) to find ~ empty inside] = 결과(그 결과, ~하게 되다)로 해석 (의미상의 주어 = 주절의 주어 you)

07 사람들은 푼돈을 벌려 낡은 앨범, 병, 책을 팔았다가, 그 물건이 수집품이 되어 비싼 값에 되팔리는 것을 보게 된다.

→ to부정사 구절 [(only) to see ~ collections] = 결과(그 결과, ~하게 되다)로 해석 (의미상의 주어 = 주절의 주어 people)

08 만약 우리가 미래의 모든 가능한 변화들을 안다면, 우리의 인생은 희망과 두려움, 놀람과 실망으로 너무 가득 차서 단 한 시간의 평화도 주어지지 않을 것이다.

→ too A to B = 너무나 A해서 B할 수 없다 ; too A('full ~ surprise') to B('permit ~ peace') ; to permit의 의미상의 주어 = life

09 누군들 자신을 매우 똑똑하게 보이도록 하기 위해 자신의 보고서나 편지에 지나치게 복잡한 단어를 집어넣고 싶지 않겠는가?

→ to부정사 구절 [to slip ~ especially intelligent] = (be) tempted의 보어(= 능동형 tempt의 목적격보어) = ~하도록(하게)

to부정사 구절 [to make ~ especially intelligent] = '(to) slip'를 수식 = 목적(~하기 위해서)으로 해석

해석연습 10-20

부정사 구문(10-12) & 분사 구문(13-29)

10 The town is just far enough off the beaten path to have been spared the damage from tourists. *beaten 인적이 잦은

11 If children are to be brought up properly, their parents must be careful not to be too indulgent.

12 We are not to dwell in the past, but live by using the lessons of the past to aid our journey into the future.

13 His delight was such that he began to run back home along the main street forgetting to put on his clothes, shouting "Eureka, eureka!"

14 I used to work with a consultant who believed the best way to get people to talk was to say nothing, taking advantage of the fact that people hate awkward silences and automatically try to fill them.

15 Some heroes shine in the face of great adversity, performing amazing deeds in difficult situations; other heroes do their work quietly unnoticed by most of us.

16 When we button up a shirt, we don't stop and think about how we did so in the past. Instead, the memories arise unbidden and remind us how to accomplish the task.

17 Well fed, well housed, well cared for, and protected from their natural enemies, many zoo animals in the best state is bored, sometimes literally to death.

18 Deprived for so long, in significant numbers, of access to intense physical training, women have taken it as a God-given fact that women are smaller, weaker, and slower than men.

19 To many parents it seems natural to tie allowance to grades or behaviour withholding money as a punishment or handing it out as a reward.

20 Witness how few people read great books today. Those who have missed this experience will probably never know what it is like and will thus be condemned to journey through life never fully literate.

해설(해석연습 10-20)

10 그 마을은 관광객들로 인한 피해에서 벗어날 만큼 인적이 잦은 길에서 떨어져 있다.

➔ enough to have been ~ = enough to부정사 구문 = ~할 만큼 충분히/충분한

'to have been spare ~' = 완료형 부정사 구문(to have p.p~) = 주절의 동사(is)의 시제(여기서는 현재)보다 이전의 시제(여기서는 과거)를 표현하기 위해 사용되는 구문 ; 'to have been spare ~'의 의미상의 주어 = 'The town'
'be spared'가 4형식동사(spare)의 수동형이므로 이 뒤에 나오는 'the damage'는 능동형(spare)의 직접목적어에 해당된다.

11 아이들을 잘 기르고자 한다면, 그 부모들은 지나치게 관대해지지 않도록 주의해야 한다.
➔ 'are to be brought' = If-절 속의 'be to부정사' = 의지와 의도('~하려고/하고자 하다')로 해석
'not to부정사' 구문 = 형용사 careful을 수식 = 목적(~하지 않도록)으로 해석

12 우리는 과거에 안주해서는 안 되며, 과거의 교훈을 이용해 미래로 나아가는 여정에 도움이 되도록 해야 한다.
➔ 'are (not) to dwell' = 'be to부정사' : be to부정사 = ~해야 한다 ; be not to부정사 = ~해선 안 된다

13 그의 기쁨은 너무나 커서 그는 "유레카, 유레카!"라고 외치며 옷을 입는 것도 잊은 채로 대로를 따라 집으로 뛰어 돌아가기 시작했다.
➔ 2개의 현재분사 구문 [forgetting to put on his clothes]와 [shouting "Eureka, eureka!"] = 부가적 상황에 대해 설명, 즉 부연설명(~한 채로/~하면서)으로 해석: forgetting(잊은 채로) ; shouting(외치면서) ; forgetting와 shouting의 의미상의 주어 = he

14 나는 상대방이 말을 하게 하는 최선의 방법은 침묵하는 것이라고 생각하는 어떤 상담가와 일을 하곤 했는데, (그는) 사람들은 어색한 침묵을 싫어해 자동적으로 먼저 말을 할 것이라는 사실을 활용했다.
➔ 현재분사 구문 [taking advantage ~ fill them] = 부가적 상황에 대해 설명, 즉 부연설명(~한 채로/~하면서)으로 해석 ; 'taking advantage'의 의미상의 주어는 'a consultant' ; 관계대명사 who가 자기의 선행사 'a consultant'를 수식
'believed'의 바로 뒤에 동사 'believed'의 목적어로서 쓰이는 that-절의 접속사 'that'이 생략됨

15 어떤 영웅들은 큰 역경이 다가올 때, 어려운 상황에서 놀라운 일을 해내며 빛나는 반면, 다른 영웅들은 우리에게 인식되지 않은 채, 자신들의 일을 조용히 한다.
➔ 현재분사 구문 [performing ~ situations] = 부가적 상황에 대해 설명, 즉 부연설명(~한 채로/~하면서/~하고)으로 해석

과거분사 구문 [unnoticed ~ of us] = 부가적 상황에 대해 설명, 즉 부연설명(~한 채로/~하면서/~하고)으로 해석

16 우리가 셔츠의 단추를 잠글 때, 우리는 과거에 이 일을 어떻게 했는지 생각하지 않는다. 대신, 기억이 자동적으로 떠올라, 우리에게 그 일을 수행하는 방식을 상기시켜 준다.

➔ 과거분사 구문 [unbidden (자동적으로)] = 부가적 상황에 대해 설명, 즉 부연설명(~한 채로/~하면서/~하고)으로 해석

이 과거분사 구문 [unbidden]의 의미상의 주어는 the memories다.

17 잘 먹고, 좋은 집에 있고, 좋은 관리를 받고, 천적으로부터 보호받는, 최상의 상태에 있는 동물원의 많은 동물들은 말 그대로 죽을 정도로 지루해한다.

➔ 과거분사 구문 [Well fed ~ enemies] = 선후/인과(~하고/~해서/~하면서)로 해석

과거분사 'fed, housed, cared for, protected'의 의미상의 주어는 'many zoo animals'다.

18 오랫동안 강도 높은 신체 훈련의 기회를 박탈당한 여성들은 자신들이 남성에 비해 작고, 약하고, 느리다는 것을 당연한 사실로 받아들여 왔다.

➔ 과거분사 구문 [Deprived ~ physical training] = 선후/인과(~하고/~해서/~하면서)로 해석 ; 과거분사 'Deprived'의 의미상의 주어는 'women'다 ; 'have taken'의 뒤에는 '가목적어 it-진목적어 that' 구문이 등장함

19 많은 부모들에게, 용돈을 아이들의 성적이나 행동과 결부시켜, 벌로 돈을 주지 않거나, 상으로 돈을 주는 것이 당연하게 보인다.

➔ 현재분사 구문 = [withholding money ~ a reward] = 부가적 상황에 대해 설명, 즉 부연설명(~한 채로/~하면서)으로 해석

it-to부정사 가주어-진주어 구문 ; 'as' = 전치사(~로서)

20 얼마나 소수의 사람들이 고전을 읽고 있는지를 보아라. 이런 경험을 놓친 사람들은 그 경험이 어떤 것이지를 절대 알지 못할 것이며 결코 문명의 상태를 완전히 벗어나지 못한 채로 인생을 살게 될 것이다.

➔ 형용사구 보어 = [never fully literate] = 부가적인/추가적인 상황에 대한 설명, 즉 부연설명/추가정보 구문(~한 채로)

※ 이 형용사구 보어는 분사구문으로 취급하기도 함: [never (being) fully literate]

해석연습 21-29

분사 구문(21-26) & 동명사 구문(27-29)

21 Chinese writing contains nearly fifty thousand separate signs, or characters, each one having a different meaning.

22 In New Guinea, for instance, there are more than 800 languages, some spoken in areas just a few miles across yet as not understandable to those on either side as French and English.

23 One cold, windy December evening a man was struggling along against the wind with his overcoat buttoned to the neck.

24 With more business correspondence now being conducted using the Internet, it is important for people to be aware of the differences in language use between personal and business communication.

25 Even now nearly a quarter of all prescribed medicines are derived from just forty plants, with another 16 percent coming from animals or microbes, so there is serious risk with every hectare of forest felled of losing medically vital possibilities.

26 Witness how few people read great books today. Those who have missed this experience will probably never know what it is like and will thus be condemned to journey through life never fully literate.

27 Optimal experience is thus something that we make happen. For a child, it could be placing with trembling fingers the last block on a tower she has built, higher than any she has built so far.

28 A scientist suggested that although the chances of intelligence existing elsewhere in the universe are very high, the probability of our meeting a civilization close to our own is extremely small.

29 A mystery novel story rarely ends without the guilty person being brought to justice.

해설(해석연습 21-29)

21 한자는 거의 5만개의 낱자를 가지고 있으며, 각 글자는 서로 다른 의미를 가지고 있다.
➔ 현재분사 구문 [each one having a different meaning] ; having의 의미상의(형식상의) 주어 = 'each one'
one = 글자(signs or characters) ; 분사구문 = 부가적 상황에 대해 설명, 즉 부연설명(~한 채로/~하면서/~하고)으로 해석

22 예를 들어, 뉴기니에는 800개의 언어가 있는데, 몇몇 언어는 얼마 떨어지지 않은 지역에서 쓰이고 있지만, 영어와 불어처럼, 그 양쪽 지역에 사는 사람들에게 전혀 이해되지 않는다.
➔ 과거분사 구문 [some spoken ~ and English] ; spoken의 의미상(형식상)의 주어 = some (= some languages)
분사구문 = 부가적 상황에 대해 설명, 즉 부연설명(~한 채로/~하면서/~하고)으로 해석
as A as B = B할 만큼 A한 ; those = people

23 어느 추운, 바람 부는 12월 저녁 한 남자가 외투를 목까지 잠근 채 바람을 맞으며 애써 걸어가고 있었다.
➔ 'with+분사 구문' = [with + 의미상 주어(his overcoat) + 과거분사(buttoned) ~ the neck] = 부가적 상황에 대해 설명, 즉 부연설명(~한 채로/~하면서/~하고/~해서)으로 해석

24 더 많은 사업상의 연락이 인터넷으로 이루어지게 되면서, 사람들이 사적인 연락과 사업상의 연락의 차이를 인식하는 것이 중요하다.
➔ 'with+분사 구문' = [with + 의미상 주어(more business correspondence) + 현재분사(being) ~ the internet] = 부가적 상황에 대해 설명, 즉 부연설명(~한 채로/~하면서/~하고/~해서)으로 해석

25 지금도 모든 처방약의 4분의 1이 단지 40종의 식물에서 나오고 있고, 또 다른 16퍼센트는 동물이나 미생물에서 나오는데, 따라서 숲이 조금씩 파괴되면서 의학적으로 중요한 가능성을 잃어버릴 중대한 위험성이 있다.
➔ 'with+분사 구문' = [with + 의미상 주어(another 16 percent) + 현재분사(coming) ~ microbes]
'with+분사 구문' = [with + 의미상 주어(every hectare of forest) + 과거분사(felled)]

명사 risk의 수식어구 = [of losing medically vital possibilities]
serious risk (with every hectare of forest felled) [of losing medically vital possibilities]

26 얼마나 소수의 사람들이 고전을 읽고 있는지를 보아라. 이런 경험을 놓친 사람들은 그 경험이 어떤 것이지를 절대 알지 못할 것이며 결코 문명의 상태를 완전히 벗어나지 못한 채로 인생을 살게 될 것이다.
➔ 형용사구 보어 = [never fully literate] = 부가적인/추가적인 상황에 대한 설명, 즉 부연설명/추가정보 구문(~한 채로)
※ 이 형용사구 보어는 분사구문으로 취급하기도 함: [never (being) fully literate]

27 최대치의 경험이란 우리가 일어나게 하는 것이다. 아이에게, 그것은 떨리는 손으로, 자기가 여태껏 만든 그 어떤 탑보다 더 높게, 자신이 만든 탑에 마지막 블록을 올려놓은 것일 수 있다.
➔ it = Optimal experience ; 동명사 구문 = [placing with trembling fingers the last block ~ so far] = '~하는 것'으로 해석됨(placing = 올려놓은 것) ; [placing ((with trembling fingers)) the last block ~ so far]에서 (( ))는 수식어구이고 the last block이 placing의 목적어임.

28 어떤 과학자는 지적인 생물체가 우주 어딘가에 존재할 가능성이 매우 높지만, 우리가 우리(지구)의 문명과 유사한 문명을 만날 가능성은 극히 낮다고 말했다.
➔ [동격(of) + 의미상 주어(intelligence) + 동명사(existing) ~ the universe]의 동격 구문 안에 동명사 구문이 있다.
동명사 구문 = [의미상 주어(intelligence) + 동명사(existing) ~ the universe]: (지적인 생명체가) 존재한다는 것(existing)
[동격(of) + 의미상 주어(our) + 동명사(meeting) ~ our own]의 동격 구문 안에 동명사 구문이 있다.
동명사 구문 = [의미상 주어(our) + 동명사(meeting) ~ our own]: (지적인 생명체가) 존재한다는 것(existing)

29 추리 소설은 범인이 심판 받는 것 없이 끝나는 것이 거의 없다.
➔ 동명사 구문 = [의미상 주어(the guilty person) + 동명사(being) ~ justice] = 명사적 해석('~하는 것')
'rarely A without B' = 'B하지 않고(서) A하는 것은 거의 없다'(= 'A하면 거의 B한다')

7 주의할 특수구문: 도치, 등위와 비교, 대용, 생략, 삽입과 동격, 부정, 강조 구문

문장의 구조분석과 의미파악이 어려운 편이라서 주의해야 할 특수구문은 도치, 등위와 비교, 대용, 생략, 삽입과 동격, 부정, 강조 구문 등 이며, 해당 특수구문의 형태, 위치, 범위를 고려하면서 해석한다.

1) 특수구문의 형태: 해당 특수구문의 형태(요소)가 어떤지 파악
2) 특수구문의 위치: 해당 특수구문이 어디에 위치되었는지 파악
3) 특수구문의 범위: 해당 특수구문이 어디에서 어디까지인지 파악

다음은 '특수구문' 중에서 두 가지 주요 유형인 '도치' 구문과 '등위/비교' 구문이다.
다음 ①-③은 앞에서(p.82 참고) 이미 다루었던 도치구문이다.

① At no point in human history have we used more elements, in more combinations, and in increasingly refined amounts.

➔ 동사와 주어는 각각 'have (used)'와 'we' (주어와 동사의 도치)

해석 인류 역사의 어느 지점에서도, 우리는 (지금보다) '더 많은' 조합으로, 그리고 점차 정밀한 양으로, '더 많은' 원소를 사용한 적은 없었다.

② Nor does the traditional view recognise the role that non-intellectual factors, especially institutional and socio-economic ones, play in scientific developments.

➔ 동사와 주어는 각각 'does'와 'the traditional view' (주어와 동사의 도치)
종속절(선행사 'the role'을 취하는 관계대명사 'that'이 이끄는 절)의 주어와 동사는 각각 'non-intellectual factors'와 'play'

해석 전통적인 관점은 또한 비지성적인 요인들, 특히 제도적 요인과 사회경제적 요인이 과학 발전에서 하는 역할을 인식 하지 못한다.

③ Seldom does a new brand or new campaign that solely uses other media, without using television, reach high levels of public awareness very quickly.

➔ 동사와 주어는 각각 does (reach)와 [a new brand ~ television]

해석 텔레비전을 이용하지 않고, 다른 미디어만을 이용하는 새로운 브랜드나 새로운 캠페인이 아주 빠르게 높은 수준의 대중 인지도에 도달하는 경우는 거의 없다.

다음 ④-⑤은 등위(등위접속, 병렬) 구문과 비교 구문이다.

④ Beside the decreased chance of empty ecological niches but the increased probability of competitors that prevent invasion success, diverse communities are assumed to use resources more completely and, therefore, limit the ability of invaders to establish.

→ 등위 접속사 'but'은 명사구인 'the decreased chance of empty ecological niches'와 명사구인 'the increased probability of competitors that prevent invasion success'를 등위접속하고 있음

해석 빈 생태적 지위의 가능성은 감소하지만 침입 성공을 방지하는 경쟁자들의 가망성은 증가하는 것 이외에도, 다양한 군집은 자원을 더 완전하게 사용하여 침입자가 확고히 자리 잡는 능력을 제한하는 것으로 여겨진다.

⑤ In retrospect, it might seem surprising that something as mundane as the desire to count sheep was the driving force for an advance as fundamental as written language.

*mundane 세속적인

→ 가주어 it – 진주어 that 구문 ; 동사는 might seem ; 보어는 surprising
진주어 that절 속의 동사는 was이고 주어 [something ~ sheep]
수식어구 'as fundamental'이 명사 'advance' 수식

비교구문 as (⇒부사) mundane (⇒원급) as (⇒접속사) the desire to count sheep (⇒주어)
(sheep 뒤에 동사구인 'is mundane' 생략)
비교구문 as (⇒부사) fundamental (⇒원급) as (⇒접속사) written language (⇒주어)
(written language 뒤에 동사구인 'was the driving force for an advance fundamental' 생략)

해석 돌이켜보면 양의 수를 세고자하는 욕구만큼 세속적인 것이 문자 언어처럼 근본적인 진보의 원동력이었다는 것은 놀라운 일로 보일지도 모른다.

해석연습 01-11

도치 구문

01 In no other species can two individuals that have never before met exchange goods or services to the advantage of each other, as happens routinely each time you visit a shop or a restaurant or a website.

02 Only after some time and struggle does the student begin to develop the insights and intuitions that enable him to see the centrality and relevance of this mode of thinking.

03 No sooner does someone point out how important it is to form character at school than others claim that it just can't be done, so there can be no consensus on what to teach or how to teach it.

04 At the wide base of the pyramid are many jobs with youth or high school athletic teams, while at the narrow tip are the few, highly coveted jobs with professional organizations.

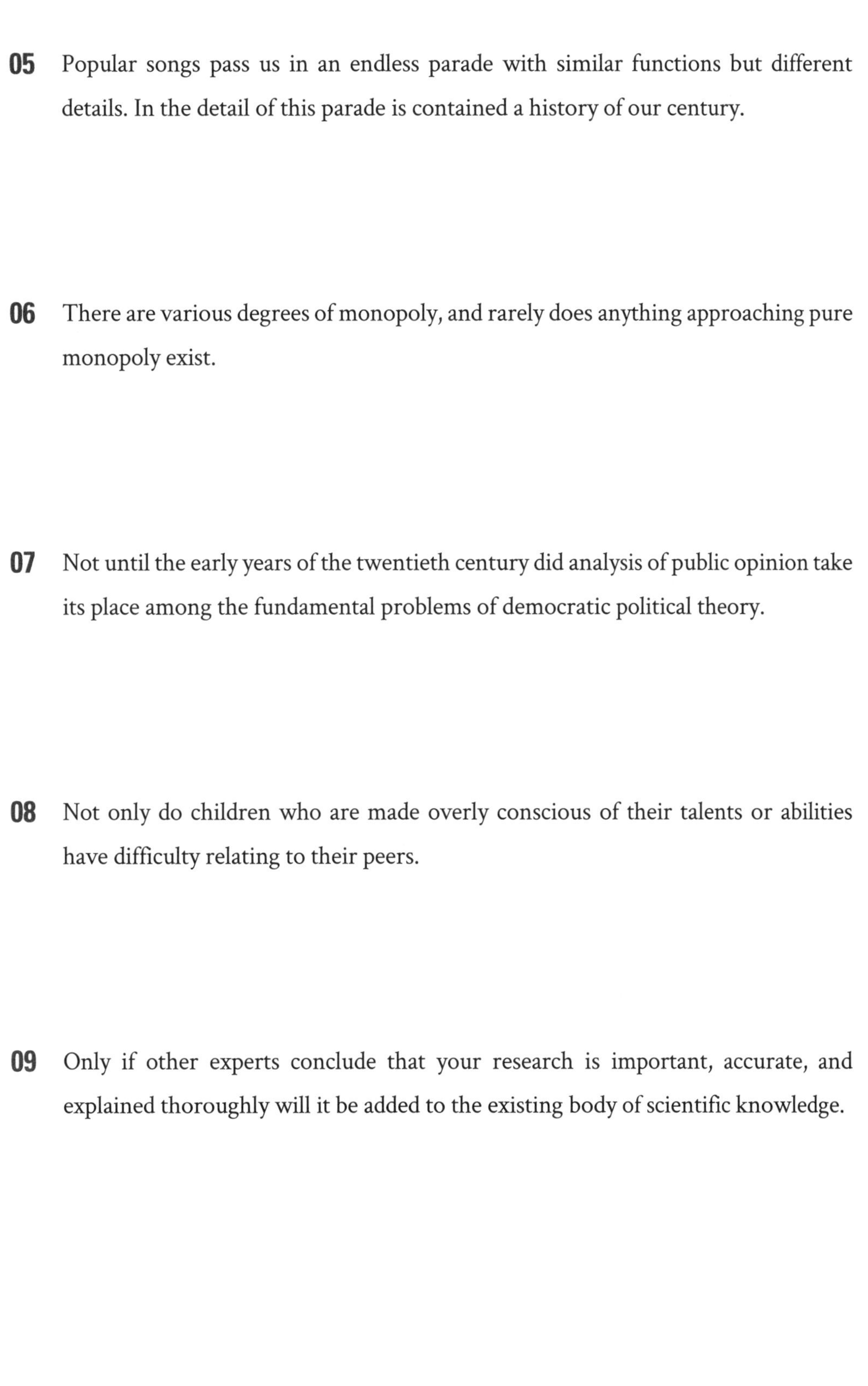

05 Popular songs pass us in an endless parade with similar functions but different details. In the detail of this parade is contained a history of our century.

06 There are various degrees of monopoly, and rarely does anything approaching pure monopoly exist.

07 Not until the early years of the twentieth century did analysis of public opinion take its place among the fundamental problems of democratic political theory.

08 Not only do children who are made overly conscious of their talents or abilities have difficulty relating to their peers.

09 Only if other experts conclude that your research is important, accurate, and explained thoroughly will it be added to the existing body of scientific knowledge.

10 To expand job creation, new social policies must also provide better incentives for entrepreneurship and innovation. Only then can social policies be considered key factors of production, beyond their role as instruments of social protection.

11 Many teachers believe the myth that education is the key to economic success. Plausible as this may seem, this is not necessarily the case.

해설(해석연습 01-11)

01 다른 그 어떤 생물들의 경우 그 전에 만나본 적이 없는 두 개체가 당신이 상점, 식당, 인터넷 사이트를 방문할 때마다 늘 일어나듯, 서로에게 도움이 되도록 제품과 서비스를 교환할 수는 없다.
➔ 동사와 주어는 각각 'can(~exchange)'와 [two individuals ~ met] ; can = 조동사 ; exchange = 본동사

02 (어느 정도의 시간과 노고가 있은 뒤에야) 학습자는 (이런 사고방식의 중요성과 타당성을 알 수 있게 해주는) 통찰력과 직관을 발달시키기 시작한다.
➔ 주어는 the student ; 동사는 does(~begin) ; does = 조동사 ; begin = 본동사
'only after~', 'only when~', 'only if~'는 '부정어구'로 취급하여 '부정어구 문두' 도치구문이 된다.

03 누군가가 학교에서 인격 형성의 중요성에 대해 지적하자마자, 다른 누군가는 그러한 것을 할 수 없다고 주장하게 되며, 따라서 무엇을 가르치고 어떻게 가르쳐야 할지에 대한 합의가 이루어 질 수 없게 된다
➔ No sooner + 조동사(does) + 주어(someone) + 본동사(point) ~ + than + 주어(others) + 동사(claim) ~
주어는 'someone'이고 동사는 'does(~point)' ; 'No sooner A ~ + than B' = 'A하자마자 B하다'

04 피라미드의 넓은 저변에는 유소년, 또는 고등학교 운동 팀을 맡는 일이 있고, 좁은 꼭대기 부분에 프로 팀을 맡는 소수의, 모두가 탐하는 일들이 있다.

➔ 동사와 주어는 각각 'are'와 'many jobs' ; 동사와 주어는 각각 'are'와 'highly coveted jobs

05 대중음악은 끝없는 행렬을 이루며 우리를 지나쳐 가는데 역할은 비슷하지만 세부내용은 다르다. 이 행렬의 세세한 모습에는 우리가 살고 있는 세기의 역사가 포함되어 있다.

➔ 두 번째 문장의 동사와 주어는 각각 'is(~contained)'와 'a history of our century'

06 독점에는 다양한 정도가 있는데, 순수 독점에 가까운 그 어떤 것도 좀처럼 존재하지 않는다.

➔ 동사와 주어는 각각 'are'와 'various degrees of monopoly'

두 번째 문장(and의 뒷 문장)의 동사와 주어는 각각 'does(~exist)'와 'anything approaching pure monopoly'

07 20세기 초가 되어서야 여론 분석이 민주정치 이론의 근본적 문제들 중에 자리를 잡게 되었다.

➔ 동사와 주어는 각각 'did(~take)'와 'analysis of public opinion' ; 'Not until A(절) ~ B(절)' = A해서야 비로소 B하게 되다

08 자신들의 재능과 능력을 지나치게 의식하는 아이들은 그뿐만 아니라 타인들과 어울리는 데 있어서도 어려움을 겪는다.

➔ 동사와 주어는 각각 'do(~have)'와 [children ~ abilities] ; 'Not only A(절) ~ B(절)' = A할 뿐 만아니라 B하기도 한다

관계대명사 'who'의 선행사 'children'을 수식해주는 '관계대명사절' = [who are ~ abilities]

09 다른 전문가들이 당신의 연구가 중요하고 정확하고 철저하게 설명되었다고 결론 내릴 때에만 당신의 연구는 기존의 과학 지식 체계에 추가될 것이다.

➔ 부정어('Only')가 부사절(if-절)을 수식하면, 주절이 도치되므로 [조동사+주어+본동사] = [will+ it +be]

'only if' = ~할 때에만, ~하는 경우에만

10 일자리를 확대하기 위해, 새로운 사회 정책은 기업정신과 혁신에 대한 더 나은 유인책을 제공해야 한다. 그때에만 사회 정책이 사회 보장의 도구로서의 역할을 넘어 사회적 생산의 핵심 요소로 여겨질 것이다.

➔ [부정어구(Only then) + can(조동사) + social policies(주어) + be(본동사) ~] = 도치구문

'key factors of production' = 수동형인 'be considered'의 주격보어 = 능동형인 'consider'(5형식 동사)의 목적격보어

11 많은 선생님들이 교육이 경제적 성공의 비결이라는 근거 없는 믿음을 갖고 있다. 비록 이것이 그럴듯한 것으로 보일지는 몰라도, 반드시 사실은 아니다.
➔ 양보(비록~이지만)의 부사절 = [보어(Plausible) + 접속사(as) + 주어(this) + 동사(may seem)]
동사(seem)의 보어(Plausible)의 문두 도치 ; 'the myth' = [that education ~ success] = 'the myth'의 동격절(동격의 that)

해석연습 12-21

등위와 비교 구문

12 The loss of biodiversity has generated concern over the consequences for ecosystem functioning and thus [understood / understanding] the relationship between both has become a major focus in ecological research during the last two decades.

13 With the advance of science, there has been a tendency to slip into scientism, and [assume / assumed] that any factual claim can be authenticated if and only if the term 'scientific' can correctly be ascribed to it.

14 The organization had succeeded in registering thousands of voters, helped elect many officials, mediated labor disputes, and [helped / helping / to help] secure professional positions for minorities in many different fields.

15 An increasing number of Australians have concluded the pursuit of the dollar has been at the expense of happiness and well-being and [has / have] chosen to cut their working hours and income.

16 Our roads are crowded no matter how many we build, and [are built / build / building] them destroys nature.

17 No matter that the proposal wasn't submitted at the right point in the buying decision or [contained / containing] inappropriate information.

18 Truly listening is being open to something new without interpreting it through our past conditioning or [is / being] overly affected by our own thoughts of the past.

19 Life is seldom as exciting as we think it ought to be. It is the other fellow's life which seems full of adventure. No matter what your profession, or how happy you may be in it, there are moments when you wish you had chosen some other career.

20 Public opinion in Britain became more excited and divided than at any time since the controversy over appeasing Hitler. The action of the British government, even if charitably interpreted, raised questions of morals and politics.

21 If Koreans by some miracle could meet our great-grandfather, they would have much more difficulty explaining their way of life than an American who, by a similar miracle, met his great-grandfather.

해설(해석연습 12-21)

12 정답 understanding 해석 생물 다양성 상실은 생태계 기능에 대한 영향에 대한 염려를 불러일으켰고 그에 따라 둘 사이의 관계 이해는 지난 20년 동안의 생태계 연구에서 주요 초점이 되어왔다.

→ and 뒤의 ing (understanding) 이하의 구절은 그 앞에 나오는 functioning과 병렬접속(등위접속)되고 있는 게 아니라, 여기서의 and는 주어와 동사로 구성되는 단위인 절(문장)과 절(문장)을 병렬접속(등위접속)하고 있다

첫 번째 절의 주어와 동사는 각각 'The loss of biodiversity'와 'has generated'

두 번째 절의 주어와 동사는 각각 'understanding the relationship between both'와 'has become'

13 **정답** assume **해석** 과학의 발전과 함께, 과학만능주의에 빠져들어 '과학적'이라는 용어가 정확하게 그것 에 속하는 것으로 생각될 수 있는 경우에 그리고 오직 그런 경우에만 사실에 입각한 어떤 주장이든 진짜로 입증될 수 있다고 가정하는 경향이 있어 왔다.

→ and 뒤의 assume 이하의 동사구는 그 앞에 나오는 (to) slip 이하의 동사구인 'slip into scientism'와 병렬접속(등위접속)되고 있으므로, (to) slip과 동일한 형태인 (to) assume이 적절하다. [... to slip ~ and (to) assume ...]

14 **정답** helped **해석** 이 단체는 수십만 명의 유권자들을 등록하는데 성공했고, 많은 공무원들을 선출하는데 도움을 주었고 노동분쟁들을 조정했고, 많은 여러 분야에서 소수자들을 위한 전문직종을 확보하는데 도움을 주었다.

→ and 뒤의 적절한 등위구조 표현은 (had +) 과거분사이어야 한다

15 **정답** have **해석** 점점 더 많은 호주인들은 돈을 추구하는 것이 행복과 건강을 해친다고 결론을 내리고 일하는 시간과 수입을 줄이기로 했다

→ and 뒤의 have chosen 이하의 동사구는 그 앞에 나오는 have concluded 이하의 동사구와 병렬접속(등위접속)되고 있다.

16 **정답** building **해석** 우리가 (아무리) 많은 도로를 건설한다고 해도, 도로는 북적이고 그것들(도로들)을 건설하는 것은 자연을 파괴한다.

→ 'and' 뒤의 적절한 등위구조는 '주어+동사~ '인 구조이어야 하는데, 동명사(building) 주어가 되어야 '주어+동사~ '인 구조가 된다.

17 **정답** contained **해석** 제안이 구매 결정의 적절한 시점에 제출되지 않았거나 부적절한 정보를 포함했더라도 그것은 문제가 아니다.

→ 'or'의 뒤의 적절한 등위구조는 과거분사가 아닌 과거동사(contained)이어야 하는데 이 동사 뒤에 목적어(inappropriate information)의 존재를 고려하면 수동의 의미를 지닌 과거분사는 올 수 없다.

18 **정답** being **해석** 진정으로 듣는 것은 과거의 전제를 통해 그것을 해석하거나 과거의 생각에 지나치게 영향 받지 않고 새로운 것에 마음을 여는 것이다.

→ 등위접속사 'or'의 뒤의 적절한 등위구조는 동사(is)가 아닌 준동사(동명사 being)이어야 하는데, 전치사 'without'의 목적어인 동명사구절 [interpreting ~ conditioning]과 동명사구절 [being overly affected the past]가 등위접속된다.

without + [interpreting ~ conditioning] or (without) + [being overly affected the past]

19 인생이 우리가 그래야 마땅하다고 생각하는 것만큼 흥미로운 경우는 거의 없다. 모험으로 가득 찬 것으로 보이는 것은 다른 사람의 인생이다. 당신의 직업이 무엇이든, 당신이 그 안에서 얼마나 행복하든 간에, 다른 직업을 선택했다면 좋았을 것이라고 생각하는 순간은 존재한다.

→ [부정어(seldom) ~ as A as B] = B만큼 A하는 경우는 (거의) 없다 = B가 제일 A하다

[we think (that) it ought to be (exciting)]에서 (that)과 (exciting)가 생략됨

[No matter what ~ be in it] = 양보(이든지 간에 상관없이)의 접속사 'No matter what'이 이끄는 절

[when you wish (that) ~ career] = 관계부사 when이 이끄는 절 = 선행사인 'moments'를 수식 ; wish 뒤 that 생략

20 영국의 여론들은, Hitler와 타협하자는 논쟁이 일어난 이후 그 어느 때보다도 더 흥분하게 되었고, 더 대립하게 되었다. 영국 정부의 조치는 비록 관대하게 해석될지라도, 도덕과 정치에 관한 문제를 제기하게 하였다.

→ 비교구문 [more A than at any time B] = B할 때보다 더 A하다

삽입구문 [even if ((it was)) charitably interpreted]에서 (it was)가 생략됨 ; it = [The action of the British government]

21 한국인들이 기적적으로 증조부를 만나게 된다면, 그들(한국인들)은 비슷한 기적에 의해 증조부를 만난 미국인보다 그들의 삶의 방식을 설명하는 데 훨씬 더 많은 어려움을 겪게 될 것이다.

→ 비교구문 [more A than B] = B보다 더 A하다

[than(접속사) an American ~ great-grandfather ((would have much difficulty ~ of life))]에서 (( ))가 생략됨

해석연습 22-30

'부정 & 비교' 구문: 부정어구(negation)를 포함한 비교구문

22 If one looks at the Oxford definition, one gets the sense that post-truth is not so much a claim that truth does not exist as that facts are subordinate to our political point of view.

23 Social problems can no longer be solved by class warfare any more than international problems can be solved by wars between nations.

24 Aside from the problems of mating, perhaps no other adaptive problems are as paramount as making sure that one's offspring survive and thrive.

25 No loss by flood and lightning, no destruction of cities and temples by the hostile forces of nature, has deprived man of so many noble lives as those which his intolerance has destroyed.

26 For example, every town in the country has at least one 'amateur dramatics' society, which regularly gives performances and charges no more than enough to cover its costs.

27 If besides working you do little more than consume passive types of entertainment while fantasizing that you'll become more active when you retire, your fantasies are likely to turn out to be just that. *fantasize 상상하다

28 Not less important than to lead a nation or literature to fresh achievements are the unknown many whose patient efforts keep the world from running backward.

29 Jean Valjean, a simple, hard-working peasant, had to spend in prison no less than nineteen years for stealing no more than a loaf of bread for his sister's starving children.

30 Many gas stations have gotten rid of on-duty mechanics. The skillful mechanic has been replaced by a teenager in a uniform who doesn't know anything about cars and couldn't care less.

해설(해석연습 22-30)

22 옥스포드 사전의 정의를 보면, 탈진실이란 진실이 '존재하지 않는다'는 주장이 아니라, '사실이 우리의 정치적 관점에 종속되어 있다'는 주장이라는 것을 알게 된다.

➔ not so much A as B = A가 아니라 B다 ; 비교의 접속사 'as'(~만큼)는 등위접속사이므로 A와 B가 등위(병렬)접속되므로 'as'의 뒤의 'that'은 'a claim'의 뒤의 'that'과 동일한 'that'이다: 'a claim' 뒤의 'that' = 동격의 'that'

not so much A(= a claim that truth~) as B(= that facts~) ; get the sense that ~를 알게 되다 (that은 동격의 that)

23 사회적 문제는 국제 문제가 나라 간의 전쟁으로 해결될 수 없듯이 더 이상 계급투쟁으로 해결 될 수는 없다.

➔ A no more X than B = B가 X하지 않는 것처럼, A가 X하지 않는다

[than international problems can (not) be solved ~]: '비교/대조/유추'의 접속사 'than'의 뒤에 나오는 'can'의 뒤에는 'not'이 있다고 간주하고 해석한다

24 짝짓기 문제를 제외하면, 그 어떤 적응의(진화상의) 문제도 자신의 새끼가 생존하고 번성하도록 하는 것보다 중요한 것은 없다.

➔ [부정어구 + as A as B] = B보다 A한 것은 없다 = B가 제일 A하다(최상급 표현) = 진화상의 문제에서 새끼가 생존하고 번성하게 하는 것이 제일 중요하다

25 홍수와 번개로 인한 그 어떤 손실도, 가혹한 자연의 힘에 의한 그 어떤 도시나 사원의 파괴도, 그(인간)의 편협함이 파괴한 것보다 더 많은 고귀한 인간의 목숨을 빼앗지는 못했다.

➔ [부정어구 + as A as B] = B보다 A한 것은 없다 = B가 제일 A하다(최상급 표현) = 그의 편협함이 파괴한 것이 제일 많이 인간에게서 고귀한 목숨들을 빼앗았다.

26 가령, 그 나라의 모든 도시에는 적어도 한 개의 '아마추어 연극' 동아리가 있는데, 그 동아리는 정기적으로 공연을 하고 (제작)비용을 충당할 만큼만 (입장료를) 부과한다.

➔ no more than = only ; no more than(= only) enough to v = v할 만큼만 ; 관계대명사 'which' = society(동아리)

27 당신이 일하는 것 외에 단지 수동적인 오락거리만을 소비한다면, 그러면서 언젠가 은퇴하면 능동적으로 살거라고 상상한다면, 당신의 상상은 단지 상상에 그치고 말 것이다.

➔ 부정 & 비교 구문 = little more than = only ; [besides(전치사) ~] = ~하는 것 외에
while (fantasizing that ~ when you retire) , your fantasies(주어) are(동사) ~
(fantasizing that ~ when you retire) = 분사구문(~ing) = ~한다면

28 어떤 나라나 문학을 새로운 성취로 이끄는 것보다 못지않게 중요한 것은 그 꾸준한 노력으로 세상이 퇴보하는 것을 막는 이름 없는 수많은 사람들이다.

➔ 부정 & 비교 구문 = Not less A than B = B하는 것보다 못지않게 A한, 적어도 B보다 A한
'the unknown many' = 알려지지 않은 다수 ; 소유격 관계대명사 'whose' = [the unknown many's]

29 소박하고 근면한 농부였던 장발장은 자신의 누이의 굶어가는 아이들을 위해 겨우 빵 한 조각을 훔친 죄로 19년이나 감옥에서 보내야 했다.

➔ no less than ~ = ~ 만큼이나, ~씩이나 ; no more than ~ = only ~ (겨우 ~ 뿐인)
Jean Valjean, ((a simple, hard-working peasant)), = ((동격))

30 많은 주유소는 상근하는 수리공을 없앴다. 솜씨가 좋은 수리공은 자동차 관리에 대해 전혀 모르고 전혀 신경 쓰지 않는, 유니폼을 입은 젊은 십대 청소년으로 교체되었다.

➔ could not care less = not ~ less = 그 못지않게(적어도 그보다 더) ~하지 않다 ;
get rid of ~ = ~를 없애다 ; 관계대명사 'who'의 선행사는(who가 가리키는 말은) 'teenager'이다.

해석연습 31-38

삽입구문(31-33), 동격 구문(34-38)

31 Our expectations are often deceived. Things which we feared might do us hurt turn out to our advantage, and what we thought would save us proves our ruin.

32 Most people at one time or another make themselves their own worst enemy when they ignore what their inner feelings are telling them is dangerous.

33 I can remember times when I felt threatened by those I felt were my "competition," and the tendency was to withhold information from them that would help them.

34 Just as a man who realizes that his life has gone off course can regain his directions only through the strictest introspection, so a whole people, becoming aware that things have somehow gone wrong, can correct matters only by a rigidly honest look at its core of collective being, its national purpose.

35 The debates between social and cultural anthropologists concern not the differences between the concepts but the analytical priority: which should come first, the social chicken or the cultural egg?

*concern ~에 관한 것이다

36 For years, we have been fed the social message that we have to put our desire behind those of others in order to achieve a better world.

37 Many teachers believe the myth that education is the key to economic success. Plausible as this may seem, this is not necessarily the case.

38 A scientist suggested that although the chances of intelligence existing elsewhere in the universe are very high, the probability of our meeting a civilization close to our own is extremely small.

해설(해석연습 31-38)

31 우리의 기대는 종종 어긋난다. 우리에게 해가 될 것이라 두려워했던 것들은 알고 보면 우리에게 이득이 되고, 우리를 구해줄 거라 생각했던 것들은 우리를 파멸시키는 것으로 드러난다.

➔ which ((we feared)) might do ~ : (( )) = 삽입 구문(우리가 두려워했던)

what ((we thought)) would save us ~ : (( )) = 삽입 구문(우리가 생각했던)

32 대부분의 사람들은 언젠가 한 번씩은 위험하다고 그 들이 직감이 말해주는 것을 무시할 때 스스로를 자신의 가장 위험한 적으로 만든다(위험에 빠지게 한다).

➔ what ((their inner feelings are telling them)) is dangerous: (( )) = 삽입 구문(그들의 직감이 그들에게 말해주는)

at one time or another = 언젠가 한번씩

33 나는 내가 나의'경쟁자'라고 생각하던 사람들에게 위협을 느꼈던 때를 기억할 수 있는데, 나는 그들에게 도움이 될 수 있는 정보를 그들로부터 숨기곤 했다.

➔ [those (who) ((I felt)) were] : those 뒤에 관계대명사 'who' 생략 ; ((I felt)) = 삽입 구문(내가 느끼기로는)

34 삶이 항로를 이탈했음을 깨달은 자가 오로지 가장 엄격한 자기성찰을 통해서만 방향을 회복할 수 있는 것처럼, 전체로서의 한 국민은, 일이 어떻게든 잘못되었음을 알게 될 때, 오로지 집단적 존재의 핵심인 국민적 목적을 엄격할 정도로 정직하게 바라봄으로써만 문제를 바로잡을 수 있다.

→ 동격 구절 = 'its national purpose being': [its core of collective being(집단적 존재의 핵심) = its national purpose]

Just as A(절), so B(절) = A하는 것처럼, B한다(유추) ; 접속사(as)+주어(a man ~ off course)+동사(can regain)~

주절의 주어(a whole people)+동사(can correct) ; [becoming aware ~ gone wrong] = 분사구문(~할 때)

35 사회 인류학자와 문화 인류학자 사이의 논쟁은 개념들 간의 차이에 관한 것이 아니라 분석적 우선순위에 관한 것으로, 즉 사회적인 닭이 먼저냐, 문화적인 달걀이 먼저냐는 것이다.

→ [the analytical priority] = [: which should come first, the social chicken or the cultural egg?]

동격 구절은 [: which should ~ cultural egg?]이고 [the analytical priority]와 동격이다

등위(병렬) 구문: not A but B (A가 아니라 B다)

36 오랫동안, 우리는 더 나은 세상에 도달하기 위해 타인의 욕구를 우리의 욕구보다 우선시해야 된다는 메시지를 들어왔다.

→ we의 앞의 접속사 that은 '동격'의(앞의 어구와 뒤의 어구가 '동격'임을 나타내는) that이다 ; 'have been fed'는 수동형(be+과거분사)으로서 그 뒤에 나오는 'the social message'는 능동형 'feed'(4형식 동사)의 직접목적어에 해당된다.

37 많은 선생님들이 교육이 경제적 성공의 비결이라는 근거 없는 믿음을 갖고 있다. 비록 이것이 그럴듯한 것으로 보일지는 몰라도, 반드시 사실은 아니다.

→ 명사 'myth'의 뒤의 'that' = 동격의 'that'

두 번째 문장의 'Plausible'은 동사 'seem'의 (주격)보어다 ; as = 양보(비록~이더라도)의 접속사 ; [Plausible(보어) + as(양보의 접속사) + this(주어) + may seem(동사)] = 도치구문(보어가 문두로 도치됨)

38 어떤 과학자는 지적인 생물체가 우주 어딘가에 존재할 가능성이 매우 높지만, 우리가 우리(지구)의 문명과 유사한 문명을 만날 가능성은 극히 낮다고 말했다.

→ [동격(of) + 의미상 주어(intelligence) + 동명사(existing) ~ the universe]의 동격 구문 안

에 동명사 구문이 있다
동명사 구문 = [의미상 주어(intelligence) + 동명사(existing) ~ the universe]: (지적인 생명체가) 존재한다는 것(existing)
[동격(of) + 의미상 주어(our) + 동명사(meeting) ~ our own]의 동격 구문 안에 동명사 구문이 있다
동명사 구문 = [의미상 주어(our) + 동명사(meeting) ~ our own]: (지적인 생명체가) 존재한다는 것(existing)

해석연습 39-47

부정 구문

39 Most people are sorry that they cold not have taken both sides. Because someone can not take both sides, it does not follow that his choice is wrong.

40 Hardly do any two different words in a language have precisely the same meaning and usage. Seldom can we put another word in place of the word which a great writer has used without making a change for the worse.

41 I have known all kinds of people, many of them celebrated in many countries, but for companionship, good conversation, intelligence and the power of stimulating one's mind there are none I would place above the good farmer.

42 You can never do or say anything to make another person feel better about himself without simultaneously feeling better about yourself.

43 A mystery novel story rarely ends without the guilty person being brought to justice.

44 The lack of etiquette would also make the most intimate friends turn to be the most decided enemies. Therefore, it is advisable to take pains not to do anything against accepted rules lest you should give offense or make enemies.

45 The hearty handshake did not in the beginning show friendship but distrust. Nor did the customary use of the right hand originate by chance. It was a precaution to immobilize the other man's weapon hand.

46 There are very few people who do not enjoy music of one sort or another. It has a great advantage over poetry in that it is a universal language common to all nations.

47 When I compare my own very narrow and limited childhood with the freedoms and pleasures today's children expect as a natural right, I cannot help wishing I were a little boy again.

해설(해석연습 39-47)

39 대부분 사람들은 양쪽을 다 취할 수 없었던 것에 대해 후회한다. 누군가가 양쪽을 다 취할 수 없다고 해서 반드시 그의 선택이 나쁜 것은 아니다.
➔ '부분부정' 구문 = [Not ~ both...] = '둘 다는 ~ 아니다'
[it(가주어) does not follow that-절(진주어) ~] = '반드시 ~인 것은 아니다'
'부분부정' 구문 [Because A, it does not follow that B] = A라고 해서 반드시 B인 것은 아니다

40 한 언어의 어떤 두 다른 단어들은 정확하게 동일한 의미와 용법을 가지지 않는다. 우리는 그 단어의 교체가 나쁜 결과를 만들지 않고서 위대한 작가가 사용했던 단어 대신에 다른 단어를 사용할 수 없다.(우리가 위대한 작가가 사용했던 단어 대신에 다른 단어를 사용하면 의미의 변화가 나쁜 결과를 만들어낼 수 있다)
➔ 부정어(Hardly) + 조동사(do) + 주어 [any two different words in a language] + 본동사(have) ~ : 부정어 문두 도치구문
부정어(Seldom) + 조동사(can) + 주어(we) + 동사(put) ~ : 부정어 문두 도치구문
Seldom(부정어=not) A without B = A하면 반드시 B한다 ; the one = a word

41 나는 많은 유형의 사람들을 알고 지냈는데, 그들의 많은 분들은 여러 나라의 저명인사들이지만, 교제를 하고(벗으로 삼기에는) 좋은 대화를 주고받고, 지성에 있어서나, 사람의 마음을 자극하는 힘에 있어서나, 선량한 농부보다 더 내가 앞세우고 싶은 사람을 아무도 없다.
➔ 부정구문 = [(there are) none (who) A ~ above B] = 'B보다 더 한 A는 없다' = B가 제일 A하다(최상급 표현)

42 당신이 어떤 사람을 기분 좋게 하는 말이나 행동을 하면, 동시에 당신 자신도 기분이 좋아진다.

→ 'never A without B' = 'B하지 않고(서) A하는 것은 결코 없다'(= 'A하면 반드시 B한다')
동명사 구문=[부사(simultaneously) + 동명사(feeling) ~ yourself] = 명사적 해석('~하는 것')

43 추리 소설은 범인이 심판 받는 것 없이 끝나는 것이 거의 없다.
→ 'rarely A without B' = 'B하지 않고(서) A하는 것은 거의 없다'(= 'A하면 거의 B한다')
동명사 구문 = [의미상 주어(the guilty person) + 동명사(being) ~ justice] = 명사적 해석('~하는 것')

44 에티켓의 결핍은 또한 가장 친한 친구를 가장 확실한 적으로 만들 수도 있다. 따라서, 화나게 하거나 적을 만들지 않기 위해서 용인되는 규칙에 위배되는 어떤 일도 하지 않도록 노력하는 것이 바람직하다.
→ 동사(make) + 목적어('the most intimate friends') + 목적격보어('turn to ~ enemies') ;
turn = 원형부정사
it~to부정사 가주어-진주어 구문 ; to부정사 구문 [not to do ~] = ~하지 않기 위해서
[접속사(lest) + 주어(you) + 동사(should give) ~] : 접속사 lest = ~하지 않도록

45 처음에 진심어린 악수는 우정을 보이기보다는 불신을 나타내는 것이었다. 오른손을 관례적으로 사용하는 것은 우연히 기원한 것이 아니다. 다른 사람의 무기를 사용할 수 있는 손을 움직이지 못하게 하기 위한 예방 조치였다.
→ 'not A but B' = 'A가 아니라 B다' ; 'Nor + 동사A + 주어B ~' = 'B는 또 A가 아니다'
[It was a precaution ~]에서 It = [the customary use of the right hand]

46 어떤 것이든 한두 종류 정도의 음악을 즐기지 않는 사람은 거의 없다. 음악은 모든 국가에 공통적인 보편적 언어라는 점에서 시보다 큰 장점을 갖고 있다.
→ [부정어(very few) A + 부정어(not) B] = 이중부정 = 긍정 = 'B하지 않는 A는 (거의) 없다'
접속사 'in that' = '~ 라는 점에서'

47 나의 너무나 협소하고 제한적이었던 어린 시절과 지금의 아이들이 자연적인 권리처럼 기대하는 자유와 즐거움을 비교해 보면 나는 다시 어린 아이가 되고 싶다고 바라지 않을 수 없다.
→ 'cannot help ~ing' = '~하지 않을 수 없다'
동명사 구문 [wishing (that) I were ~]에서 'that' 생략 & 가정법 과거구문(were).

해석연습 48-56

강조 구문(48-50), 생략과 대용 구문(51-56)

48 An old man's story that he has told hundreds of times shows little variation, and any variation that does exist becomes part of the story itself, regardless of its origin.

49 It is the rise of state-of-the-art technology, and not the rise of modern ideas, which has challenged the old truth that only rule over people could make a world free.

50 It is only because she inspired him to believe that one day he would do something great that he became the man he was.

51 Starting times are judged by starting points, stopping times by stopping points and durations by distance, though each of these errors does not necessitate the others.

52 Public opinion in Britain became more excited and divided than at any time since the controversy over appeasing Hitler. The action of the British government, even if charitably interpreted, raised questions of morals and politics.

53 While examples of these rules abound, too many to list exhaustively, let these versions suffice for our purpose here: "What is hateful to you do not do to another" and "Love another as yourself."

54 Although a speech can be effective, all the words in the world cannot measure up to the example of a leader, especially in communicating new behaviors and values.

55 Intrinsic values are those we uphold regardless of the benefits or costs. Patriotism, as a value, demands sacrifices and is sometimes disadvantageous as far as individual wellbeing is concerned.

56 Although some endeavours help promote best practices in tackling age discrimination and promote age diversity in employment, more needs to be done to strengthen incentives for older people to remain active, to encourage retention and hiring of older workers and to improve their employability.

해설(해석연습 48-56)

48 한 노인이 수백 번 말한 이야기는 변형을 거의 보이지 않으며, 실제로 존재하는 것이면 어떤 변형이든 그것의 기원에 관계없이 이야기 자체의 일부가 된다.

➔ '정말로, 실제로'의 의미로 해석되는 '강조'용법의 do(does; did): does exist (=실제로 존재하다) 'story'의 뒤의 that은 '관계대명사'로서 선행사는 그 앞의 'story'이다: [story (that he has ~ of times)] shows ~

'variation'의 뒤의 that도 '관계대명사'로서 선행사는 그 앞의 'variation'이다: [variation (that does exist)] becomes~

49 사람들에 대한 통치만이 세상을 자유롭게 만들 수 있다는 낡은 진리에 도전한 것은 현대 사상들의 대두가 아니라 최첨단 기술의 대두이다.

➔ It-that 강조구문에서 강조어구는 [the rise of state-of-the-art ~ modern ideas]이고 이 강조어구 안에서도 'A and not B'(= not B but A)구문을 고려하여 [the rise of state-of-the-art technology]가 진정한 강조어구다.

50 그가 그때의 그가 된 것은 그녀가 그에게 언젠가 그는 훌륭한 일을 해낼 거라고 믿도록 격려했기 때문이다.

➔ It-that 강조구문에서 강조어구는 [only because ~ something great]

[the man (who) he was] (= 그때의 그 사람)에서 관계대명사 'who'가 생략됨

51 시작 시각은 시작 지점에 의해, 정지 시각은 정지 지점에 의해, 그리고 지속 시간은 거리에 의해 판단되는데, 그렇기는 하나 이 오류들 각각이 나머지 오류 모두를 필연적으로 동반하지는 않는다.

➔ stopping times (are judged) by stopping points & durations (are judged) by distance & durations (are judged) by distance : ( ) = 생략된 부분 ; 대용표현인 'these' = 앞 문장의 3가지 errors의 내용(①Starting times are judged by starting points, ②stopping times by stopping points and ③durations by distance)

52 영국의 여론들은, Hitler와 타협하자는 논쟁이 일어난 이후 그 어느 때보다도 더 흥분하게 되었고, 더 대립하게 되었다. 영국 정부의 조치는 비록 관대하게 해석될지라도, 도덕과 정치에 관한 문제를 제기하게 하였다.

➔ 삽입구문 [even if ((it was)) charitably interpreted]에서 (it was)가 생략됨 ; it = [The

action of the British government]
비교구문 [more A than at any time B] = B할 때보다 더 A하다

53 이러한 규칙의 예는 많아서, 너무 많아서 남김없이 열거할 수 없을 정도지만, 여기서는 우리의 목적을 위해 다음의 버전, 즉 "자신이 싫은 것은 다른 사람에게 행하지 말라."와 "타인을 자신처럼 사랑하라."로 충분한 것으로 하자.
➔ let의 뒤의 these versions가 가리키는 말 = "What is ~ as yourself." : this(these)의 후방조응 대용 용법(this 혹은 these가 가리키는 말이 this(these)의 앞쪽에 나오지 않고 뒤쪽에 나오는 경우를 후방조응 대용이라고 함)

54 말이 효과적이지만, 특히 새로운 행동과 가치를 전달하는 데 있어 리더의 모범적 행동 하나에는 미칠 수 없다.
➔ 대용표현 [all the words] = [a speech] ; the example = 말(words, speech)과 대립적인 의미인 '행위'로 해석됨

55 본질적 가치는 그 이익이나 대가와 관계없이 우리가 지지하는 그런 가치이다. 하나의 가치로서 애국심은 희생을 요구하고 개인의 행복에 관한 한 때때로 불이익이 된다.
➔ 대용표현(대명사) 'those' = 'Intrinsic values' ; 'those' 의 뒤에 관계대명사 'that'이 생략됨
조건(~하는 한)의 접속사인 'as far as'

56 약간의 노력이 연령에 따른 차별문제를 다루는 데서 최선의 행동을 촉진하고 고용에서 연령의 다양성을 촉진하는데 도움이 되기는 하겠지만, 노인이 계속 활동하도록 하기 위한, 또한 나이든 노동자의 보유와 고용을 장려하기 위한, 그리고 노인의 취업능력을 개선하기 위한 유인책(인센티브)을 강화하기 위해 더 많은 노력이 이루어질 필요가 있다.
➔ 종속절의 동사 'help'의 주어인 'some endeavours'를 통해, 주절의 주어인 'more'(대용표현) = [more (endeavours)]
[to be done to strengthen incentives for older people to remain ~]에서 to부정사 구절 [to strengthen ~] = 'be done'을 수식하여 '~하기 위해'로 해석; to부정사 구절 [((for older people)) to remain ~] = 명사 incentives를 수식함
(( )) = to remain의 의미상의 주어

'생략과 대용' 실전연습

아래 지문에서의 밑줄 친 대용표현과 생략표현을 찾는 연습을 해보자

57 (생략과 대용) 다음 글의 주제로 가장 적절한 것은?

In the twelfth to thirteenth centuries there appeared the first manuals teaching "table manners" to the offspring of aristocrats. It was a genre that subsequently had a great success in the early modern period with The Courtier by Baldassare Castiglione, The Galateo by Monsignor Della Casa, and many others produced in different European countries. In a variety of ways and meanings, **these** are all instruments intended to define or distinguish **who is in** from **who is out**, separating **the participants** from **the ostracized**. It is for this reason that manuals of "good manners" addressed to the aristocracy always have a negative reference to the peasant who behaves badly, who "doesn't know" what the rules are, and for this reason is excluded from the lordly table. Food etiquette had become a sign of social barriers and of the impossibility of breaking them down.

*aristocrat: 귀족 *ostracize: 추방하다 *addressed to ~에 초점을 맞춘

① table manners as a marker for class distinction
② publications to bring about equality between classes
③ unintended effects of distinguishing insiders from outsiders
④ attempts to elaborate food etiquette for educational purposes
⑤ roles of manners in uniting people from different backgrounds

→ (1) 대용표현 **these** = ?

(2) in과 out뒤에 생략된 것은? **who is in (?) = the participants (?)**

who is out (?) = the ostracized (?)

(3) 대용표현 **a. who is in = ?**

b. who is out = ?

→ 대용표현 **these** = manuals teaching "table manners" to the offspring of aristocrats
(귀족의 자식에게 식탁예절을 가르치는 책)

in과 out뒤에 생략된 것은? **who is in** (the table) = **the participants** (in the table)
who is out (the table) = **the ostracized** (from the table)

대용표현 **who is in** = **the participants** = aristocrats = 귀족
who is out = **the ostracized** = peasant = 소작농
(귀족과 소작농은 대립쌍임)

해석 12세기부터 13세기에 귀족의 자녀들에게 '식탁 예절'을 가르치는 최초의 교범이 등장했다. 그것은 그 이후 Baldassare Castiglione가 쓴 'The Courtier', Monsignor Della Casa가 쓴 'The Galateo' 및 각기 다른 유럽의 나라에서 제작된 많은 다른 책들과 함께 근대 초기에 큰 성공을 거둔 장르였다. 다양한 방식과 의미로, 이 책들은 모두 식탁에 참여하는 자들을 식탁에서 추방되는 자들로부터 분리하면서, 누가 '내부자'이고 누가 '외부자'인지를 규정하거나 구별하기 위하여 의도된 도구들이다. 귀족 계층에 초점이 맞추어진 '좋은 예절'의 교범이 예의범절이 좋지 않은 소작농을 항상 부정적으로 언급했던 것은 이런 이유에서인데, 그런 소작농은 규칙이 무엇인지를 '알지 못하며', 이런 이유로 귀족의 식탁에서 배제되는 것이다. 음식 예절은 사회적 장벽, 그리고 그 장벽 타파의 불가능성에 대한 표시가 되어 버렸다.

정답 ① [풀이] 중세 이후에서 근대 초기까지 귀족 계층은 자신들끼리만 지키는 정교한 식탁 예절을 익히고 지켜서 하층 계급 사람들을 자신들과 분리하였다는 내용의 글이다. 따라서 글의 주제로 가장 적절한 것은 ① '계층 구별 표시로서의 식탁 예절'이다.
② 계층 간의 평등을 가져오기 위한 출판물
③ 내부자와 외부자 구별의 의도되지 않은 영향
④ 교육적 목적을 위해 음식 예절을 정교화 하려는 시도
⑤ 다른 배경 출신의 사람들을 단결시키는 데 있어서 예절의 역할

2 | 어법문제 실전 연습

이제는 어법문제를 풀어보자! 어법문제를 풀기 전에 '수능시험에 나오는 어법문제'는 다음과 같은 원리 혹은 공식으로 푼다.

〈수능 어법문제 풀이 비법〉

1단계 | 선행공식 7가지

1) 카테고리(품사/문장성분) 파악
2) 수식어구 처리
3) 생략어구 파악
4) 병렬(대등/대립) 구조 파악
5) 도치 파악
6) 대용 파악
7) 콜로케이션(지배/결속) 파악

1) 카테고리(Category: 품사/문장성분) 파악

2017 수능_ 28번 They have no memories about what **the aged** once ⑤ **was** and greet them as if they were children.

➔ 'the aged'는 어떤 카테고리(품사/문장성분)에 해당되는가? the aged(= aged people)의 품사/문장성분은 '복수명사 주어'이므로 'was'는 잘못된 표현이고 'were'가 올바른 표현이다.

2) 수식어구 처리

2016 수능_ 28번 But the Chinese saw the world as consisting of continuously interacting substances, so their attempts **to understand it** ④ **causing** them to be oriented toward the complexities of the entire "field," that is, the context or environment as a whole.

→ ~ so their attempts (~~to understand it~~) **causing** them ~ : (to understand it)을 수식어로 간주하여 처리(제거)한 후 문장구조의 적법성(올바름)을 분석해야 한다. 그렇게 처리/분석하면, 'causing(동사가 아닌 분사)'은 잘못된 표현이 되고 'cause(동사)'가 올바른 표현이 된다는 것을 알 수 있다. their attempts는 접속사 'so'의 바로 뒤에 나오므로 주어가 되며 따라서 바로 뒤에는 동사 (cause)가 나와야 된다(**접속사** so + **주어** their attempts + **동사** cause~)

3) **생략어구 파악**: Everything (that) she touched [turned/ turning] to gold. (생략구문 p69 참고)

→ turned가 올바르다. 'she'의 바로 앞에 관계사 that의 생략을 파악한 후, 문장성분들의 구성("동사의 개수 - 접속사의 개수 = 1", 이 책 p13~14 참고)를 분석해야 한다.

4) **병렬(대등/대립) 구조 파악**: 'A and B'와 같은 병렬구조는 A와 B가 동일한 형태, 기능, 의미, 통사구조를 가진 표현이어야 한다. 예를 들어 A가 명사(구)이면 B도 명사(구)이어야 하고, A가 주어면 B도 주어이어야 한다는 것이다. (등위(병렬)구문 p72 참고)

→ 병렬구조 유발어: and, but, or, than, as, from-to, different from, similar to...

5) **도치 파악**: People see the stage **which** appear actors. (도치구문 p65 참고)

→ 도치된 문장구조인 'appear actors'는 주어(actors)와 동사('appear' = 자동사)가 있는 완전한 문장구조이므로, 'which'는 잘못된 표현이고 '**on which**'가 올바른 표현이다.

6) **대용 파악**: '대용' 파악이란 어떤 '대용표현'이 문법상 적절히 사용되고 있는지, 즉 자기의 **선행사**(대용표현이 실제 가리키는 말)와 올바르게 결속(연결)되고 있는지 파악한다는 것을 의미한다. 대용표현에는 대명사(it, they, them 등), 대동사(do, be, will, can would 등), 대부정사(to), 재귀대명사(itself, themselves...), 지시사(this, that, such, so, as 등) 등이 있다. 예를 들어, 'they(그들/그것들)'가 올바르게 쓰였는지 확인하려면, 그 they의 적절한 **선행사**(they가 가리키는 말)를 찾으면 된다. (대용구문 p67 참고)

2019 수능_ 29번 Never before and never since has the quality of monumentality been achieved as fully as it did in Egypt.

→ 'as it **did**'에서 did는 대동사인데 이 대동사의 선행사(대동사가 가리키는 말)는 '**be** achieved ~'가 되는데, 이 **be** 동사를 고려하면 대동사 '**was**'가 올바른 표현이다.

7) **콜로케이션(지배/결속) 파악** (= Collocation = **서로 관련된 표현들 간의 연결**) **파악**

어떤 표현 A(선행어: 먼저 나오는 말)가 다른 표현 B(후속어:이후에 나오는 말)와 형태적, 기능적, 의미적, 통사적으로 연결(결속)되는 사항을 파악해야 한다. 즉 어떤 표현 A가 다른 표현 B를 지배하거나 결속하거나 하는 현상을 파악해야 한다. 다음은 예시들이다.

a. not only ~ but also: 'not only'(선행어)와 'but also'(후속어)는 서로 연결(결속)된다
= 'not only'의 뒤에는 'but also'가 나온다

b. let ~ 원형부정사(=**let** him **dance**) vs. get ~ to 부정사(=**get** him **to dance**):

➔ let과 get, 둘 다 사역동사(~하게 하다의 의미를 갖는 동사)이지만 let은 뒤에 원형부정사(dance)를 취하는 반면에, get은 뒤에 to 부정사(to dance)를 취한다.

2단계 | 동사류 선택

동사와 준동사(분사, 동명사, to 부정사, 원형부정사)를 합쳐서 통칭하여 동사류라고 하는데, 이런 동사류 선택을 요구하는 문제는 다음과 같이 4가지 사항에 주의하여 해결한다.

1) 동사의 개수 - 접속사의 개수 = 1 (p13 참고)

완전한 문장을 구성하는데 가장 필수적인 성분인 '동사'와 '접속사'의 개수를 파악하면 올바른 동사류 선택이 가능하다. 여기서 말하는 올바른 동사류 선택이란 '동사'를 선택할지 '준동사'를 선택할지 정하는 것을 의미한다. 하나의 문장에는 반드시 하나의 동사가 존재해야 하고 두 개의 문장에는 반드시 두 개의 동사가 존재해야 한다. 그러나 더불어 두 개의 문장에는 반드시 하나의 접속사가 존재해야 한다. 따라서 **'동사의 개수 - 접속사의 개수 = 1'의 공식이 나오게 된다. 다만, 다음과 같이 'that'과 같은 "생략된 접속사"에 주의하자.**

a. Everything (that) she touched [**turned** / turning] to gold.

➔ turned가 올바르다. 'she'의 바로 앞에 관계사(접속사)인 that의 생략을 파악한 후, 문장성분들의 구성(동사의 개수-접속사의 개수=1)를 분석해야 한다. 동사(turned)와 준동사(turning) 둘 중에서 동사(turned)를 선택해야만, 접속사(that)가 1개, 동사가 2개(touched와 turned)가 되므로 올바른 문장의 구조/구성이 된다(동사 2개-접속사 1개=1).

b. **2020 수능_ 29번** When considered in this light, the visual preoccupation of early humans with the nonhuman creatures ④ inhabited their world becomes profoundly meaningful.

➔ 'inhabiting'으로 고쳐야 적절하다. 접속사(when)가 한 개이므로 동사는 두 개이어야 하는데(일단, becomes은 확실하게 동사임), when의 바로 뒤에 'it is'가 생략되어있어서 동사가 두 개있는 것(becomes와 is)과 같다. 따라서 동사인 'inhabited'가 나타나면 안 되고 동사가 아닌 준동사(수

식어구)인 'inhabiting'이 적절하다.

2) 콜로케이션(지배/결속) 파악

⇒ 앞에서 소개한 1. 선행공식 7) **콜로케이션(지배/결속)**을 참고할 것.

3) 능동형 Vs. 수동형

능동형(능동의 동사; 현재분사; 능동의 동명사)이 올바른지 아니면 수동형(과거분사)이 올바른지를 선택하는 문제에서는 일단, **목적어가 본래(원래)의 위치에 존재하는지 그렇지 않은지**로 판단한다. 그리고 **목적어**가 본래의 위치에 존재하지 않고, 즉 동사류의 바로 뒤에 나오지 않고, **다른 곳에 위치하고 있는지 주의한다.**

a. The robot [made / **was made**] in the company.

(동사류의 바로 뒤에 목적어가 없으므로 과거분사가 있는 표현 'was made'을 선택한다)

b. It was robots **that** the company [**made** / was made].

(비록 동사류의 바로 뒤에 목적어가 없는 상황이지만, 진짜 목적어는 앞 쪽에 있는 관계대명사인 'that'이므로 과거분사가 아닌 과거동사인 'made'를 선택한다)

4) 수의 일치

주어와 동사의 '수의 일치'와 선행사와 대명사의 '수의 일치', 두 가지 유형이 있다.

a. **The perfume** of wildflowers [fill / **fills**] the air. (주어는 단수 'The perfume'임)

b. **2017 수능_ 28번** ~ what the aged [was / **were**] and greet them ~ (p188 참고)

c. John likes **the dog** and Mary hates **it**. (단수 대명사인 it = 단수 선행사인 the dog)

※ It is the table on which [is / **are**] placed **interesting books**.

(주어가 'interesting **books**'인 도치구문에 주의해야 한다. **복수**이므로 'are'가 올바르다)

3단계 | 접속사/대명사 류 선택

접속사/대명사 류(that, what, which, when, where, how...)

1) 동사 - 접속사 = 1 (p13, p190 참고)

People **like** the dogs, many of [**which** / them] **are** cute.

➔ which가 올바르다. 동사는 2개(like와 are)이므로 접속사는 1개가 반드시 존재해야 한다(them은 접속사가 아닌 반면에 which는 접속사에 속한다)

2) ① **'관계부사+완전 문장' & '관계대명사+불완전 문장' & 전치사+관계사+완전 문장** (p317~318, p372 참고)

→ when, where, how와 같은 관계부사의 바로 뒤의 문장의 구성은 완전한 구성이어야 하지만(완전한 구성이란 주어, 목적어, 보어가 빠짐없이 존재하는 구성임), who, which, that, what과 같은 관계대명사의 바로 뒤의 문장의 구성은 불완전 구성이어야 한다. 불완전한 구성이란 주어, 목적어, 보어 중에서 어느 하나가 빠진 구성으로 간주되는데, 사실은 which가 목적어역할을 하고 있다. 이 '접속사/대명사 류 선택' 문제를 풀 때는 관계사(접속사) 바로 뒤에 나오는 문장구성만을 가지고 완전성/불완전성을 판단해야 한다.

a. I want to buy the house where <u>**I can sing**</u>. 내가 노래할 수 있는 집을 사고 싶다
(where의 바로 뒤 'I can sing'는 완전한 구성임)

b. I could not buy the house which <u>**I wanted**</u>. 내가 원했던 집을 살 수 없었다
(which의 바로 뒤 'I wanted'는 wanted의 목적어가 빠진 불완전한 구성임)

※ 도치: It is the stage [which / on which] appear actors. (p65 '도치' 참고)

② '동사 혹은 전치사'+ 'what' +'불완전 문장': I sacrifice <u>**what I like**</u> for <u>**what you like**</u>.

→ what은 대개 동사(sacrifice)의 뒤에 혹은 전치사(for)의 뒤에 나오고, what의 뒤의 문장의 구성은 '불완전 구성'이어야 한다.

4단계 | 형용사/부사 류 선택

1) 수식 구조(관계)

명사구인 "a extremely carefully thoughtful man(어떤 한 매우 조심스럽게 생각하는 남자)"이라는 어구처럼 한정사(부정관사)인 'a'의 뒤를 이어, 부사 'extremely'가 부사 'carefully'를 수식하고, 이어서 그 부사 'carefully'가 형용사 'thoughtful'을 수식하고, 이어서 그 형용사가 명사 'man'을 수식하는 것을 <u>**수식 구조(관계)**</u>라고 한다.

① <u>**부사(수식어) + 부사/형용사**</u> (부사는 부사/형용사/동사를 수식한다)

② <u>**부사(수식어) + 동사/준동사**</u>
※ '부사 + 동명사' 수식관계에 주의: It was wisely thinking

③ <u>**한정사(수식어) + 부사(수식어) + 형용사(수식어) + 명사**</u>
(※ 부사는 명사 수식어가 아니며 형용사와 한정사가 명사 수식어이다)

④ "how(however)/so/too/as"+형용사/부사 Vs. "what(whatever)/such/quite"+명사(구)

※ 한정사(Determiner)에는 지시사(this, these, that, those, such, so, as), 관사(a, the), 소유격(my, your, his, its, their, whose, ...), 수량사(all, some, no, many, other, one, ...)를 통칭하는 용어다.

2011 수능_ 20번 (A) [So / Such] imprudent are we that we wander about in times that are not ours and do not think of the one that belongs to us.
→ so가 올바른 표현이다.(imprudent가 형용사이므로 so가 수식어가 되어야 함)

2012 수능_ 20번 Cultures as (C) [diverse / diversely] as the Japanese, the Guatemalan Maya, and the Inuit of Northwestern Canada practice it.
→ diverse가 올바른 표현이다. (Cultures가 명사이므로 형용사가 수식해야 한다)

2013 수능_ 20번 We can read the news of the day, or the latest on business, entertainment or (B)[however / whatever] news on the websites of the New York Times, the Guardian or almost any other major newspaper in the world.
→ whatever가 올바른 표현이다. (news가 명사이므로 whatever가 수식어가 되어야 한다)

2) 완전 문장 + 부사 Vs. 불완전 문장 + 형용사

a. <u>You dance</u> [beautiful(형용사) / beautifully(부사)]. ⇒ 부사가 올바른 표현이다
b. <u>You play the piano</u> [beautiful / beautifully]. ⇒ 부사가 올바른 표현이다
c. You are [beautiful / beautifully]. ⇒ 형용사가 올바른 표현이다
d. I consider you [beautiful / beautifully]. ⇒ 형용사가 올바른 표현이다

a와 b에서처럼, 밑줄 친 '완전한 문장'의 전후에는 형용사가 아니라 부사가 출현해야 하지만, c와 d에서처럼 밑줄 친 '불완전한 문장'의 뒤에는 부사가 아니라 형용사가 출현해야 한다.

☞ 불완전한 문장의 동사는 아래와 같이 2형식과 5형식 동사들이다.
2형식 동사: be; look; seem; appear, remain, ...
5형식 동사: consider; keep; find; leave; make...

3) very+원급(big) Vs much+비교급(bigger) : 원급은 very가 수식하고, 비교급은 much가 수식함

2012 수능_ 20번 Some toy animals stayed at sea (C) [even / very] longer.
→ even이 올바른 표현이다. longer가 비교급이므로 '훨씬 더'로 해석되는 much류(even, far, a lot, still)가 수식해야 한다. (강조구문 p76 참고)

위에서 학습한 내용을 토대로 하여 본격적으로 어법문제를 풀어보자!

01 다음 글의 밑줄 친 부분 중, 어법상 틀린 것은?

The Greeks' focus on the salient object and its attributes led to ① their failure to understand the fundamental nature of causality. Aristotle explained that a stone falling through the air is due to the stone having the property of "gravity." But of course a piece of wood ② tossed into water floats instead of sinking. This phenomenon Aristotle explained as being due to the wood having the property of "levity"! In both cases the focus is ③ exclusively on the object, with no attention paid to the possibility that some force outside the object might be relevant. But the Chinese saw the world as consisting of continuously interacting substances, so their attempts to understand it ④ causing them to be oriented toward the complexities of the entire "field," that is, the context or environment as a whole. The notion ⑤ that events always occur in a field of forces would have been completely intuitive to the Chinese. [3점]

salient: 현저한, 두드러진 | levity: 가벼움

attribute 속성, 자질 | causality 인과 관계 | property 성질, 속성 | gravity 중력
toss | (가볍게) 던지다 | phenomenon 현상 | exclusively 오로지, 배타적으로
relevant 관련 있는 | substance 물질 | oriented toward ~에 중점을 둔, ~을 지향하는
complexity 복잡성 | context 맥락, 전후 사정 | notion 개념, 관념 | intuitive 직관적인

02 다음 글의 밑줄 친 부분 중, 어법상 틀린 것은?

Speculations about the meaning and purpose of prehistoric art ① rely heavily on analogies drawn with modern-day hunter-gatherer societies. Such primitive societies, ② as Steven Mithen emphasizes in *The Prehistory of the Modern Mind,* tend to view man and beast, animal and plant, organic and inorganic spheres, as participants in an integrated, animated totality. The dual expressions of this tendency are anthropomorphism (the practice of regarding animals as humans) and totemism (the practice of regarding humans as animals), both of ③ which spread through the visual art and the mythology of primitive cultures. Thus the natural world is conceptualized in terms of human social relations. When considered in this light, the visual preoccupation of early humans with the nonhuman creatures ④ inhabited their world becomes profoundly meaningful. Among hunter-gatherers, animals are not only good to eat, they are also good to think about, as Claude Lévi-Strauss has observed. In the practice of totemism, he has suggested, an unlettered humanity "broods upon ⑤ itself and its place in nature."

speculation 고찰 | analogy 유사점 | brood 곰곰이 생각하다
prehistoric 선사시대의 | hunter-gatherer 수렵채집사회 | emphasize 강조하다
inorganic 무생명체의 | spheres 영역 | integrated 통합적인 | totality 총체

03 다음 글의 밑줄 친 부분 중, 어법상 <u>틀린</u> 것은?

Researchers studied two mobile phone companies trying to solve a technological problem. One company developed what it called a 'technology shelf,' created by a small group of engineers, on which ① <u>was placed</u> possible technical solutions that other teams might use in the future. It also created an open-ended conversation among ② <u>its</u> engineers in which salespeople and designers were often included. The boundaries among business units were deliberately ambiguous because more than technical information was needed ③ <u>to get</u> a feeling for the problem. However, the other company proceeded with more seeming clarity and discipline, ④ <u>dividing</u> the problem into its parts. Different departments protected their territory. Individuals and teams, competing with each other, stopped sharing information. The two companies did eventually ⑤ <u>solve</u> the technological problem, but the latter company had more difficulty than the former.

open-ended 제약[제한]을 두지 않은 | conversation 대화 | boundary 경계
deliberately 의도적으로 | ambiguous 분명치 않은, 불명료한 | clarity 명확, 명료
discipline 기강, 질서, 규율 | territory 영역, 영토

04 다음 글의 밑줄 친 부분 중, 어법상 틀린 것은?

Like life in traditional society, but unlike other team sports, baseball is not governed by the clock. A football game is comprised of exactly sixty minutes of play, a basketball game forty or forty-eight minutes, but baseball has no set length of time within which the game must be completed. The pace of the game is therefore leisurely and (A) [unhurried / unhurriedly], like the world before the discipline of measured time, deadlines, schedules, and wages paid by the hour. Baseball belongs to the kind of world (B) [which / in which] people did not say, "I haven't got all day." Baseball games do have all day to be played. But that does not mean that they can go on forever. Baseball, like traditional life, proceeds according to the rhythm of nature, specifically the rotation of the Earth. During its first half century, games were not played at night, which meant that baseball games, like the traditional work day, (C) [ending / ended] when the sun set.

	(A)	(B)	(C)
①	unhurried	in which	ended
②	unhurried	which	ending
③	unhurriedly	which	ended
④	unhurriedly	which	ending
⑤	unhurriedly	in which	ended

govern 좌우하다, 지배하다 | be comprised of ~으로 구성되다 | leisurely 여유로운
unhurried 느긋한, 서두르지 않는 | discipline 규율 | measured 정확히 잰 | belong to ~에 속하다
proceed 진행하다 | rotation 자전, 회전

05 다음 글의 밑줄 친 부분 중, 어법상 <u>틀린</u> 것은?

Empathy is made possible by a special group of nerve cells called mirror neurons. These special cells enable us to "mirror" emotions. Mirror neurons were first discovered by Italian scientists who, while looking at the activity of individual nerve cells inside the brains of monkeys, (A)[<u>noticed / noticing</u>] that neurons in the same area of the brain were activated whether the animals were performing a particular movement or simply observing another monkey perform the same action. It appeared as though the cells in the observer's brain "mirrored" the activity in the performer's brain. A similar phenomenon takes place when we watch someone (B)[<u>experiencing / experienced</u>] an emotion and feel the same emotion in response. The same neural systems get activated in a part of the insula, (C)[<u>it / which</u>] is part of the mirror neuron system, and in the emotional brain areas associated with the observed emotion.

	(A)	(B)	(C)
①	noticed	experiencing	it
②	noticed	experiencing	which
③	noticed	experienced	which
④	noticing	experiencing	it
⑤	noticing	experienced	it

empathy 공감 | mirror 반영하다 | activate 활성화시키다 | as though 마치 ~처럼
phenomenon 현상

06 다음 글의 밑줄 친 부분 중, 어법상 <u>틀린</u> 것은?

The lack of real, direct experience in and with nature has caused many children to regard the natural world as mere abstraction, that fantastic, beautifully filmed place ① <u>filled</u> with endangered rainforests and polar bears in peril. This overstated, often fictionalized version of nature is no more real – and yet no less real – to them than the everyday nature right outside their doors, ② <u>waits</u> to be discovered in a child's way, at a child's pace. Consider the University of Cambridge study which found that a group of eight-year-old children was able to identify ③ <u>substantially</u> more characters from animations than common wildlife species. One wonders whether our children's inherent capacity to recognize, classify, and order information about their environment – abilities once essential to our very survival – is slowly devolving to facilitate life in ④ <u>their</u> increasingly virtualized world. It's all part of ⑤ <u>what</u> Robert Pyle first called "the extinction of experience."

peril 위험 | devolve 퇴화하다 | abstraction 추상적인 개념 | endangered 멸종 위기에 처한 polar bear 북극곰 | overstate 과장하다 | fictionalize 허구화하다 | identify 구별하다, 확인하다 substantially 상당히 | inherent 내재적인 | capacity 능력, 용량 | facilitate 촉진하다, 용이하게 하다 | extinction 소멸, 사멸, 멸종

07 다음 글의 밑줄 친 부분 중, 어법상 <u>틀린</u> 것은?

Remember what it was like to report on a daily deadline for the first time? Or to interview a city official for the first time? Or to begin to maneuver a desktop publishing program? We know that the journalism program at our college was a source of (A)[<u>many / much</u>] of these firsts for you. We're still providing these important first experiences to budding young writers and editors. And we're hoping you'll be willing to help these students make it through the program. As you know, the costs of providing first-rate education just keep going up. We've done everything we can (B)[<u>contain / to contain</u>] costs without compromising quality. One of those things is to set up a scholarship fund for students with special financial needs. We hope you would consider contributing generously to our fund. You'll get a great feeling (C)[<u>known / knowing</u>] you're helping support the formation of future leaders in the profession.

	(A)	(B)	(C)
①	many	contain	known
②	many	contain	knowing
③	many	to contain	knowing
④	much	contain	knowing
⑤	much	to contain	known

deadline 마감시간 | maneuver 기동시키다, 교묘히 다루다
desktop publishing program 컴퓨터 출판 프로그램 | budding 신진의, 싹이 트는
make it through 통과하다, 완료하다 | compromising 훼손하다, 타협하다 | generously 후하게

08 다음 글의 밑줄 친 부분 중, 어법상 틀린 것은?

The old maxim "I'll sleep when I'm dead" is unfortunate. (A)[Adopt / Adopting] this mind-set, and you will be dead sooner and the quality of that life will be worse. The elastic band of sleep deprivation can stretch only so far before it snaps. Sadly, human beings are in fact the only species that will deliberately deprive (B)[them / themselves] of sleep without legitimate gain. Every component of wellness, and countless seams of societal fabric, are being eroded by our costly state of sleep neglect: human and financial alike. So much so that the World Health Organization (WHO) has now declared a sleep loss epidemic throughout industrialized nations. It is no coincidence that countries (C)[where / which] sleep time has declined most dramatically over the past century, such as the US, the UK, Japan, and South Korea, and several in Western Europe, are also those suffering the greatest increase in rates of physical diseases and mental disorders.

	(A)	(B)	(C)
①	Adopt	them	where
②	Adopt	themselves	where
③	Adopt	themselves	which
④	Adopting	themselves	which
⑤	Adopting	them	which

maxim 격언, 금언 | unfortunate 유감스러운, 불쾌한, 불행한 | mind-set 사고방식
elastic 고무로 된, 탄력 있는 | deprivation (필수적인 것의) 부족, 박탈 | stretch 늘어나다
snap 툭 끊어지다[부러지다] | deliberately 의도적으로 | deprive oneself of ~을 자제하다
legitimate 합당한 | component (구성) 요소 | wellness 건강 | countless 수많은
seam 이음매, 접합선 | fabric (사회의) 구조, 직물 | erode 약화시키다, 침식하다
so much so that ~할 정도 | epidemic 유행병, 급속한 유행 | coincidence 우연의 일치

09 다음 글의 밑줄 친 부분 중, 어법상 <u>틀린</u> 것은?

When it comes to medical treatment, patients see choice as both a blessing and a burden. And the burden falls primarily on women, who are ① <u>typically</u> the guardians not only of their own health, but that of their husbands and children. "It is an overwhelming task for women, and consumers in general, ② <u>to be</u> able to sort through the information they find and make decisions," says Amy Allina, program director of the National Women's Health Network. And what makes it overwhelming is not only that the decision is ours, but that the number of sources of information ③ <u>which</u> we are to make the decisions has exploded. It's not just a matter of listening to your doctor lay out the options and ④ <u>making</u> a choice. We now have encyclopedic lay-people's guides to health, "better health" magazines, and the Internet. So now the prospect of medical decisions ⑤ <u>has</u> become everyone's worst nightmare of a term paper assignment, with stakes infinitely higher than a grade in a course.

lay-people 비전문가 | burden 부담 | overwhelming 매우 힘든, 견디기 어려운
explode 폭발적으로 증가하다 | nightmare 악몽 | term paper assignment 기말보고서 과제

10 다음 글의 밑줄 친 부분 중, 어법상 틀린 것은?

Sometimes perfectionists find that they are troubled because (A)[what / whatever] they do it never seems good enough. If I ask, "For whom is it not good enough?" they do not always know the answer. After giving it some thought they usually conclude that it is not good enough for them and not good enough for other important people in their lives. This is a key point, because it suggests that the standard you may be struggling to (B)[meet / be met] may not actually be your own. Instead, the standard you have set for yourself may be the standard of some important person in your life, such as a parent or a boss or a spouse. (C)[Live / Living] your life in pursuit of someone else's expectations is a difficult way to live. If the standards you set were not yours, it may be time to define your personal expectations for yourself and make self-fulfillment your goal.

	(A)	(B)	(C)
①	what	meet	Live
②	what	be met	Living
③	whatever	meet	Live
④	whatever	meet	Living
⑤	whatever	be met	Live

perfectionists 완벽주의자 | troubled 괴로운 | struggling 애쓰는 | self-fulfillment 자아실현

11 다음 글의 밑줄 친 부분 중, 어법상 틀린 것은?

To begin with a psychological reason, the knowledge of another 's personal affairs can tempt the possessor of this information ① to repeat it as gossip because as unrevealed information it remains socially inactive. Only when the information is repeated can its possessor ② turn the fact that he knows something into something socially valuable like social recognition, prestige, and notoriety. As long as he keeps his information to ③ himself, he may feel superior to those who do not know it. But knowing and not telling does not give him that feeling of "superiority that, so to say, latently contained in the secret, fully ④ actualizing itself only at the moment of disclosure." This is the main motive for gossiping about well-known figures and superiors. The gossip producer assumes that some of the "fame" of the subject of gossip, as ⑤ whose "friend" he presents himself, will rub off on him.

prestige 명성 | notoriety 악명 | latently 잠재적으로 | tempt 부추기다, 유혹하다
possessor 소유자 | conceal 숨기다 | recognition 인지 | superior 우월한; 우월한 사람
actualize 실현하다 | disclosure 폭로, 발각, 드러남 | figure 인물
rub off on ~으로 옮겨지다, ~에 영향을 주다

12 다음 글의 밑줄 친 부분 중, 어법상 틀린 것은?

An interesting aspect of human psychology is that we tend to like things more and find them more ① appealing if everything about those things is not obvious the first time we experience them. This is certainly true in music. For example, we might hear a song on the radio for the first time that catches our interest and ② decide we like it. Then the next time we hear it, we hear a lyric we didn't catch the first time, or we might notice ③ what the piano or drums are doing in the background. A special harmony ④ emerges that we missed before. We hear more and more and understand more and more with each listening. Sometimes, the longer ⑤ that takes for a work of art to reveal all of its subtleties to us, the more fond of that thing — whether it's music, art, dance, or architecture — we become.

subtleties 중요한 세부 요소[사항]들 | tend to do ~하는 경향이 있다 | appealing 매력적인
obvious 분명한, 명백한 | lyrics 가사 | emerge 나타나다 | fond of ~을 좋아하는

13 다음 글의 밑줄 친 부분 중, 어법상 틀린 것은?

The modern adult human brain weighs only 1/50 of the total body weight but uses up to 1/5 of the total energy needs. The brain's running costs are about eight to ten times as high, per unit mass, as ① <u>those</u> of the body's muscles. And around 3/4 of that energy is expended on neurons, the ② <u>specialized</u> brain cells that communicate in vast networks to generate our thoughts and behaviours. An individual neuron ③ <u>sends</u> a signal in the brain uses as much energy as a leg muscle cell running a marathon. Of course, we use more energy overall when we are running, but we are not always on the move, whereas our brains never switch off. Even though the brain is metabolically greedy, it still outclasses any desktop computer both in terms of the calculations it can perform and the efficiency ④ <u>at which</u> it does this. We may have built computers that can beat our top Grand Master chess players, but we are still far away from designing one that is capable of recognizing and picking up one of the chess pieces as ⑤ <u>easily</u> as a typical three-year-old child can.

per unit mass 단위 질량당 | expend 사용하다 | metabolically 신진대사 작용에서
greedy 탐욕스러운

14 다음 글의 밑줄 친 부분 중, 어법상 틀린 것은?

The idea that hypnosis can put the brain into a special state, ① in which the powers of memory are dramatically greater than normal, reflects a belief in a form of easily unlocked potential. But it is false. People under hypnosis generate more "memories" than they ② do in a normal state, but these recollections are as likely to be false as true. Hypnosis leads them to come up with more information, but not necessarily more accurate information. In fact, it might actually be people's beliefs in the power of hypnosis that ③ leads them to recall more things: If people believe that they should have better memory under hypnosis, they will try harder to retrieve more memories when hypnotized. Unfortunately, there's no way to know ④ whether the memories hypnotized people retrieve are true or not — unless of course we know exactly what the person should be able to remember. But if we ⑤ knew that, then we'd have no need to use hypnosis in the first place!

hypnosis 최면 | unlocked 풀어지는, 끌어내어지는 | recollection 기억, 회상 | accurate 정확한

15 다음 글의 밑줄 친 부분 중, 어법상 틀린 것은?

The present moment feels special. It is real. However much you may remember the past or anticipate the future, you live in the present. Of course, the moment ① during which you read that sentence is no longer happening. This one is. In other words, it feels as though time flows, in the sense that the present is constantly updating ② itself. We have a deep intuition that the future is open until it becomes present and ③ that the past is fixed. As time flows, this structure of fixed past, immediate present and open future gets carried forward in time. Yet as ④ naturally as this way of thinking is, you will not find it reflected in science. The equations of physics do not tell us which events are occurring right now – they are like a map without the "you are here" symbol. The present moment does not exist in them, and therefore neither ⑤ does the flow of time.

anticipate 예상하다 | constantly 지속적으로 | update 갱신하다 | ntuition 직관(력)
structure 구조 | immediate 당면한

16 다음 글의 밑줄 친 부분 중, 어법상 틀린 것은?

The Internet allows information to flow more ① freely than ever before. We can communicate and share ideas in unprecedented ways. These developments are revolutionizing our self-expression and enhancing our freedom. But there's a problem. We're heading toward a world ② where an extensive trail of information fragments about us will be forever preserved on the Internet, displayed instantly in a search result. We will be forced to live with a detailed record ③ beginning with childhood that will stay with us for life wherever we go, searchable and accessible from anywhere in the world. This data can often be of dubious reliability; it can be false; or it can be true but deeply ④ humiliated. It may be increasingly difficult to have a fresh start or a second chance. We might find ⑤ it harder to engage in self-exploration if every false step and foolish act is preserved forever in a permanent record.

dubious 의심스러운 | unprecedented 전례 없는 | revolutionize 혁신하다
extensive 광범위한 | trail 흔적 | fragment 단편, 파편

17 다음 글의 밑줄 친 부분 중, 어법상 <u>틀린</u> 것은?

According to Pierre Pica, understanding quantities approximately in terms of estimating ratios is a universal human intuition. In fact, humans who do not have numbers have no choice but ① <u>to see</u> the world in this way. By contrast, understanding quantities in terms of exact numbers is not a universal intuition; it is a product of culture. The precedence of approximations and ratios over exact numbers, Pica suggests, ② <u>is</u> due to the fact that ratios are much more important for survival in the wild than the ability to count. ③ <u>Faced</u> with a group of spear-wielding adversaries, we needed to know instantly whether there were more of them than us. When we saw two trees we needed to know instantly ④ <u>that</u> had more fruit hanging from it. In neither case was it ⑤ <u>necessary</u> to enumerate every enemy or every fruit individually. The crucial thing was to be able to make quick estimates of the relative amounts.

enumerate 일일이 세다 | quantity 양 | approximately 대략적으로 | ratios 비율
precedence 선행 | approximation 근사치 | spear-wielding 창을 휘두르는
adversary 적 | instantly 즉시

18 다음 글의 밑줄 친 부분 중, 어법상 <u>틀린</u> 것은?

In early modern Europe, transport by water was usually much cheaper than transport by land. An Italian printer calculated in 1550 ① <u>that</u> to send a load of books from Rome to Lyons would cost 18 scudi by land compared with 4 by sea. Letters were normally carried overland, but a system of transporting letters and newspapers, as well as people, by canal boat ② <u>developed</u> in the Dutch Republic in the seventeenth century. The average speed of the boats was a little over four miles an hour, ③ <u>slow</u> compared to a rider on horseback. On the other hand, the service was regular, frequent and cheap, and allowed communication not only between Amsterdam and the smaller towns, but also between one small town and another, thus ④ <u>equalizing</u> accessibility to information. It was only in 1837, with the invention of the electric telegraph, that the traditional link between transport and the communication of messages ⑤ <u>were</u> broken.

scudi 이탈리아의 옛 은화 단위(scudo)의 복수형 | overland 육로로 | accessibility 접근
telegraph 전신, 전보

19 다음 글의 밑줄 친 부분 중, 어법상 틀린 것은?

Though most bees fill their days visiting flowers and collecting pollen, some bees take advantage of the hard work of others. These thieving bees sneak into the nest of an ① unsuspecting "normal" bee (known as the host), lay an egg near the pollen mass being gathered by the host bee for her own offspring, and then sneak back out. When the egg of the thief hatches, it kills the host's offspring and then eats the pollen meant for ② its victim. Sometimes called brood parasites, these bees are also referred to as cuckoo bees, because they are similar to cuckoo birds, which lay an egg in the nest of another bird and ③ leaves it for that bird to raise. They are more ④ technically called cleptoparasites. **Clepto** means "thief" in Greek, and the term cleptoparasite refers specifically to an organism ⑤ that lives off another by stealing its food. In this case the cleptoparasite feeds on the host' hard-earned pollen stores.

brood parasite (알을 대신 기르도록 하는) 탁란 동물 | pollen 꽃가루 | thieve 도둑질하다
sneak 슬그머니 움직이다 | unsuspecting 이상한 낌새를 못 챈, 의심하지 않는 | cuckoo 뻐꾸기
host (기생 동물의) 숙주, 주인 | offspring 새끼(들) | technically 전문적으로는, 엄밀히 말해
organism 생물, 유기체 | live off ~에 기생하다[얹혀살다] | hard-earned 애써서 얻은
store 비축물, 저장

20 다음 글의 밑줄 친 부분 중, 어법상 틀린 것은?

Psychologists who study giving behavior ① have noticed that some people give substantial amounts to one or two charities, while others give small amounts to many charities. Those who donate to one or two charities seek evidence about what the charity is doing and ② what it is really having a positive impact. If the evidence indicates that the charity is really helping others, they make a substantial donation. Those who give small amounts to many charities are not so interested in whether what they are ③ doing helps others psychologists call them warm glow givers. Knowing that they are giving makes ④ them feel good, regardless of the impact of their donation. In many cases the donation is so small $10 or less that if they stopped ⑤ to think, they would realize that the cost of processing the donation is likely to exceed any benefit it brings to the charity.

psychologist 심리학자 | notice 알아채다, 주목하다, 공지, 통지, 안내문, 주목
substantial (양이) 상당한, 많은; 실질적인, 본질적인 | amount 총계, 양, 총계가 ~이 되다
charity 자비, 자선 단체, 구호물자 | donate 기부하다, 기증하다 | evidence 증거, 징후
positive 긍정적인, 확신하는 | impact 충격, 영향, 충격을 주다, 영향을 주다
indicate 말하다, 나타내다, 표시하다 | interest 관심, 이해관계
glow (계속 은은히) 빛나다; 불빛; 상기되다; 홍조 | case 경우, 사례; 실정, 사실; 사건; 소송; 통
realize 현실화하다, 깨닫다 | cost (비용이) 들다, 비용, 대가 | process 처리하다, 과정
exceed 넘다, 초과하다 | benefit 이익, 이익이 되다

21 다음 글의 밑줄 친 부분 중, 어법상 <u>틀린</u> 것은?

In professional sports these days, it is not unusual ① <u>to hear</u> players and coaches talking about process. They talk about focusing on the process and following the process. Rarely ② <u>do</u> they talk about scoring a goal, a touchdown, a home run, a point, or achieving a good shot. It's all about process. So, what do they mean by this? What they mean by focusing on the process is that they focus on the actions they need to ③ <u>be taken</u> in order to achieve their desired result. They don't focus on the result itself. The reasoning here is ④ <u>that</u> if you follow the steps required, then the result will look after itself. This is one of the big differences between professional and amateur sportspeople. Amateurs often focus on the result and forget about ⑤ <u>doing</u> all the things that would almost automatically lead to the result.

professional 직업상의, 전문적인 | unusual 특이한, 드문 | process 과정, 절차
rarely 드물게, 좀처럼 ~하지 않는 | score 득점하다, 점수를 얻다 | touchdown 〈럭비〉 터치다운
achieve 달성하다, 성취하다 | desired 바랐던, 희망했던 | reasoning 논리
automatically 자동적으로, 기계적으로

22 다음 글의 밑줄 친 부분 중, 어법상 <u>틀린</u> 것은?

An independent artist is probably the one ① <u>who</u> lives closest to an unbounded creative situation. Many artists have considerable freedom from external requirements about what to do, how to do it, when to do it, and why. At the same time, however, we know that artists usually limit themselves quite ② <u>forcefully</u> by choice of material and form of expression. To make the choice to express a feeling by carving a specific form from a rock, without the use of high technology or colors, ③ <u>restricting</u> the artist significantly. Such choices are not made to limit creativity, but rather to cultivate ④ <u>it</u>. When everything is possible, creativity has no tension. Creativity is strange in that it finds its way in any kind of situation, no matter how restricted, just as the same amount of water flows faster and stronger through a narrow strait ⑤ <u>than</u> across the open sea.

strait 해협 | independent 독립적인, 독자적인 | probably 아마도, 대개
unbounded 무한한, 한이 없는 | creative 창의적인, 창조적인 | considerable 상당한, 많은
external 외부의, 외적인 | requirement 요구, 조건 | forcefully 강력하게
significantly 상당히, 의미가 있게 | cultivate 경작하다, 일구다

23 다음 글의 밑줄 친 부분 중, 어법상 틀린 것은?

When people face real adversity disease, unemployment, or the disabilities of age affection from a pet takes on new meaning. A pet's continuing affection becomes crucially important for ① those enduring hardship because it reassures them that their core essence has not been damaged. Thus pets are important in the treatment of ② depressed or chronically ill patients. In addition, pets are ③ used to great advantage with the institutionalized aged. In such institutions it is difficult for the staff to retain optimism when all the patients are declining in health. Children who visit cannot help but remember ④ what their parents or grandparents once were and be depressed by their incapacities. Animals, however, have no expectations about mental capacity. They do not worship youth. They have no memories about what the aged once ⑤ was and greet them as if they were children. An old man holding a puppy can relive a childhood moment with complete accuracy. His joy and the animal's response are the same.

adversity 역경 | disability 장애 | affection 애정 | chronically 만성적으로
to advantage 유익하게, 유리하게 | institutionalize 시설에 수용하다 | retain 유지하다
optimism 낙관주의 | worship 숭배하다 | relive 다시 체험하다 accuracy 정확성

24 다음 글의 밑줄 친 부분 중, 어법상 틀린 것은?

People seeking legal advice should be assured, when discussing their rights or obligations with a lawyer, ① which the latter will not disclose to third parties the information provided. Only if this duty of confidentiality is respected ② will people feel free to consult lawyers and provide the information required for the lawyer to prepare the client's defense. Regardless of the type of information ③ disclosed, clients must be certain that it will not be used against them in a court of law, by the authorities or by any other party. It is generally considered to be a condition of the good functioning of the legal system and, thus, in the general interest. Legal professional privilege is ④ much more than an ordinary rule of evidence, limited in its application to the facts of a particular case. It is a fundamental condition on which the administration of justice as a whole ⑤ rests.

confidentiality 비밀 유지 | seek 찾다, 추구하다 | obligation 의무, 책무
disclose 폭로하다, 누설하다 | party 관여자, 관계자 | defense 방어, 변호 | privilege 특권, 특례
ordinary 일반적인, 통상의 | application 적용, 사용 | fundamental 기본적인, 근본적인
administration 집행

25 다음 글의 밑줄 친 부분 중, 어법상 틀린 것은?

If an animal is innately programmed for some type of behavior, then there ① are likely to be biological clues. It is no accident that fish have bodies which are streamlined and ② smooth, with fins and a powerful tail. Their bodies are structurally adapted for moving fast through the water. Similarly, if you found a dead bird or mosquito, you could guess by looking at ③ its wings that flying was its normal mode of transport. However, we must not be over-optimistic. Biological clues are not essential. The extent to which they are ④ finding varies from animal to animal and from activity to activity. For example, it is impossible to guess from their bodies that birds make nests, and, sometimes, animals behave in a way quite contrary to ⑤ what might be expected from their physical form: ghost spiders have tremendously long legs, yet they weave webs out of very short threads. To a human observer, their legs seem a great hindrance as they spin and move about the web.

innately 선천적으로 | biological 생물학의, 생물학적인 | streamlined 유선형의
structurally 구조적으로, 구조상 | normal 평범한, 보편적인 | transport 이동
over-optimistic 지나치게 낙관하는, 지나치게 자신하는 | tremendously 엄청나게
weave 짜다, 엮다 | hindrance 장애, 방해

26 다음 글의 밑줄 친 부분 중, 어법상 <u>틀린</u> 것은?

One of the simplest and most effective ways to build empathy in children ① <u>is</u> to let them play more on their own. Unsupervised kids are not reluctant to tell one another how they feel. In addition, children at play often take on other roles, pretending to be Principal Walsh or Josh's mom, happily forcing ② <u>themselves</u> to imagine how someone else thinks and feels. Unfortunately, free play is becoming rare. Boston College research professor Peter Gray has documented a continuous and ③ <u>ultimately</u> dramatic decline in children's opportunities to play and explore in their own chosen ways over the past fifty years in the United States and other developed countries. The effects have been especially ④ <u>damaged</u>, he argues, to empathy. He concludes that a decline of empathy and a rise in narcissism are exactly ⑤ <u>what</u> we would expect to see in children who have little opportunity to play socially.

empathy 공감, 감정 이입 | effective 효과적인, 효율적인 | unsupervised 방치된
reluctant 꺼리는, 머뭇거리는 | pretend ~인 척하다 | document ~을 상세하게 기록하다
continuous 연속적인, 지속적인 | ultimately 궁극적으로, 결국 | explore 탐구하다, 탐험하다
narcissism 자기애, 자아도취 | socially 사회적으로

27 (A), (B), (C)의 각 네모 안에서 어법에 맞는 표현으로 가장 적절한 것은?

People try to avoid the anger as much as possible. When the state of anger is heightened, it can be difficult to address. It is these heightened states that are worth looking at in order to improve your management skills. Taking steps to keep others connected with the rational part of their brain, even in heightened situations, (A) [helps / helping] minimize the impact of behaviors acted out in anger. A key step is to re-enter the conversation underneath the tone of the other person. If you imagine having a conversation with someone (B) [which / in which] one of you is whispering and the other person is shouting, the shouter is having by far the more uncomfortable experience. Individuals do not usually sustain shouting for very long if the other party does not reciprocate the intensity or loudness of voice. So keep your volume down and your voice (C) [even / evenly] and others will start to reciprocate.

	(A)	(B)	(C)
①	helps	which	even
②	helps	in which	evenly
③	helps	in which	even
④	helping	in which	evenly
⑤	helping	which	even

reciprocate 화답하다 | avoid 피하다, 모면하다 | heighten 고조되다, 고조시키다
address (문제, 상황 등에 대해) 고심하다, 다루다 | rational 합리적인, 이성적인
minimize 최소화하다, 축소하다 | impact 영향, 충격 | underneath ~의 밑에, 아래
whisper 속삭이다, 귓속말을 하다 | uncomfortable 불편한 | sustain 계속하다, 지속시키다

28 다음 글의 밑줄 친 부분 중, 어법상 틀린 것은?

Humans are so averse to feeling that they're being cheated ① that they often respond in ways that seemingly make little sense. Behavioral economists — the economists who actually study ② what people do as opposed to the kind who simply assume the human mind works like a calculator have shown again and again that people reject unfair offers even if ③ it costs them money to do so. The typical experiment uses a task called the ultimatum game. It's pretty straightforward. One person in a pair is given some money say $10. She then has the opportunity to offer some amount of it to her partner. The partner only has two options. He can take what's offered or ④ refused to take anything. There's no room for negotiation; that's why it's called the ultimatum game. What typically happens? Many people offer an equal split to the partner, ⑤ leaving both individuals happy and willing to trust each other in the future.

averse to ~을 싫어하는 | ultimatum 최후통첩 | cheat 속이다, 속임수를 쓰다
respond 대답하다, 대응하다 | seemingly 외견상으로, 겉보기에는 | behavioral 행동의, 행동에 관한
calculator 계산기 | reject 거절하다, 거부하다 | unfair 부당한, 불공평한
typical 전형적인, 대표적인 | straightforward 간단한, 쉬운 | negotiation 협상, 교섭

29 다음 글의 밑줄 친 부분 중, 어법상 틀린 것은?

Not all organisms are able to find sufficient food to survive, so starvation is a kind of disvalue often found in nature. It also is part of the process of selection ① by which biological evolution functions. Starvation helps filter out those less fit to survive, those less resourceful in finding food for ② themselves and their young. In some circumstances, it may pave the way for genetic variants ③ to take hold in the population of a species and eventually allow the emergence of a new species in place of the old one. Thus starvation is a disvalue that can help make ④ possible the good of greater diversity. Starvation can be of practical or instrumental value, even as it is an intrinsic disvalue. ⑤ What some organisms must starve in nature is deeply regrettable and sad. The statement remains implacably true, even though starvation also may sometimes subserve ends that are good.

implacably 확고히 | subserve 공헌하다 | sufficient 충분한, 족한 | disvalue 부정적 가치, 반(反)가치
filter out ~을 걸러내다 | circumstance 환경, 상황, 정황 | pave 길을 열다, 기반을 닦다
genetic 유전적인, 유전학적인 | variant 변종, 변형 | diversity 다양성, 상이
intrinsic 본질적인, 고유한 | regrettable 유감스러운, 애석한

30 다음 글의 밑줄 친 부분 중, 어법상 틀린 것은?

"Monumental"is a word that comes very close to ① expressing the basic characteristic of Egyptian art. Never before and never since has the quality of monumentality been achieved as fully as it ② did in Egypt. The reason for this is not the external size and massiveness of their works, although the Egyptians admittedly achieved some amazing things in this respect. Many modern structures exceed ③ those of Egypt in terms of purely physical size. But massiveness has nothing to do with monumentality. An Egyptian sculpture no bigger than a person's hand is more monumental than that gigantic pile of stones ④ that constitutes the war memorial in Leipzig, for instance. Monumentality is not a matter of external weight, but of "inner weight." This inner weight is the quality which Egyptian art possesses to such a degree that everything in it seems to be made of primeval stone, like a mountain range, even if it is only a few inches across or ⑤ carved in wood.

gigantic 거대한 | primeval 원시 시대의 | monumental 기념비적인 | characteristic 특성, 특질
quality 질, 우수함 | in terms of ~면에서, ~에 관하여 | admittedly 틀림없이, 확실히
exceed 넘다, 초과하다 | massiveness 육중함, 대량임 | inner 내부의, 안쪽의
weight 무게 | possess 소유하다, 소지하다

2.어법문제 실전 연습 - 정답 및 해석

01 **정답** 4번 (causing → caused)

해설 긴 성분인 'their attempts to understand it'가 **구와 절로 된 긴 주어(긴 명사구 주어)**임을 파악하는 것이 문제해결의 열쇠가 된다. 여기서 부정사구인 'to understand it'가 attempts를 수식하여 긴 주어가 되고 있다. ④causing 앞에 나오는 so는 접속사이고 이 접속사 뒤에는 주어와 술어동사(정형동사)의 어순으로 구성된 절이 나와야 한다. 접속사 so의 뒤에 나오는 성분인 'their attempts to understand it'은 **구나 절로 된 긴 주어(긴 명사구 주어)**다. 이 긴 주어의 뒤에는 술어동사(정형동사)가 나와야 한다. 따라서 ④causing을 술어동사(정형동사)인 caused로 정정해야 올바른 표현이다. 여기서 술어동사(정형동사)는 하나의 절에 반드시 하나만 존재해야 하는 시제와 수 정보를 가진 품사다.

풀이 **(오답피하기 포함)**

① 복수인 'the Greeks'를 대신하는 소유격 대명사이므로 their이 어법상 적절하다.

② 통사적으로는 tossed의 뒤에 목적어가 나오지 않고, 수식을 받는 명사구인 a piece of wood가 던지는(toss) 행위의 대상에 해당하므로 과거분사 tossed가 어법상 적절하다.

③ 전치사구인 'on the object'를 수식하기 위해 부사 exclusively가 어법상 적절하다.

⑤ 'The notion'과 'that events always occur in a field of forces'는 동격 관계에 있으므로 동격 관계를 이끄는 접속사 that이 어법상 적절하다.

해석 그리스인은 두드러진 물체와 그것의 속성에 초점을 맞추느라 인과 관계의 근본적인 성질을 이해하지 못했다. 아리스토텔레스는 돌이 공중에서 떨어지는 것은 돌이 '중력'이라는 성질을 가지고 있기 때문이라고 설명했다. 하지만 물론 물에 던져진 나무 조각은 가라앉는 대신 뜬다. 이 현상을 아리스토텔레스는 나무가 '가벼움'이라는 성질을 가지고 있기 때문이라고 설명했다! 그 물체 밖에 있는 어떤 힘이 관련 있을지도 모른다는 가능성에 주의를 기울이지 않고, 두 경우 모두 초점은 오로지 그 물체에 있다. 그러나 중국인은 세계를 계속적으로 상호 작용하는 물질로 구성된 것으로 보았고, 그래서 그것을 이해하고자 하는 그들의 시도는 그들로 하여금 전체적인 '장(場)', 즉 전체로서의 맥락이나 환경의 복잡성에 중점을 두도록 했다. 사건은 언제나 여러 힘이 작용하는 장에서 발생한다는 개념은 중국인에게 전적으로 직관적이었을 것이다.

02 **정답** 4번 (inhabited → inhabiting)

해설 긴 성분인 'the visual preoccupation of early humans with the nonhuman creatures ④inhabited(→inhabiting) their world'가 긴 주어(**구와 절의 수식을 받는 주어**)임을 파악하는 것이 문제해결의 열쇠가 된다. 풀이과정은 다음과 같다. 한 문장은 그 안에 접속사가 없다면 하나의 주어와 하나의 술어동사만 출현해야 한다. 여기서 becomes가 술어동사이므로 그 앞에 출현하는 inhabited는 술어동사가 아니라 **긴 주어 속의 수식어구**로서 역할을 해야 한다. 그리고, 여기서 'the visual preoccupation of early humans with the nonhuman creatures ④ inhabited(→inhabiting) their world'이 **구나 절의 수식을 받는 긴 주어**다. 따라서, the nonhuman creatures를 수식하는 수식어구가 되면서 their world라는 목적어를 취하려면 분사인 inhabiting이 되어야 한다. ④를 inhabiting으로 정정해야 올바른 표현이 된다.

풀이 **(오답피하기 포함)**

① 복수명사인 Speculations가 주어이므로 rely가 어법상 적절하다.

② '~하듯이'의 의미를 가지는 부사절을 이끄는 접속사 as가 어법상 그리고 문맥상 적절하다.

③ 선행사 '**anthropomorphism and totemism**'를 가리키는 관계대명사 which가 어법상 적절하다.

⑤ 주어인 와 동일한 대상이므로 재귀대명사 itself가 어법상 적절하다.

해석 선사 시대 예술의 의미와 목적에 대한 고찰은 현대의 수렵 채집 사회와의 사이에서 끌어낸 유사점에 많은 것을 의존한다. Steven Mithen이 'The Prehistory of the Modern Mind' 에서 강조하듯이, 그런 원시 사회는 인간과 짐승, 동물과 식물, 생물체의 영역과 무생물체의 영역을 통합적이고 살아 있는 총체에 대한 참여자로 여기는 경향이 있다. 이런 경향이 표현된 두 가지가 '의인화' (동물을 인간으로 간주하는 관행)와 '토테미즘' (인간을 동물로 간주하는 관행)인데, 이 두 가지는 원시 문화의 시각 예술과 신학에 널리 퍼져 있다. 따라서 자연의 세계는 인간의 사회적 관계 측면에서 개념화 된다. 이런 측면에서 고려될 때, 초기 인류가 자신들의 세계에 살고 있는 인간 이외의 생명체들에 대하여 시각적으로 집착한 것은 깊은 의미를 띠게 된다. 인류학자인 Claude Levi-Strauss가 말했듯이 수렵 채집인들에게 동물은 먹기 좋은 대상일 뿐만 아니라, '생각해 보기에도 좋은' 대상이다. 토템 신앙의 풍습에서 문맹의 인류는 "자연 속에서의 자신과 자신의 위치에 대해 곰곰이 생각한다."라고 그는 말했다.

03 **정답** 1번 (was placed → were placed)

해설 동사 'was placed'의 주어를 찾는 것이 문제해결의 열쇠다. 주어는 이 동사의 앞쪽이 아니라 뒤쪽에 나오는 **도치된 주어**인 'possible technical solutions that other teams might use in the future'이다. 이 **도치된 주어**는 복수(solutions)이므로 were placed가 올바른 표현이 된다. was placed → were placed로 정정해야 올바른 표현이 된다.

풀이 **(오답피하기 포함)**

② 대명사 It과 ②its 둘 다, 앞 문장에 나오는 선행사인 'One company'를 가리킨다.

③ '~하기 위해서'의 의미를 가지는 부사적 용법의 'to 부정사'가 문맥상, 어법상 적절하다.

④ 'dividing'의 앞에 하나의 문장(the other company proceeded~)이 출현하므로 분사인 dividing이 어법상 적절하다

⑤ 강조용법의 조동사 'did' 뒤에는 반드시 동사의 원형이 출현해야 하므로 'solve'가 어법상 적절하다.

해석 연구원들이 기술적인 문제를 해결하려고 애쓰는 두 개의 휴대 전화 회사를 연구했다. 한 회사는 "기술 선반"이라고 부르는 것을 개발했는데, 그것은 소집단의 기술자들에 의해 만들어졌고, 그 위에는 장차 다른 팀이 사용할 수도 있는 가능한 기술적인 해결책들이 올려져 있었다. 그 회사는 또한 판매원들과 디자이너들이 자주 포함되어 있는 기술자들 간의 제한 없는 대화를 만들었다. 사업 단위 간의 경계는 일부러 불명확하게 했는데, 왜냐하면 문제에 대한 감을 얻기 위해서는 기술적인 정보이상의 것이 필요했기 때문이다. 하지만, 다른 회사는 문제를 각 부문으로 나누면서 겉으로 보기에는 보다 명료하게 그리고 질서 있게 일을 진행했다. 서로 다른 부서들은 각자의 영역을 보호했다. 개인과 팀들은 서로 경쟁하며, 정보 공유를 중지했다. 그 두 회사는 결국 기술적인 문제를 해결했지만, 후자의 회사가 전자의 회사보다 어려움이 더 많았다.

04 **정답** 5번

해설 대개 **긴 목적어**(목적어절)은 특정 동사의 뒤에 that절 혹은 wh-절로 종종 출현한다. (C)의 경우, that이 이끄는 절은 동사 'meant'의 긴 목적어로서 목적어 역할을 하는 명사절이다. 명사절도 주어와 동사로 구성되어있으므로 주어인 baseball games의 뒤에는 동사가 나와야 한다. 따라서, 'ended'가 올바른 표현이 된다.

풀이 **(오답피하기 포함)**

(A) 주격 보어가 와야 하므로 형용사 unhurried를 써야 한다. unhurriedly는 부사이므로 쓸 수 없다.

(B) 뒤에 주요 구성 성분을 모두 갖춘 절이 왔으므로 in which를 써야 한다.

해석 전통 사회의 삶과 마찬가지로, 그러나 다른 팀 스포츠와는 달리, 야구는 시계에 의해 좌우되지 않는다. 미식축구 경기는 정확히 60분 경기로 구성되고, 농구 경기는 40분이나 48분으로 이루어지지만, 야구는 경기가 끝나야 하는 정해진 시간의 길이가 없다. 따라서 정확히 잰 시간, 마감 시간, 일정, 시간 단위로 지급되는 임금 같은 규율이 있기 이전의 세상과 마찬가지로 경기의 속도가 여유롭고 느긋하다. 야구는 사람들이 "저는 시간이 많지 않아요."라고 말하지 않았던 그런 종류의 세상에 속해 있다. 야구 경기는 '정말로' 온종일 경기가 이루어진다. 그러나 그것이 그 경기가 영원히 계속 될 수 있다는 것을 의미하는 것은 아니다. 야구는 전통적인 삶과 마찬가지로 자연의 리듬, 구체적으로 말해 지구의 자전에 따라 진행된다. 그것(야구)의 첫 반세기 동안 경기가 밤에는 이루어지지 않았는데, 그것은 야구 경기가 전통적인 근무일처럼 해가 질 때 끝난다는 것을 의미했다.

05 정답 2번

해설 (B)의 경우, (B) 부분에는 그 앞에 나오는 지각동사 watch의 **목적보어**가 들어가야 된다. 대개 watch와 같은 지각동사의 바로 뒤에는 목적어(someone)가 오고 이 목적어의 바로 뒤에는 분사(experiencing) 혹은 원형부정사(experience)의 형태를 취하는 목적보어가 온다. 지각동사 watch의 **목적보어**로 능동의 의미를 지닌 현재분사 experiencing이 적절하다. 수동의 의미를 지닌다면 과거분사 experienced가 와야 한다.

풀이 **(오답 피하기 포함)**

(A)의 경우, (A)의 위치는 관계대명사 who가 이끄는 절 속에서 삽입어구인 while~monkeys를 떼어내면 주어역할을 하는 관계대명사 who 뒤에 술어동사가 와야 하는 위치이므로 동사인 noticed가 어법상 적절하다.
(C) it은 앞 문장과 뒤 문장을 연결시켜주는 접속사기능이 없는 반면에 which는 그런 접속사기능이 있으므로 어법상 접속사기능을 하는 which가 와야 한다.

해석 공감은 거울 뉴런이라 불리는 특별한 신경세포 그룹에 의해 가능해진다. 이러한 특별한 세포들은 우리가 감정을 "반영"할 수 있도록 해준다. 거울 뉴런은 이탈리아 과학자들에 의해 처음 발견되었는데, 그들은 원숭이 뇌 속의 개별 신경 세포의 활동을 보면서, 그 동물들이 특정한 행동을 하든지 또는 단지 다른 원숭이가 똑같은 행동을 하는 것을 관찰하든지 간에 뇌의 똑같은 부분의 뉴런이 활성화된다는 것을 알아차렸다. 그것은 마치 관찰자의 뇌 세포들이 행위자의 뇌의 행동을 "반영"하는 것처럼 보였다. 우리가 어떤 사람이 감정을 겪는 것을 보고 그에 반응해서 똑같은 감정을 느낄 때 비슷한 현상이 발생한다. 똑같은 신경 조직이 거울 뉴런 조직의 한 부분인 뇌도의 한 영역과 관찰된 감정과 관련이 있는 감정 뇌 영역에서 활성화된다.

06 정답 2번 (waits ➔ waiting)

해설 분사(~ing 꼴인 현재분사와 ~ed 꼴인 과거분사)의 기능은 술어동사로서의 기능을 하지 않고 **수식어 혹은 보어의 기능**을 한다. 그러나 술어동사인 ②waits는 수식어 기능을 할 수 없다. 구체적으로 풀이하면 다음과 같다. ② waits의 앞 부분은 문법상 빠진 구성 요소가 없는 완전한 문장이다. 따라서 waits와 같은 동사가 또 쓰이면 문법상 부적절한데, 동사가 있으면 그 앞에 주어가 나와야 하는데 waits의 주어가 없기 때문이다. 그러므로 waits는 waiting로 써서 그 앞의 피수식어 부분인 'every nature ~'를 수식해 주는 형태로 고쳐야 어법상 올바른 표현이 된다. 내용상으로도 그 앞에 나오는 명사구인 'the everyday nature'를 수식하는 문맥이어야 하므로 waits ➔ waiting으로 정정해야 올바른 표현이 된다.

풀이 **(오답 피하기 포함)**

① 앞선 place를 수식하는 수식어인 과거분사인 filled가 어법상 적절하다

③ more를 수식하는 부사인 substantially가 어법상 적절하다

④ 선행사인 our children을 가리키는 복수형의 소유격 their이 어법상 적절하다

⑤ 명사절을 이끄는 관계대명사인 what이 어법상 적절하다 (게다가, what의 뒤에는 불완전한 문장이 온다)

해석 자연 속에서 그리고 자연과 함께 하는 실제적이고 직접적인 경험의 부족은 많은 아이들이 자연 세계를 단지 추상적인 개념, 즉 멸종 위기의 열대 우림과 위험에 처한 북극곰으로 가득한 그렇게 환상적인, 아름답게 영화화된 장소로 여기게 해 왔다. 이렇게 과장되고 자주 허구화된 형태의 자연은 바로 문밖에서 아이들의 방식과 속도로 발견되기를 기다리는 일상의 자연보다 그들에게 더 현실적이지 않지만, 덜 현실적이지도 않다. 여덟 살 난 한 집단의 아이들이 흔한 야생의 종보다 애니메이션의 캐릭터를 상당히 더 많이 구별해 낼 수 있다는 것을 발견한 케임브리지 대학의 연구를 생각해 보라. 사람들은 우리 아이들이 자신들의 환경에 대한 정보를 인식하고, 분류하며, 체계화할 내재적 능력, 즉, 한때 바로 우리의 생존에 필수적이었던 능력이 서서히 퇴화화여 점점 더 가상화된 세계에서의 삶을 촉진하는 지 궁금해 한다. 그것은 모두 Robert Pyle이 처음으로 '경험의 소멸' 이라고 불렀던 것의 일부이다.

07 정답 3번

해설 to 부정사의 용법에는 명사적, 형용사적, 부사적 용법이 있는데 to 부정사가 놓이는 위치에 따라 그 용법이 구별된다. (B)의 경우, 앞에 that, 뒤에 do가 생략된 '(that) we can (do)'은 everything을 수식하는 관계대명사절이고, 이 수식어절을 포함하고 있는 문장 전체(We've done~)를 수식하는 '~하기 위해서'의 의미를 가지는 부사적 용법의 to부정사가 필요하므로 'to contain'이 어법상, 문맥상 적절하다.

풀이 **(오답 피하기 포함)**

(A) 명사구 these firsts에 연결되므로 셀 수 있는 명사 앞에 사용되는 수량형용사 many가 어법상 적절하다.

(C)의 경우, (C) 다음에 이어지는 절(you're~)을 목적어로 취하면서, 주절에 연결되는 분사구문이 필요하므로 분사 knowing이 어법상 적절하다.

해석 매일 마감시간에 맞춰 보도하는 일을 처음 해 봤을 때를 기억하십니까? 아니면 시 공무원을 처음으로 인터뷰 했을 때는요? 또는 데스크탑 출판 프로그램을 처음 배웠을 때는요? 우리 대학의 언론학 수업들이 당신에게 있어서 이러한 경험들을 처음 접했던 시기라는 것을 알고 있습니다. 그리고 우리는 지금까지도 첫발걸음을 내딛는 작가들과 편집가들 에게 이러한 경험들을 제공해주고 있습니다. 또한 당신이 이 학생들에게 우리 언론학 수업 과정에서 도움을 줄 수 있기를 바라고 있습니다. 이미 아시다시피 최고급의 교육을 제공해주는 것은 많은 양의 돈이 듭니다. 우리는 수업의 질을 깍아 먹지 않고 학비를 줄이는 것에 최선을 다 했습니다. 그중에 하나는 경제적 어려움을 겪고 있는 학생들을 위한 장학금 제도입니다. 저희 장학제단에 기부하신다면 언론분야의 미래 리더들이 만들어지는 과정을 도왔다는 사실에 뿌듯해 하실 거라 믿습니다.

08 **정답** 2번

해설 (C)의 경우, 관계대명사(which)와 관계부사(where)의 차이점을 파악하여야 문제를 해결할 수 있다. 관계대명사(which)의 뒤에 나오는 절은 주요 구성성분(주어, 목적어 등)을 불완전하게 갖춘 절이어야 하는 반면에 관계부사의 뒤에 나오는 절은 주요 구성성분을 모두 완전하게 갖춘 절이어야 한다. 따라서 여기서는 뒤에 나오는 절(sleep time has declined)이 주요구성성분을 완전하게 갖춘 절이므로 관계부사 where이 타당하다.

풀이 **(오답 피하기포함)**

(A)의 경우, 명령문~and 구문이 되어야 하므로 Adopt가 적절하다.

(B)의 경우, 문맥상 deprive의 동작의 주체와 대상이 같으므로 재귀대명사 themselves가 적절하다.

해석 "잠은 죽어서나 자는 것이다."라는 옛 격언은 유감스럽다. 이런 사고방식을 가지면, 여러분은 더 빨리 죽게 될 것이고 그 삶의 질은 더 나빠질 것이다. 수면 부족이라는 고무 밴드는 그것이 끊어지기 전까지만 늘어날 수 있다. 안타깝게도, 인간은 사실 합당한 이익 없이 의도적으로 잠을 자제하는 유일한 종이다. 건강의 모든 요소와 사회 구조의 수많은 이음매는 인간적 측면과 재정적 측면 둘 다 손실이 큰 우리의 수면 무시 상태로 인해 약화되고 있다. 이제는 세계 보건 기구(WHO)에서 산업화된 나라 전역에 수면 부족 유행병을 선포할 정도였다. 미국, 영국, 일본, 한국, 그리고 몇몇 서유럽 국가들과 같은, 지난 세기에 걸쳐 수면 시간이 가장 급격하게 감소한 국가들이 또한 신체 질환과 정신 질환 비율에서 가장 많은 증가를 겪고 있는 국가들이라는 것은 우연의 일치가 아니다.

09 **정답** 3번 (which → from which)

해설 '관계대명사'와 '전치사+관계대명사'의 차이점을 파악하여야 문제를 해결할 수 있다. 관계대명사(which)의 뒤에 나오는 절은 주요 구성 성분(주어, 목적어 등)을 불완전하게 갖춘 절이어야 하는 반면에 '전치사+관계대명사'(from which, in which, with whom 등)의 뒤에 나오는 절은 주요 구성성분을 모두 완전하게 갖춘 절이어야 한다. ③which 뒤에 나오는 절은 주요 구성성분을 모두 완전하게 갖춘 절이 왔으므로 '전치사+관계대명사'가 올바른 표현인데 여기서 전치사는 문맥으로 정해지는 데 'from'이 문맥상 올바른 표현이다(관계대명사 which의 선행사인 'sources of information'과 관계대명사의 뒤에 나오는 절의 내용이 문맥상 결합된 문장인 'we are to make the decisions from sources of information'으로부터 파악할 수 있다). 따라서, which → from which로 정정해야 올바른 표현이 된다.

풀이 **(오답 피하기 포함)**

① 문장의 주요 구성성분이 아닌 부사는 없어도 문장이 된다. 따라서 여기서 부사 typically는 어법상 적절하다.

② It~to부정사 '가주어-진주어' 구문이므로 to 부정사인 to be가 어법상 적절하다.

④ 앞에 등위구조(병렬구조)를 유발시키는 and가 있으므로 그 앞의 listening과 같은 형태인 making이 어법상 적절하다.

⑤ has의 주어는 단수인 the prospect이므로 has가 어법상 적절하다.

해석 의학 치료에 있어서 환자들은 선택을 축복이자 부담으로 본다. 그리고 그 부담은 주로 여성들에게 주어지는데, 그들은 일반적으로 자기 자신의 건강뿐만 아니라 남편과 아이들의 건강의 수호자이다. "여성들이, 그리고 일반적으로 소비자들이, 자신이 찾은 정보를 자세히 살펴보고 결정을 내릴 수 있는 것은 매우 힘든 과업이다."라고 National Women' s Health Network의 프로그램 디렉터인 Amy Allina는 말한다. 그리고 그것을 매우 힘든 것으로 만드는 것은 그 결정이 우리 자신의 것이라는 것뿐만 아니라, 우리가 결정을 내리는 데 근거가 되는 정보 원천의 수가 폭발적으로 증가해왔다는 것이다. 그것은 단지 여러분의 주치의가 선택 사항들을 제시하는 것을 듣고 선택을 하는 문제가 아니다. 지금 우리에게는 비전문가의 백과사전 같은 건강에 대한 안내, '더 나은 건강' 잡지들과 인터넷이 있다. 그래서 이제 의학적 결정의 가능성은 모든 이에게 기말 보고서 과제와 같은 최악의 악몽이 되었는데, 한 강좌에서의 성적보다 걸려있는 것이 훨씬 더 많다.

10 **정답** 4번

해설 (A)의 경우, because가 이끄는 부사절이 주절과 종속절로 구성되어 있다. because가 이끄는 이 부사절 안에서 'it never seems good enough'가 주절이므로, 그 앞에 있는 부분은 종속절(여기서는 부사절)이어야 한다. 그러므로 부사절을 이끄는 whatever가 어법상 맞다. (what은 명사절을 이끈다)

풀이 **(오답 피하기 포함)**

(B) 선행사인 the standard(바로 뒤 목적격 관계대명사 생략)가 문맥상(의미상) 동사 meet의 목적어가 되어야 하므로 능동형인 meet가 어법상 적절하다.

(C) 뒤에 나오는 동사 is의 주어가 있어야 하므로 주어 역할을 할 수 있는 동명사 Living이 어법상 적절하다.

해석 때때로 완벽주의자들은 무엇을 하든지 결코 만족스럽지 않아 보이기 때문에 자신들이 괴롭다는 것을 알게 된다. 만일 내가 "그것이 누구에게 만족스럽지 않은가?"라고 물으면, 그들은 항상 대답을 아는 것은 아니다. 그것에 대해 생각을 해본 후에 대개 그들은 자신들에게 만족스럽지 못하고, 자신들의 삶 속의 다른 중요한 사람들에게 만족스럽지 못하다는 결론을 내린다. 이것이 중요한 점인데, 왜냐하면 그것은 여러분이 충족시키려고 애쓰고 있을 기준이 실은 여러분 자신의 것이 아닐 수도 있다는 것을 시사하기 때문이다. 대신, 여러분이 자신을 위해 세운 기준이 부모, 사장, 혹은 배우자와 같은 여러분의 삶에서 어떤 중요한 사람의 기준일 수 있다. 다른 누군가의 기대를 추구하며 여러분의 삶을 사는 것은 힘든 삶의 방식이다. 만약 여러분이 세운 기준이 자신의 것이 아니라면, 어쩌면 여러분의 개인적인 기대를 스스로 정하고 자기실현을 여러분의 목표로 삼아야 할 때일 것이다.

11 **정답** ④ (actualizing → actualizes)

해설 ④ that feeling of superiority를 선행사로 하는 주격 관계대명사 that이 이끄는 관계절의 동사가 나와야 할 자리이므로, actualizing을 동사 actualizes로 고쳐 써야 한다. 관계대명사 that과 관계절의 동사(actualizes) 사이에 긴 어구들(2개의 수식어구들)이 삽입되어 있어서 정확한 구조를 파악하기가 쉽지 않다.

① 'tempt + 목적어 + to부정사'는 '~가 …하도록 부추기다'라는 뜻이다.
② Only when ~ repeated가 문두로 나가면서 조동사 can과 주어 its possessor가 도치된 구조이므로, can에 이어지는 동사원형 turn은 어법상 적절하다.
③ keep ~ to oneself는 '~을 남에게 말하지 않다[비밀로 간직하다]'라는 뜻이다. 주어인 he와 그 대상이 같으므로 himself를 쓰는 것은 어법상 적절하다.
⑤ the subject of gossip을 선행사로 하여, 관계절 속의 "friend"를 수식하며 관계절을 이끌고 있으므로, 소유격 관계대명사 whose는 어법상 적절하다.

해석 심리적인 이유부터 시작하자면, 다른 사람의 개인적인 일에 대해 아는 것은 이 정보를 가진 사람이 그것을 뒷공론으로 반복하도록 부추길 수 있는데, 왜냐하면 숨겨진 정보로서는 그것이 사회적으로 비활동적인 상태로 남기 때문이다. 그 정보를 소유한 사람은 그 정보가 반복될 때만 자신이 무언가를 알고 있다는 사실을 사회적 인지, 명성 그리고 악명과 같은 사회적으로 가치 있는 어떤 것으로 바꿀 수 있다. 자신의 정보를 남에게 말하지 않는 동안은, 그는 그것을 알지 못하는 사람들보다 자신이 우월하다고 느낄 수도 있다. 그러나 알면서 말하지 않는 것은 '말하자면 그 비밀 속에 보이지 않게 들어 있다가 폭로의 순간에만 완전히 실현되는 우월감' 이라는 그 기분을 그에게 주지 못한다. 이것이 잘 알려진 인물과 우월한 사람에 대해 뒷공론을 하는 주요 동기이다. 뒷공론을 만들어 내는 사람은 자신이 그의 '친구' 라고 소개하는 그 뒷공론 대상의 '명성' 일부가 자신에게 옮겨질 것이라고 생각한다.

12 **정답** ⑤ (that → it)

해설 ⑤ '~가 …하는 데 (시간)이 걸리다'라는 의미의 「it takes 시간 for ~ to do …」에서 시간에 해당하는 표현인 long이 앞으로 나가 「the 비교급, the 비교급」의 일부를 이룬 것이므로 that을 it으로 바꿔야 한다.

① 「find+목적어+목적격 보어」의 구조에서 목적격 보어로 쓰인 형용사 appealing은 적절하다.
② decide we like it은 hear a song on the radio for the first time that catches our interest와 and로 연결되어 might에 이어지므로, 동사원형 decide는 적절하다.

③ what은 notice의 목적어로 쓰인 명사절을 이끌고 있으므로 적절하다.

④ A special harmony를 주어로 하는 동사 emerges는 적절하다. 뒤에 이어지는 that we missed before는 A special harmony를 수식하는 관계절이다.

해석 인간 심리의 흥미로운 일면은, 우리가 처음으로 어떤 것들을 경험할 때 그것들에 대한 모든 것이 분명하지는 않은 경우에 그것들을 더 좋아하고 그것들이 더 매력적이라고 생각하는 경향이 있다는 것이다. 이것은 음악에 있어서 분명히 사실이다. 예를 들어 우리는 라디오에서 우리의 관심을 끄는 노래를 처음 듣고, 그 노래가 마음에 든다고 결정을 내릴 수 있다. 그러고 나서 다음에 그것을 들을 때, 우리는 처음에 알아차리지 못한 가사를 듣거나, 배경에서 피아노나 드럼이 무엇을 하고 있는지 알아챌 수 있다. 우리가 전에 놓쳤던 특별한 화음이 나타난다. 우리는 점점 더 많은 것을 듣게 되고, 매번 들을 때마다 점점 더 많이 이해하게 된다. 때때로 예술 작품이 우리에게 그것의 중요한 세부 요소들을 모두 드러내는 데 걸리는 시간이 길어질수록, 그것이 음악이든, 미술이든, 춤이든, 또는 건축이든 간에 우리는 그것을 더 좋아하게 된다.

13 정답 ③ sends → sending

해설 ③의 경우, 동사는 uses이고 주어는 그 앞 An individual neuron이하로 여겨진다. 따라서 ③의 위치에는, 동사 sends가 아니라 An individual neuron을 수식해줄 수 있는 분사인 sending이 위치하는 것이 어법상 적절하다.

① those는 선행사를 복수인 running costs로 취하는 대명사로서 어법상 적절하다.

② specialized는 그 뒤의 brain cells을 수식해주는 과거분사로서 어법상 적절하다.

④ at which에서 which의 선행사는 the efficiency로서 어법상, 문맥상 적절하며 '전치사 + 관계대명사'(at which)의 뒤에는 주요 구성성분(주어, 목적어 등)을 모두 완전하게 갖춘 절이 이어지고 있으므로 at which가 어법상 적절하다.

⑤ easily는 recognizing과 picking up를 수식해주는 부사로서 어법상 적절하다.

해석 현대 성인의 뇌는 무게가 전체 체중의 50분의 1에 불과하지만, 총 에너지 필요량의 최대 5분의 1까지 사용한다. 단위 질량당, 뇌의 유지 비용은 신체 근육의 유지 비용의 8배에서 10배 정도이다. 그리고 그 에너지의 약 4분의 3은 우리의 생각과 행동을 만들어 내기 위해 광대한 연결망에서 소통하는 분화된 뇌세포인 뉴런에 사용된다. 뇌에서 신호를 보내고 있는 개개의 뉴런은 마라톤을 하고 있는 다리 근육 세포만큼의 에너지를 사용한다. 물론, 전반적으로는 달리고 있을 때 더 많은 에너지를 사용하지만, 우리가 항상 움직이고 있는 것은 아닌 반면 우리의 뇌는 절대 꺼지지 않는다. 비록 뇌가 신진대사 작용에서 탐욕스럽기는 해도, 수행할 수 있는 계산과 이를 수행하는 효율 두 가지 면에서 그것은 여전히 어떤 데스크톱 컴퓨터보다도 훨씬 낫다. 우리가 최고의 그랜드 마스터 체스 선수들을 이길 수 있는 컴퓨터를 만들었을지는 모르지만, 일반적인 세 살배기 아이가 할 수 있는 것만큼 쉽게 체스의 말 중 하나를 인식하고 그것을 집어들 수 있는 컴퓨터를 설계하

는 것과는 아직도 거리가 멀다.

14 **정답** ③ leads → lead

해설 ③의 경우 앞의 관계대명사 that의 선행사가 복수인 people's beliefs이므로 leads를 lead로 정정해야 올바른 표현이 된다.

① a special state를 선행사로 취하는 in which가 어법상 적절하다.
② 앞의 동사구인 'generate memories'를 가리키는 대동사 do가 적절하다.
④ know의 목적어를 이끄는 접속사로서 뒤에 or not이 있는 것으로 보아서 whether가 적절하다.
⑤ 가정법과거 구문으로서 뒤에 we'd(would)로 보아서 과거시제 knew가 적절하다.

해석 최면이 뇌를 기억력이 보통보다 훨씬 더 좋은 특별한 상태로 만들 수 있다는 생각은 쉽게 끌어내어지는 잠재력의 한 형태에 대한 믿음을 반영한다. 하지만 그것은 거짓이다. 최면에 걸린 사람들이 보통의 상태에서 기억을 해내는 것보다 더 많이 '기억' 해 내지만, 이 기억들은 사실일 만큼이나 거짓일 가능성이 있다. 최면은 사람들이 더 많은 정보를 생각해 내게 하지만, 반드시 더 정확한 정보를 생각해 내게 하는 것은 아니다. 사실상 실제로 그들이 더 많은 것들을 기억해 내게 하는 것은 바로 최면의 힘에 대한 사람들의 믿음일지도 모른다. 만약 사람들이 그들이 최면에 놓인 상태에서 더 잘 기억해 내야 한다고 믿으면, 그들은 최면에 빠졌을 때 더 많은 기억을 상기해 내려고 더 열심히 노력할 것이다. 안타깝게도, 최면에 걸린 사람들이 상기해 낸 기억이 사실인지 아닌지를 알 방법은 없다. 물론 우리가 그 사람이 무엇을 기억해 낼 수 있어야만 하는지를 정확하게 알지 못한다면 말이다. 그러나 우리가 그것을 안다면, 그러면 애초에 최면을 사용할 필요가 없을 것이다!

15 **정답** ④ naturally → natural

해설 ④ is의 보어이므로 형용사 natural이 적절하다.

① the moment를 선행사로 취하는 during which가 어법상 적절하다.
② 목적어가 주어(the present)와 동일물이므로 itself가 어법상 적절하다.
③ 접속사 that은 앞의 and에 의해 병렬되고 있으므로 어법상 적절하다
⑤ 앞의 'does exist in them'을 선행사로 하는 대동사 does가 어법상 적절하다

해석 현재 순간은 특별하게 느껴진다. 그것은 실재한다. 여러분이 얼마나 많이 과거를 기억하거나 미래를 예상할지라도, 여러분은 현재에 살고 있다. 물론, 여러분이 그 문장을 읽었던 그 순간은 더 이상 일어나지 않고 있다. 이 순간은 일어나고 있다. 다시 말해서, 현재가 지속적으로 그 자체를 갱신하고 있다는 의미에서 시

간은 흐르는 것처럼 느껴진다. 우리는 미래가 그것이 현재가 될 때까지 열려 있고 과거는 고정되어 있다는 깊은 직관력을 가지고 있다. 시간이 흐르면서, 고정된 과거, 당면한 현재 그리고 열린 미래라는 이 구조가 시간 안에서 앞으로 흘러간다. 그러나 이러한 사고방식이 자연스러울지라도, 여러분은 이것이 과학에 반영된 것은 발견하지 못할 것이다. 물리학의 방정식들은 어떤 사건들이 바로 지금 발생하고 있는지 우리에게 말해 주지 않는데, 그것들은 '현재 위치' 표시가 없는 지도와 같다. 현재 순간은 그것들 안에 존재하지 않으며, 그러므로 시간의 흐름도 그렇지 않다.

16 **정답** ④ humiliated → humiliating

해설 ④의 경우, 주어인 it(= This data)의 보어로서 수동의 의미를 가진 과거분사인 humiliated는 적절하지 않고 능동의 의미를 가진 현재분사인 humiliating이 적절하다.

① 동사 flow를 수식해주는 부사 freely는 어법상 적절하다
② a world를 선행사로 취하는 관계부사 where이 어법상 적절하다
③ 명사구 a detailed record를 수식해주는 수식어구인 현재분사 beginning가 어법상 적절하다
⑤ 뒤에 진목적어 to부정사로 보아서 가목적어 it이 어법상 적절하다

해석 인터넷은 정보가 이전의 그 어느 때보다 더 자유롭게 흐르도록 한다. 우리는 전례 없는 방법으로 의사소통을 하고 아이디어를 공유할 수 있다. 이러한 발전들은 우리의 자기표현을 혁신하고 우리의 자유를 증진하고 있다. 하지만 문제가 있다. 우리는 우리에 관한 단편적 정보의 광범위한 흔적이 인터넷에 영원히 보존되어 검색 결과에서 즉각 보이게 될 세상으로 향하고 있다. 우리는 전 세계 어느 곳에서나 검색할 수 있고 접근할 수 있는, 우리가 어디에 가든 평생 우리와 함께할, 어린 시절부터 시작하는 상세한 기록을 지니고 살 수밖에 없을 것이다. 이러한 정보는 자주 신뢰성이 의심스러울 수 있거나, 틀릴 수 있거나, 혹은 사실이지만 매우 창피하게 할 수도 있다. 새 출발을 하거나 다시 한 번의 기회를 갖는 것이 점점 더 어려워질 수 있다. 만약 모든 실수와 어리석은 행동이 영구적인 기록으로 영원히 보존된다면, 우리는 자기를 탐색하기가 더 어렵다는 것을 알게 될지도 모른다.

17 **정답** ④ that → which

해설 ④ know의 목적어에 해당되는 간접의문문(속)의 주어로 which가 어법상 적절하다.

① '~할 수 밖에 없다'는 의미를 가진 have no choice but 다음에 to부정사가 오는 것이 올바른 표현이다.
② The precedence가 단수주어이므로 is가 어법상 적절하다
③ 주절의 주어가 we이므로 수동의 의미를 지니는 과거분사 Faced가 오는 것이 주절을 수식해

주는 분사구문으로서 적절하다.

⑤ 문장이 가주어 it과 동사was가 도치된 구문으로 그 동사의 보어로서 necessary가 어법상 적절하다

해석 Pierre Pica에 따르면, 비율을 어림잡는 방식으로 양을 대략적으로 이해하는 것이 보편적인 인간의 직관이다. 사실, 수를 가지고 있지 않은 사람들은 이런 방식으로 세상을 바라볼 수밖에 없다. 반면에, 정확한 수에 의해서 양을 이해하는 것은 보편적인 직관이 아닌데, 즉 그것은 문화의 산물이다. Pica는 정확한 수보다 근사치와 비율의 선행은 비율이 수를 세는 능력보다 야생에서의 생존에 훨씬 더 중요하다는 사실 때문이라고 주장한다. 창을 휘두르는 적들과 직면했을 때, 우리는 우리보다 그들이 더 많은지를 바로 알아야만 했다. 우리가 나무 두 그루를 보았을 때 어느 것이 그것에 매달린 과일을 더 많이 가졌는지를 즉시 알아야 했다. 어떤 경우에도 모든 적 혹은 모든 과일을 하나씩 일일이 셀 필요는 없었다. 중요한 것은 상대적인 양을 재빨리 어림잡을 수 있어야만 하는 것이었다.

18 정답 ⑤ were ➔ was

해설 ⑤ 주어가 단수인 the traditional link이므로 단수 동사 was가 적절하다.

① that은 동사 calculated의 목적어를 이끄는 접속사로서 어법상 적절하다

② developed는 앞의 a system이하를 주어로 취하는 과거동사로서 어법상 적절하다.

③ slow는 was의 보어인 a little over four miles an hour와 동격으로서, 즉 was의 보어로서 어법상 적절하다.

④ equalizing는 앞에 나오는 문장(the service was ~ and allowed~)에 연결되는 분사구문을 이끄는 분사로서 어법상 적절하다.

해석 근대 초기 유럽에서 수로를 통한 운송은 대개 육로를 통한 운송보다 훨씬 더 저렴했다. 1550년에 이탈리아의 한 인쇄업자는 Rome에서 Lyons까지 책 한 짐을 보내는 데 뱃길로는 4스쿠도인 데 비해 육로로는 18스쿠도가 들 것이라고 추정했다. 편지는 보통 육로로 운반되었지만 운하용 배를 통해 사람뿐만 아니라 편지와 신문을 운송하는 시스템이 17세기에 네덜란드 공화국에서 발달했다. 그 배들의 평균 속력은 시속 4마일이 약간 넘었는데 말을 타고 다니는 사람에 비해 느렸다. 반면 그 서비스는 규칙적이고 빈번하고 저렴해서 Amsterdam과 더 작은 마을들 사이뿐만 아니라 작은 마을과 또 다른 작은 마을 간에도 연락이 가능했고, 따라서 정보에 대한 접근을 균등하게 했다. 운송과 메시지 연락 사이의 전통적인 관계가 깨진 것은 바로 1837년 전기 전신의 발명으로 인해서였다.

19 **정답** ③ leaves → leave

해설 ③ 두 개의 동사구인 lay an egg in the nest of another bird와 leaves it for that bird to raise가 and로 연결되어 관계사 which(=cuckoo birds)의 술어 역할을 해야 한다. 따라서 관계사 which의 선행사가 복수이므로 leaves를 leave로 바꿔야 한다.

① 형용사 unsuspecting이 명사구인 "normal" bee를 수식하고 있으므로, 형용사 unsuspecting의 쓰임은 적절하다.

② its는 부화한 '도둑'의 새끼 벌을 가리킨다. 따라서 그것을 its로 대신한 것은 적절하다.

④ 수동태형의 동사인 are called를 수식해야 하므로 부사구인 more technically를 사용한 것은 적절하다.

⑤ 관계절 안에서 주어 역할을 하고 선행사인 an organism을 수식하는 관계절을 이끄는 관계사로 that을 사용한 것은 적절하다.

해석 대부분의 벌은 꽃을 방문하고 꽃가루를 모으면서 하루를 보내지만, 몇몇 벌은 다른 벌의 힘든 노동을 이용한다. 도둑질하는 이런 벌은 이상한 낌새를 못 챈 (숙주라 알려진) '보통' 벌의 집으로 슬며시 들어가서 숙주 벌이 자기 자신의 새끼를 위해 모으고 있는 꽃가루 덩어리 근처에 알을 낳고, 그러고 나서 슬그머니 도로 나온다. 그 도둑의 알이 부화하면, 그것은 숙주의 새끼를 죽이고, 그러고 나서 자기의 희생자를 위해 마련된 꽃가루를 먹는다. 가끔 탁란(托卵) 동물로 불리는 이 벌은 뻐꾸기 벌이라고 불리기도 하는데, 다른 새의 둥지에 알을 낳아 놓고 그 알을 그 새가 기르도록 두는 뻐꾸기와 유사하기 때문이다. 그들은 더 전문적으로는 cleptoparasite라 불린다. 'clepto'는 그리스어로 '도둑'을 의미하여 'cleptoparasite'라는 용어는 구체적으로 먹이를 훔침으로써 다른 것에 기생하는 생물을 가리킨다. 이 경우 그 cleptoparasite는 숙주가 애써서 얻은 꽃가루 비축물을 먹고 산다.

20 **정답** ② what → whether

해설 ② 뒤에 주요 구성성분(주어, 목적어 등)을 모두 완전하게 갖춘 절이 이어지고 있으므로 what은 올 수 없다. 문맥상 '~인지'의 의미가 되어야 하므로 what을 whether로 고쳐야 한다.

① 주어의 핵이 복수인 Psychologists이므로 복수형인 have는 어법상 적절하다.

③ be동사 are와 연결되어 현재진행형으로 쓰인 doing이므로 어법상 적절하다.

④ they는 대명사이므로 them은 어법상 적절하다.

⑤ stop 다음에 목적의 의미를 지닌 to부정사를 사용하여 '~하기 위하여 멈추다, 곰곰이 ~하다'의 의미를 전달하고 있으므로 어법상 적절하다.

해석 기부하는 행위를 연구하는 심리학자들은 어떤 사람들은 한두 자선단체에 상당한 액수를 기부하는 반면에, 어떤 사람들은 많은 자선단체에 적은 액수를 기부한다는 것을 알아차렸다. 한두 자선단체에 기부를 하는 사람들은 그 자선단체가 무슨 일을 하고 있는가와 그것이 실제로 긍정적인 영향을 끼치고 있는가에 관한 증거를 찾는다. 자선단체가 정말로 다른 사람들을 도와주고 있다는 것을 증거가 보여줄 경우 그들은 상당한 기부금을 낸다. 많은 자선단체에 적은 액수를 내는 사람들은 그들이 하고 있는 일이 다른 사람들을 돕는지에는 그렇게 많은 관심을 갖지 않는다. 심리학자들은 그들을 따뜻한 불빛 기부자라고 부른다. 그들이 내는 기부가 끼치는 영향에 관계없이, 자신들이 기부를 하고 있다는 것을 아는 것이 그들로 하여금 기분 좋게 만든다. 많은 경우 기부금은 10달러 이하의 매우 적은 금액이어서, 그들이 곰곰이 생각해 보면, 기부금을 처리하는 비용이 그것이 자선단체에 가져다주는 모든 이점을 넘어서기 쉽다는 것을 깨달을 것이다.

21 정답 ③

해설 ③ 밑줄 앞의 actions 다음에 목적격 관계대명사가 생략된 형태로 actions가 take의 목적어 역할을 하며, 의미상으로도'그들(운동선수들)이 조치(actions)를 취한다(take)'라는 능동의 의미가 되어야 하므로, be taken은 take로 고쳐야 한다.

① 가주어 it 다음에 오는 진주어 자리이므로, to hear는 적절하다.
② 부정어 rarely 다음에 do가 도치된 형태이므로, do they는 적절하다.
④ is 다음에 명사절 자리이고 뒤가 완전한 형태의 문장이므로, that은 적절하다.
⑤ about이 전치사이므로, 동명사 doing은 적절하다.

해석 요즘에는 프로 스포츠에서 선수와 코치가 과정에 대하여 말하는 것을 듣는 것이 특이한 일이 아니다. 그들은 과정에 집중하고 과정을 따르는 것에 대하여 말한다. 그들은 골 넣기, 터치다운, 홈런, 점수, 혹은 명중시키는 것에 대해서는 좀처럼 말하지 않는다. 이는 전적으로 과정에 관한 것이다. 그러면 그들은 이것으로 무엇을 말하려는 것인가? 그들이 과정에 집중한다고 말하는 의미는 그들은 자신이 바라는 결과를 달성하기 위하여 할 필요가 있는 행동에 집중한다는 것이다. 그들은 결과 자체에 집중하지 않는다. 여기에서의 논리는 요구되는 단계들을 여러분이 따라간다면, 결과는 알아서 나올 거라는 것이다. 이것이 프로 스포츠인과 아마추어 스포츠인간의 큰 차이 중 하나이다. 아마추어들은 보통 결과에 집중하고 거의 자동으로 결과로 이어질 모든 것들을 행하는 것에 대해서는 잊어버린다.

22 정답 ③

해설 ③ 앞의 To make 이하부터 restricting 앞까지가 주어 역할을 하기 때문에 동사가 쓰여야 하므로, restricting은 restricts로 고쳐야 한다.

① 선행사 the one을 수식하고, 뒤에 동사가 나오므로, 주격 관계대명사 who는 적절하다.
② 동사 limit를 수식하므로, 부사 forcefully는 적절하다.
④ creativity를 대신하므로, 단수 대명사 it은 적절하다.
⑤ 앞에 faster and stronger이라는 비교급 표현이 쓰였으므로, than은 적절하다.

해석 독립예술가는 아마도 무한한 창조적 상황과 가장 가까이에서 살아가는 사람일 것이다. 많은 예술가가 무엇을, 어떻게, 언제, 왜 해야 하는 지에 관한 외적인 요구로부터 상당한 자유를 갖는다. 그러나, 그와 동시에 우리는 예술가들이 일반적으로 재료와 표현 형식에 대한 선택에 의해 스스로를 상당히 강력하게 제약한다는 사실을 알고 있다. 고도의 기술이나 색깔을 사용하지 않고 암석에서 특정한 형상을 깎아냄으로써 감정을 표현하는 선택을 하는 것은 예술가를 상당히 제약한다. 그러한 선택은 창의성을 제한하기 위해서가 아니라 오히려 창의성을 기르기 위해서 이루어진다. 모든 것이 가능할 때 창의성은 아무런 긴장도 없게 된다. 똑같은 양의 물이 탁 트인 바다를 가로지를 때보다 좁은 해협을 통과할 때 더 빠르고 더 세게 흐르는 것처럼 창의성은 아무리 제약을 받을지라도 어떤 종류의 상황에서도 그것이 갈 길을 찾아내기 때문에 이상한 것이다.

23 정답 ⑤
해설 ⑤ 주어인 the aged가 「the+형용사」의 형태로 복수의 의미를 나타내므로 동사가 was가 아니라 were가 와야 적절하다.
① '사람들'의 의미를 나타내는 대명사 those로 어법상 적절하다.
② depressed는 뒤에 나오는 patients를 수식하는 형용사로 어법상 적절하다. patients가 depress의 동작 주체가 아니라 그 동작을 받는 대상이므로 과거분사가 쓰였다.
③ pets가 use의 주체가 아니라 그 동작을 받는 대상이므로 수동태를 이루는 과거분사 used는 어법상 적절하다.
④ what은 remember의 목적어 역할을 하는 명사절을 이끌고 있는데, 그 절 안에서 were의 보어 역할을 하고 있으므로 적절하게 사용되었다.

해석 사람들이 진짜 역경, 즉 질병, 실직, 혹은 연령으로 인한 장애에 직면할 때, 애완동물로부터의 애정은 새로운 의미를 띤다. 애완동물의 지속적인 애정은 고난을 견디고 있는 사람들에게 그들의 핵심적인 본질이 손상되지 않았다고 안심시켜 주기 때문에 매우 중요해진다. 그러므로 애완동물은 우울증이 있거나 만성적인 질병이 있는 환자들의 치료에 중요하다. 게다가, 애완동물은 시설에 수용된 노인들에게 매우 유익하게 이용된다. 그런 시설에서 직원들은 모든 환자가 건강이 쇠퇴하고 있을 때 낙관주의를 유지하기가 힘들다. 방문하는 자녀들은 부모님이나 조부모님이 예전에 어떠했는지를 기억하고 그들의 무능함에 의기소침해할 수밖에 없다. 그러나 동물은 정신적인 능력에 대한 기대를 하지 않는다. 그들은 젊음을 숭배하지 않는다. 그들은 노인들이 예전에 어떠했는지에 대한 기억이 전혀 없어서 그들이(노인들이) 마치 어린이들인 것처럼 그들을 반긴다. 강아지를 안고 있는 노인은 완전히 정확하게 어린 시절을 다시 체험할 수 있다. 그의 기쁨과 그 동물의

반응은 동일하다.

24 정답 ①

해설 ① which 이하에서 the latter가 주어 역할을 하고, the information이 목적어 역할을 하고 있는 완전한 문장이므로, which를 문장의 술어 동사 be assured의 목적의 역할을 하며 명사절을 이끄는 접속사 that으로 고쳐야 한다.
② 문장이 only로 시작하므로, 조동사 will이 도치된 형태의 will people은 적절하다.
③ '공개된'이라는 뜻으로 쓰이고 있으므로, disclosed는 적절하다.
④ 비교급을 강조한 표현이므로, much는 적절하다.
⑤ 주어 the administration이 단수이므로, 술어 동사 rests는 적절하다.

해석 법적인 조언을 구하는 사람들은, 그들의 권리나 의무를 변호사와 논의할 때, 후자(변호사)가 받은 정보를 제삼자에게 누설하지 않을 것을 보장받아야 한다. 이런 비밀 유지 의무가 준수될 경우에만, 사람들은 자유롭게 변호사와 상의하고, 변호사가 의뢰인의 변호를 준비하는 데 필요한 정보를 제공할 것이다. 의뢰인이 털어놓은 정보의 종류와 관계없이, 의뢰인은 그것(정보)이 당국에의해서나 어떤 다른 당사자에 의해 법정에서 자신에게 불리하게 사용되지 않을 것을 확신하고 있어야 한다. 그것은 보통 법률 제도가 제대로 기능하기 위한 조건으로, 그러므로, 공익에 맞는 것으로 여겨진다. 법률가의 면책 특권(비밀 유지 특권)은 통상 증거법보다 훨씬 그 이상의 것으로, 특정한 소송의 사실에 한정되어 적용된다. 그것은 법의 집행이 전체적으로 기초를 두고 있는 기본적인 조건이다.

25 정답 ④

해설 ④ 주어인 they(=biological clues)는 발견하는 것이 아니라 발견되는 것이기 때문에 수동으로 써야하므로, finding은 found로 고쳐야 한다.
① 주어진 문장의 주어가 복수(biological clues)이므로, 복수 동사인 are는 적절하다.
② be동사 뒤에 위치한 보어이므로, 형용사 smooth는 적절하다.
③ 앞에 언급된 dead bird or mosquito를 가리키는 소유격이므로, 단수형 its는 적절하다.
⑤ 뒷문장이 불완전하고 앞에 선행사가 없으므로, what은 적절하다.

해석 어떤 동물이 어떤 종류의 행동을 하도록 선천적으로 타고났다면, 생물학적인 단서가 있을 가능성이 있다. 물고기가 지느러미와 강력한 꼬리를 갖춘 유선형이고 매끄러운 몸을 가지고 있는 것은 우연이 아니다. 그들의 몸은 물속에서 빠르게 움직이는 데 구조적으로 알맞다. 마찬가지로, 여러분이 죽은 새나 모기를 발견한다면, 그 날개를 보고서 비행이 그 동물의 보편적인 이동 방식이라는 것을 추측할 수 있을 것이다. 하지만, 우리는 지나치게 낙관적이어서는 안 된다. 생물학적인 단서는 필수적인 것이 아니다. 생물학적인 단서가 발견되는 정도는 동물마다 다르고 행동마다 다르다. 예를 들어, 새들이 둥지를 짓는 것을 그들의 몸에서 추측하는 것은 불가능하고, 때로 동물들은 그들의 신체적 형태에 예상될 수 있는 것과는 정반대의 방식으로 행동한다. ghost spider는 엄청나게 긴 다리를 가지고 있지만, 그들은 매우 짧은 가닥으로 거미집을 짓는다. 관찰하는 인간에게는 그들이 거미집 둘레를 빙빙 돌고 움직일 때 그들의 다리가 커다란 방해가 되는 것처럼 보인다.

26 **정답** ④

해설 ④ 문장의 주어인 The effects가 '훼손하다'라는 동작의 주체이므로, damaged를 능동의 의미를 가진 damaging으로 고쳐야 한다.

① one이 주어이므로, 단수형 동사 is는 적절하다.
② 주어 children이 목적어 자리에서 반복되므로, 재귀대명사 themselves는 적절하다.
③ 뒤에 형용사 dramatic을 수식하므로, 부사 ultimately는 적절하다.
⑤ 앞에 선행사가 없고, 뒤에 see의 목적어가 빠져 있는 불완전한 문장이므로, what은 적절하다.

해석 아이들의 공감 능력을 길러줄 수 있는 가장 간단하고도 효과적인 방법 중 하나는 스스로 더 놀도록 내버려 두는 것이다. 감독 없이 노는 아이들은 그들이 어떻게 느끼는지를 서로에게 주저 없이 말한다. 게다가, 놀고 있는 아이들은 흔히 다른 역할을 맡아서 Walsh 교장 선생님이나 Josh 엄마인 척하고, 즐거운 마음으로 다른 누군가가 어떻게 생각하고 느끼는지를 스스로 상상하게 만든다. 불행하게도, 자유로운 놀이는 드물어지고 있다. Boston 대학의 연구 교수인 Peter Gray는 미국과 다른 선진국에서 지난 50년에 걸쳐서 아이들이 자기 자신들이 선택한 방식으로 놀면서 탐구할 기회가 지속적이고, 궁극적으로는 급격한 감소를 보이고 있음을 상세히 기록해 왔다. 그 결과는 공감 능력을 특히 훼손해 왔다고 그는 주장한다. 사회적으로 놀 기회를 거의 갖지 못하는 아이들에게서 우리가 볼 것으로 예상하는 것은 바로 공감 능력의 감소와 자아도취의 증가라고 그는 결론 내린다.

27 **정답** ③

해설 (A) Taking steps 이하가 주어 역할을 하고 선택지 자리는 동사 자리가 되어야 하므로, helps가 적절하다.
(B) 선행사 conversation이 whispering 다음 자리에 의미상 대화'에서' 속삭인다라는 부사의 역할로 쓰여야 하므로, 관계부사 in which가 적절하다.
(C) 5형식 동사 keep의 목적보어 자리이므로, 형용사 even이 적절하다.

해석 사람들은 가급적 분노를 피하려고 한다. 분노의 상태가 고조되면, 그것은 다루기 힘들어질 수 있다.

여러분의 관리 기술을 개선하기 위해 봐야 할 가치가 있는 것이 이런 고조된 상태이다. 다른 사람들이 감정이 고조된 상황에서도 뇌의 이성적인 부분과 연결되게 조치를 취하는 것은 분노에 의해 이루어진 행동의 영향을 최소화하는 데 도움이 된다. 핵심적인 단계는 상대방의 어조보다 낮춰 다시 대화로 들어가는 것이다. 대화자 한 사람이 속삭이고 다른 사람이 소리를 지르는 대화를 누군가 하고 있다고 상상해 보면, 소리를 지르는 사람은 훨씬 더 불편한 경험을 하는 것이다. 사람들은 상대방이 강렬하거나 큰 소리로 화답하지 않으면 대개 소리 지르기를 아주 오랫동안 계속하지는 않는다. 그러니 목소리 크기를 줄이고 목소리를 고르게 하면 다른 사람들이 화답하기 시작할 것이다.

28 정답 ④

해설 ④ 문맥상 or에 연결되어 can에 이어져 동사원형 take와 병렬 관계를 이루어야 하므로, refused를 refuse로 고쳐야 한다.

① '매우 ~해서 …하다'라는 의미의 『so ~ that …』 구문이 사용되었으므로, that은 적절하다.
② study의 목적어 역할을 하는 관계절을 이끌어야 하므로, 선행사가 포함된 관계사 what은 적절하다.
③ '~하면 A에게 B의 비용이 든다'라는 의미의 『it costs A B to do』 구문이 사용되었으므로, it은 적절하다.
⑤ offer an equal split to the partner와 동시에 일어나는 일을 나타내는 분사구문을 이끌고 있으므로, leaving은 적절하다.

해석 인간은 속고 있다고 느끼는 것을 매우 싫어해서 흔히 겉보기에는 거의 말이 되지 않는 방식으로 반응한다. 인간의 마음이 계산기처럼 작동한다고 단순히 가정하는 부류의 사람들과는 대조적으로 사람들이 하는 행동을 실제로 연구하는 경제학자들인 행동 경제학자들은, 사람들은 불공정한 제안을 거부하는 것이 자신에게 돈이 든다고 해도 그렇게 한다는 것을 반복해서 보여 주었다. 대표적인 실험은 최후통첩 게임이라고 불리는 과업을 이용한다. 그것은 매우 간단하다. 짝을 이루는 두 사람 중 한 사람이 얼마간의 돈, 가령 10달러를 받는다. 그러고 나서 그 사람은 자기 짝에게 그 돈의 일부를 주는 기회를 가진다. 그 짝에게는 두 가지의 선택권만 있다. 그는 주어지는 것을 받거나, 아무것도 받지 않겠다고 거절할 수 있다. 협상의 여지는 없고, 그런 이유로 그것은 최후통첩 게임이라 불린다. 대체로 어떤 일이 일어나는가? 많은 사람은 짝에게 똑같이 나눈 몫을 제안하며, 그것은 두 사람을 모두 행복하게 하고 장래에 서로를 기꺼이 신뢰하게 한다.

29 정답 ⑤

해설 ⑤ what이 이끄는 절의 동사 starve는 자동사, 즉 목적어가 필요 없는 완전한 절이 왔으므로, What은 명사절을 이끄는 접속사 That으로 고쳐야 한다.

① 관계대명사 which의 선행사는 the process of selection이다. by which는 뒤에 있는 관계절의 동사 functions에 연결되어 functions by the process of selection이라는 의미를 표현하고 있으므로, by which는 적절하다.

② filter out 다음의 those와 동일한 대상을 가리키고 있으므로, 재귀대명사 themselves는 적절하다.

③ to take 이하가 명사 the way을 수식하는 형용사적 용법으로 쓰였으므로, to take는 적절하다. for genetic variants는 to부정사구의 의미상 주어이다.

④ 동사 make의 목적격 보어로 쓰였으므로, possible은 적절하다. 목적격 보어가 목적어보다 짧아서 도치된 형태이다.

해석 모든 유기체가 생존에 충분한 먹이를 구할 수는 없으므로, 기아는 자연에서 흔히 발견되는 일종의 반가치(反價値)이다. 그것은 또한 생물학적 진화가 기능하게 되는 선택 과정의 일부이기도 하다. 기아는 살아남기에 덜 적합한 것들, 즉 자신과 자신의 새끼들을 위한 먹이를 찾는 수완이 모자라는 것들을 걸러 내는 데 도움을 준다. 몇몇 상황에서, 기아는 유전적 변종들이 종의 개체군을 장악할 수 있는 길을 열어 주고 결국에는 이전의 종을 대신하여 새로운 종이 출현할 수 있게 할지도 모른다. 따라서 기아는 더 큰 다양성이 주는 이익을 가능하게 하는 데 도움이 될 수 있는 반가치이다. 기아가 고유한 반가치가 되는 바로 그 순간, 실용적인, 즉 도구적인 가치를 지닐 수 있다. 일부 유기체들이 자연에서 기아를 겪어야 한다는 것은 매우 유감스럽고 슬프다. 기아가 때로 좋은 목적에 공헌할 수도 있기는 하지만, 그 말은 여전히 확고하게 진실이다.

30 정답 ② (did → was)

해설 Never before and never since has the quality of monumentality been achieved as fully as it ②did in Egypt.

⇒ 'as it did'에서 <u>did</u>는 대동사인데 이 대동사의 선행사(대동사가 가리키는 말)는 '<u>be</u> achieved ~'가 되는데, 이 <u>be</u> 동사를 고려하면 대동사 '<u>was</u>'가 올바른 표현이다('it'은 'the quality of monumentality'를 가리키고 문맥상 그것이 달성되었다는 의미로 'was achieved'를 대신할 수 있게 'did'를 'was'로 고쳐야 한다)

① 전치사 'to'에 이어지는 동명사의 출현은 어법상 올바르다.

③ 앞에 있는 복수 명사인 structures를 대신하는 대명사 those의 출현은 어법상 올바르다.

④ 선행사 'that gigantic pile of stones'를 수식하는 관계절(that절)을 이끄는 주격 관계대명사 'that'의 출현은 어법상 올바르다

⑤ 등위접속사 'or'를 고려하면, 'even if it is'에 이어지는 표현으로 carved의 출현은 어법상 올바르다('<u>even if it is</u> only a few inches across or ~~even if it is~~ carved'=작품이 폭이 몇 인치에

<u>**불과하거나**</u> 나무에 새겨져 있을지라도)

해석 '기념비적' 이라는 말은 이집트 예술의 기본적인 특징을 표현하는 데 매우 근접하는 단어이다. 그 전에도 그 이후에도, 기념비성이라는 특성이 이집트에서처럼 완전히 달성된 적은 한 번도 없었다. 이에 대한 이유는 비록 이집트인들이 이 점에 있어서 몇 가지 대단한 업적을 달성했다는 것이 인정 되지만, 그들 작품의 외적 크기와 거대함이 아니다 많은 현대 구조물은 순전히 물리적인 크기의 면에서는 이집트의 구조물들을 능가한다. 그러나 거대함은 기념비성과는 아무 관련이 없다. 예를 들어, 겨우 사람 손 크기의 이집트의 조각이 Leipzig의 전쟁 기념비를 구성하는 그 거대한 돌무더기보다 더 기념비적이다. 기념비성은 외적 무게의 문제가 아니라 '내적 무게' 의 문제이다. 이 내적 무게가 이집트 예술이 지닌 특성인데, 이집트 예술은 그 안에 있는 모든 작품이 단지 폭이 몇 인치에 불과하거나 나무에 새겨져 있을지라도, 마치 산맥처럼 원시 시대의 돌로 만들어진 것처럼 보일 정도이다.

Part 4
독해비법 논리독해

한편의 글은 전부 어떤 특정한 흐름(Flow), 즉 특정한 전개방식(Development Process)을 가지게 되어있다. 글의 특정한 전개방식이란 논리적 전개방식을 의미하는데, 논리적 전개방식이란 대개 문장과 문장 간에 적용되는 것으로, 예를 들어 첫 문장이 주제이고 그 다음 문장은 예시가 되는 그런 전개방식은 '주제-예시'라는 '포함의 논리' 전개방식이 적용된 것이다. 논리전개방식은 문장과 문장뿐만 아니라, 어구와 어구 간에도 적용되고, 문단과 문단 간에도 적용된다.

※ 포함의 논리: 집합이 원소를 포함하고 있듯이, 글의 경우에도 주제문(집합)이 예시문(원소)를 포함하는 것이 '포함' 의 논리 전개방식이다.

흐름(Flow)이란 배(ship), 물고기(fish), 기타 물체 등이 목적지에 도달하기까지 강이나 바다의 정해진 흐름을 타고 흘러감을 의미한다. 글의 흐름(전개)도 마찬가지로, **중심소재들(핵심어들)**이 어떤 **정해진 (특정한) 흐름(전개)**을 타고 어떤 정해진 목적지에 이르게 된다(특정한 목적을 달성하게 된다). 즉, **글의 전개는 어떤 특정한 논리적인 흐름(Flow) 속에서 이루어진다**. 이런 글의 흐름이 곧 논리전개방식이고 글의 전개방식이다. 다음은 기본적이면서 대표적인 논리전개방식(글의 전개방식)들이다.

(1) 주제-상술(예시): 주제를 언급한 후 그것을 상세히 서술해 나가는 구성방식
(2) 추가(나열): '주제-예시' 언급 후에 또 다른 예시를 추가하는 전개방식(논리관계)
(3) 유추: 먼저 주제와 유사(평행)한 내용(사례)을 언급한 후에 주제를 언급해 나감
(4) 인과: '원인 후 결과' 혹은 '결과 후 원인'의 구성방식
(5) 대립: 전과 후가 서로 대립적인 내용의 구성방식
(6) 문제-해법: 문제점을 언급한 후에 해법(필요)을 언급해 나감

이런 흐름(Flow)은 글 전체의 '큰 틀'의 흐름인데 '문장과 문장의 연결' 혹은 '어구와 어구의 연결'과 같은 '작은 틀'의 흐름도 위에서 언급된 논리전개방식(= 글의 흐름)을 따른다.
수능시험에 나오는 문장제거 문제, 순서배열 문제, 문장삽입 문제들은 바로 이런 흐름을 이해하는지를 확인하는 유형이다. 그래서 이들을 흐름파악 문제유형이라고 한다.

실제 시험에 적용시에는 대체로 고난도 문제 풀이의 마지막 수단인 '큰 틀'의 흐름을 이해하는 것보다는 먼저 문장과 문장의 연결 혹은 구와 구의 연결과 같은 '작은 틀'의 흐름을 파악하는 것에 일단 조점을 두자. 여기에 이 '작은 틀' 흐름에 대한 비법들이 제시되니 반드시 숙지해두기 바란다. '**독해란 곧 논리**'라는 말을 명심하길 바란다.

독해란 곧 논리(논리전개방식)!

다음은 정보의 유형과 정보구성(정보배열: 글의 전개방식)에 대한 것으로 글의 흐름을 이해하는 데 필수적인 부분이므로 충분하게 학습하기를 바랍니다. 이 Part4의 목적은 정보의 유형과 정보의 구성(글의 전개방식)을 알아봄으로써 글의 윤곽(outline) 혹은 큰 틀(frame)을 파악하여 신속하게 글을 읽어나가며 시험문제를 해결하는 것에 있다.

1. 정보의 유형

1) 동반(同反) 관계(쌍): 동의관계 & 반의관계

2) 상하(上下) 관계(쌍): 일반(포괄) & 구체(세부)

3) 선후(先後)/인과(因果) 관계(쌍): 신-구 정보 & 장-단 정보

4) 주종(主從) 혹은 경중(輕重) 관계(쌍)

2. 정보 배열의 원리 (글의 전개방식 = 논리 전개방식)

1) 선후(인과) 구성

① 선후와 순서/ 절차/ 과정

② '인과'와 '원리' 구성

③ 실험(과정)

④ '질문-응답' 구성

2) 비 선후 구성

① Main-Support (주제-뒷받침)

② Background-Main (배경-주제)

③ 반전과 대립 구성

④ 정의/ 나열/ 분류/ 대비

1 | 정보의 유형

대개의 문장들은 "x는 y이다" 혹은 "x는 y하다"의 형식으로 구성되므로 "x"와 "y",이 두 가지 정보가 무엇인지 아는 것이 중요한데, 대개 "x"는 등장인물이나 핵심대상(중심 소재 혹은 화제: **Topic**)과 같은 **Item(아이템)정보**이고 "y"는 x를 서술하는 **Content(내용)정보**로 간주된다. 이런 관점에서 보면, 정보(Information)의 유형(Type)에는 등장인물이나 핵심대상(화제: Topic)과 같은 **Item(아이템)정보**와 핵심대상의 내용을 설명해주는 **Content(내용)정보**가 있다.

예를 들어 "**The car** is **dirty**"(그 차는 더럽다)에서 'the car'는 **Item정보**이며 'dirty'는 'the car'라는 Item의 **Content정보**(Value정보, Meaning정보 혹은 Quality정보라고도 함)가 된다. 이 **'Item정보 + Content정보'를 Idea정보**라고 한다.

이런 관점에서 보는 정보의 유형 이외에 문제해결에 필요한 정보의 유형들이 있다. 하나의 글(지문)에는 중요한 **Item(아이템)정보**들과 **Content(내용)정보**들이 등장하는데 이것들 간의 관계를 나타내는 정보(**관계 정보**)가 있다. 이런 관계 정보에는 4가지 유형이 있다.

1) 동반 관계 2) 상하 관계 3) 선후(인과) 관계 4) 주종 관계

이런 **정보의 유형과 관계(연결)**를 파악하는 것이 **문제해결의 Key(열쇠) 혹은 단서**가 된다. 단락 속에서 정보의 유형과 관계(연결)을 이해하면, 빠르고 쉽게 문제를 해결할 수 있다. 이런 내용을 모르고 문제를 푼다면 어려운 유형의 문제는 항상 어렵게 느껴질 것이고 또한 문제를 푸는 시간도 많이 소비되어 결국 답답한 상황에 처하게 된다.

1 동반^同反^관계(쌍): 동의 & 반의관계

(1) 정보의 동의관계(Synonymy): 정보들 간의 동의관계

정보의 동의관계(Synonymy)는 동의어쌍으로 이해된다. 이런 동의어(쌍)은 **Transformer**(변형어 = 이형동의어 = 문맥상 동의어)와 같은 말이기도 하다. big과 large, student와 learner, love와 like, praise(칭찬)와 applause(박수갈채)는 다들 동의어쌍으로서 주제 혹은 요지를 물어보는 문제에서 이런 동의관계를 고려하여 문제를 해결하면 쉽게 풀리는 경우가 많다.

대개 주제와 요지(예를 들어, 칭찬은 어린이에게 장기적으로는 효과가 없다)를 구성하는 성분인 **핵심어**(예를 들어, 칭찬 praise)는 여러 번 반복되기 마련인데, 맨 처음에 언급될 때는 A(예를 들어, praise)라는 표현이 두 번째 언급될 때 B(예를 들어, applause)로 바뀌지만 두 표현의 내용(의미)이 같다면 결국 두 표현 A와 B는 동의어쌍으로 이해되며 이 동의어쌍이 바로 핵심어가 된다. 핵심어를 알면 주제와 요지를 파악할 수 있으므로 여러 번 반복되는 어구를 찾거나 동의어쌍을 찾거나 해야 한다.

Transformers (변형어들)

Praise (칭찬)의 변형어들
= Positive expression(긍정적인 표현)
= Encouraging words(용기를 북돋는 말)
= Applause (박수갈채)
= Good job! (잘했어요!)

"칭찬"(praise)이란 말과 동의어들은 위와 같은데, **대명사**로 등장하거나, 때로는 **비유적인 표현**으로 등장하기도 한다. 다음 문제를 풀어보자. '문제 01'의 지문 속에 밑줄친 부분인 'the large pink ~ a cake' = praise)

01 다음 글의 요지로 가장 적절한 것은?

Although praise may encourage children to continue an activity while an adult is watching, according to recent studies, they are less likely to continue the activity when the adult leaves or to repeat the activity in the future. Rather than increasing children's commitment to positive behavior, praise encourages children to find ways to get future verbal "goodies" from important adults. In other words, praise is like **the large pink icing rose in the center of a cake**. It is appealing and at first bite its sweetness tastes wonderful. A couple more bites still might taste good, but it quickly becomes overly sweet. It has only one simple flavor; we soon tire of it and if we eat very much at any one time, we might even feel slightly ill. It may provide some quick energy but it provides no nourishment and doesn't support growth or health.

① 칭찬은 어린이에게 장기적으로는 효과가 없을 수 있다.
② 칭찬받는 어린이는 정신적으로 건강하게 성장한다.
③ 칭찬은 어린이의 바람직한 행동을 유발할 수 있다.
④ 어린이를 칭찬할 때는 달콤한 언어를 삼가야 한다.
⑤ 어린이를 칭찬하는 어른은 일관성을 유지해야 한다.

정답 ①

풀이 이 글은 칭찬의 위험성을 말하고 있는데, 아이들을 칭찬하면 당장은 아이의 행동을 계속하게 할 수 있지만, 이후에 그 행동을 반복하게 할 가능성은 낮으며, 장기적으로는 설탕과자처럼 곧 질리게 되고 너무 많이 먹으면 속이 울렁거리며, 성장이나 건강에 도움이 되지 않는다는 내용이므로, 이 글의 요지로는 ①이 적절하다.

해석 칭찬은 어른이 지켜보는 동안에는 아이들이 어떤 행동을 계속하도록 만들어 줄지는 모르지만, 최근의 연구에 따르면, 그 어른이 떠나게 되면 그 행동을 계속하거나 이후에 그 행동을 반복할 가능성은 낮다. 칭찬은 아이들이 바람직한 행동에 몰두하는 것을 증대시키기보다는, 아이들이 중요한 어른들로부터 앞으로 있을

말로 된 '맛난 것'을 얻을 방법들을 찾으려고 하게끔 만든다. 다시 말해서, 칭찬은 케이크 가운데에 있는 커다란 핑크색 장미꽃 모양의 설탕과자와 같다. 그것은 맛있어 보이고 처음 한 입은 그 달콤함이 굉장하다. 몇 번 더 먹어도 여전히 맛있을 수는 있겠지만, 그것은 금방 지나치게 달게 된다. 그것은 단 한 가지 단순한 맛만 가지고 있다. 그래서 우리는 금방 그 맛에 싫증이 나고, 한 번에 너무 많이 먹으면 약간 속이 울렁거릴 수도 있다. 그것은 약간의 즉각적인 에너지를 줄지는 모르지만 자양분을 주는 것은 아니며, 성장이나 건강에 도움이 되지 않는다.

(2) 정보의 반의관계(Antonomy): 정보들 간의 반의관계(대립쌍)

정보의 반의관계(Antonomy)는 반의어쌍(대립쌍)으로 이해된다. dirty(더러운)와 neat(깔끔한), hot(뜨거운)과 cold(차가운), lock(잠그다)과 unlock(풀다), teacher(가르치는 사람)와 student(배우는 사람)는 다들 반의어쌍(대립쌍)으로서, 위에서 언급된 동의관계와 마찬가지로 주제 혹은 요지를 물어보는 문제에서 이런 반의관계를 고려하여 문제를 해결하면 쉽게 풀리는 경우가 많다. 위에서 언급되었듯이, 동의어쌍으로 핵심어를 찾아서 주제 혹은 요지를 파악하듯이 한 지문에서 여러 번 언급되는 반의어쌍(대립상)도 결국은 핵심어이므로 반의어쌍(대립쌍)도 주제 혹은 요지를 파악하는데 중요한 단서가 된다.

02 다음 글의 주제로 가장 적절한 것은?

Why is it difficult to find a runner who competes equally well in both 100-m and 10,000-m races? The primary reason is that our muscles contain two main types of muscle fibers, called slow and fast muscle fibers. Slow muscle fibers are muscle cells that can sustain repeated contractions but don't generate a lot of quick power for the body. They perform better in endurance exercises, like long-distance running, which require slow, steady muscle activity. Fast muscle fibers are cells that can contract more quickly and powerfully than slow muscle fibers but fatigue much more easily; they function best for short bursts of intense activity, like weight lifting or sprinting.

① reasons for runners to develop strong muscles
② differences between slow and fast muscle fibers
③ comparison of sprinting with long-distance running
④ necessity of building muscles for long-distance runners
⑤ relationship between muscle fibers and physical fatigue

서로 반의 관계인 느린(slow) 근섬유(muscle fiber)와 빠른(fast) 근섬유를 비교하면서 둘의 대립(차이)를 설명하는 글이다.

정답 ②

풀이 ① 달리기 선수가 강한 근육을 발달시키게 되는 원인
② '느린 근섬유와 빠른 근섬유의 차이점'
③ 단거리 달리기와 장거리 달리기의 비교
④ 장거리 달리기 선수에게 있어서 근육을 발달시키는 것의 필요성
⑤ 근섬유와 신체 피로의 관계

해석 100미터 경주와 10,000미터 경주 모두에서 똑같이 경기를 잘하는 주자를 찾는 것이 왜 어려울까? 주된 이유는 우리의 근육이 느린 근섬유와 빠른 근섬유로 불리는 주요한 두 형태의 근섬유를 포함하고 있기 때문이다. 느린 근섬유는 반복적인 수축을 견딜 수는 있지만, 신체를 위한 신속한 힘을 많이 만들지는 않는 근육 세포이다. 그것은 장거리 경주와 같이 느리고 꾸준한 근육 활동이 필요한 지구력 운동에서 더 잘 작동한다. 빠른 근섬유는 느린 근섬유보다 더 빠르고 강력하게 수축할 수 있지만, 훨씬 더 쉽게 피로해지는 세포이다. 그것은 역도나 단거리 경주와 같은 짧고 폭발적인 격렬한 활동에서 가장 잘 작용한다.

2 상하 관계: 일반(포괄) & 구체(세부)

정보의 추상성(구체성)에 따라, General Information(추상적인, 일반적인, 포괄적인, **상위적인 정보**)과 Specific Information(구체적인, 세부적인, 지엽적인, **하위적인 정보**)으로 나뉜다. Main Information은 General Information이고, Support Information은 Specific Information이다.

a. 생물 ⊃ 동물 ⊃ 척추동물
b. Positive expression ⊃ Encouraging words ⊃ Good job!
(긍정적인 표현) (용기를 북돋는 말) (잘했어!)

3 선후先後관계: 신/구 & 장/단 & 인과

선후 관계에는 두 가지 차원이 있다. 하나의 차원은 (1) New/Old Information (신/구 정보), 다른 하나의 차원은 (2) Long/Short Information(장/단 정보)이다.

(1) New / Old Information (신/구 정보)

대체로, Old Information(구정보)은 먼저 등장하는(언급되는) 정보인 **선행先行정보**로 이해되고 New Information(신정보)은 선행정보의 다음에 등장하는(언급되는) **후행後行정보**로 이해된다. 아래의 a dog은 신정보, the dog은 구정보다

a. There is a dog in a school. Students in the school love the dog.

b. Though he has many friends, he feels lonely.
구정보 (친구가 많다는 사실) 신정보 (외로움을 느낌)

※ **기존/참신 정보 : 기존정보**는 예를 들어 배경지식, 기존의 친숙한 정보(old information)이고 **참신정보**는 '참신하다'는 의미도 있지만 참되고 새로운 정보(new information) 즉 필자의 중심생각

으로 이해된다. 대개 기존정보가 먼저 나온 후 참신정보는 이후에 나온다. 뒤에 언급될 경중 정보, 진위 정보와 맥을 같이 한다. (**중重 정보** 혹은 **진眞 정보**가 필자의 중심생각이 된다)

(2) Long / Short Information (장/단 정보)

대체로, Long Information(**장長 정보**)은 먼저 등장하는(언급되는) 정보인 **선행先行정보**로 이해되고, Short Information(**단短 정보**)은 선행정보인 Long Information의 다음에 등장하는(언급되는) **후행後行정보**로 이해된다. 대개 '**대명사**'는 구정보이면서 **단 정보**이므로 **후행정보**로 간주된다.

다음 글에 등장하는 'the modern white wedding dress'(선행정보)가 'the white dress'(후행정보)보다는 먼저 등장하는 것이 적절한데, 이 등장순서가 바뀌면 어색하게 된다.

> We wear a kind of uniform for a purpose. One is **the modern white wedding dress** western cultures use. Women wear **the white dress** to be married. (우리는 일정한 목적을 위해 일종의 유니폼을 입는다. 한 예는 서양 문화권이 사용하는 **현대식 흰 웨딩드레스**이다. 여성들은 결혼하기 위해 그 **흰 드레스**를 입는다.)

(3) 인과 관계

> The "biodiversity-invasibility hypothesis"by Elton suggests that high biodiversity increases the competitive environment of communities and makes them more difficult to invade.

> **해석** Elton에 의한 '생물 다양성 - 침입성' 가설은 높은 다양성이 군집의 경쟁력 있는 환경을 증가시켜 그 군집에 침투하는 것을 더 어렵게 만든다고 제안한다.

주어인 'high biodiversity(높은 생물학적 다양성)'가 원인 정보이고 'increases competitive environment of communities(군집 경쟁력 즉강)'가 결과정보이다. 또한 여기서의 and는 "그리고, ~하고"로 해석되는 단순 대등관계라기보다는 "그래서, ~해서"로 해석되는 '인과' 논리관계 연결사로 간주된다. and가 연결시키는 앞 문장(high biodiversity increases the competitive environment of communities)과 뒷 문장(~ makes them more difficult to invade)이 인과 관계로 연결되어 있다.

4 주종主從 / 경중輕重 관계: Major & Minor Information

주종主從관계란 말이 있듯이, Main(Major) Information(**주 정보**)은 글의 중심내용(중심생각, 주제, 요지)이고, Support(Minor) Information(**종 정보**)은 글의 중심내용을 뒷받침해주는 정보이다. 예시가 대표적인 Support Information이다. 또한 대체로 Main Information은 General Information (일반적인 정보)이며, Support Information은 Specific Information(구체적인 정보)이다.

한편, '사안의 **경중輕重**(중요도)을 따져보다'는 말이 있듯이, 정보의 가치(중요도) 측면에서 더 중요한 Primary(Major) Information(**중重 정보**)는 덜 중요한 정보인 Secondary(Minor) Information(**경輕 정보**)와 양립(대립)된다.

'Main Introduction(중심생각이 등장하는 머리말)+Support Information(뒷받침내용)'으로 구성된 지문의 구조에서 Support Information에는 예시, 뒷받침근거 등의 상술 정보(상세하게 서술해주는 정보)가 나온다.

※ **진-위 정보**: '진위眞僞여부를 가리자'란 말이 있듯이, 진짜, **진眞 정보**(진실된 정보)와 그 반대인 **위僞 정보**(가짜, 허위정보)가 있다. **True Information**과 **False Information**은 서로 대립되는 정보(대립쌍)인데 정보의 배열 측면에서 대체로 False Information(대개 Old Information)이 먼저 등장하고 이후에 True Information(대개 New Information)이 등장하는 경우가 많다.

다음 문제에서 아래의 밑줄 친 **However**를 전후하여 However의 앞쪽에는 **위僞 정보** 혹은 **경輕 정보**가 배치되어 있고 However의 뒤쪽에는 **진眞 정보** 혹은 **중重 정보**가 배치되어 있다. 당연히 **진 정보** 혹은 **중 정보**가 필자의 중심생각(주제 혹은 요지)이 된다.

03 다음 글의 주제로 가장 적절한 것은?

Emotions usually get a bad reputation. They are often seen as something to be regulated or managed. People even think emotions are harmful if they get out of control. <u>However</u>, all emotions have a point. They played an important part in our evolutionary history and helped us survive. For example, by seeing disgust on someone's face when presented with moldy food, we were able to avoid eating something dangerous. By communicating happiness, we were able to develop beneficial social interactions. Even anger was an important emotion to our ancestors, motivating us to seek food when we were hungry, to fight off predators and to compete for scarce resources.

① reasons we need to hide our emotions
② difficulties of reading others' emotions
③ contributions of emotions to human survival
④ ways of expressing emotions in different cultures
⑤ differences between emotional and physical responses

moldy 곰팡이가 낀 | reputation 평판 | regulate 조절하다 | have a point 나름의 의미[이유]가 있다
evolutionary 진화의 | disgust 혐오, 역겨움 | beneficial 유익한 | interaction 상호작용
ancestor 조상 | motivate 자극하다 | predator 포식자 | scarce 부족한

However를 전후하여 However의 앞쪽에는 위僞 정보 혹은 경輕 정보가 배치되어 있고 However의 뒤쪽에는 진眞 정보 혹은 중重 정보가 배치되어 있다. 당연히 진 정보 혹은 중 정보가 필자의 중심생각(주제 혹은 요지)이 된다.

정답 ③

해설 ① 우리가 감정을 숨겨야 하는 이유
② 다른 사람의 감정을 파악하는 것의 어려움
③ 인간의 생존에 대한 감정의 기여
④ 다양한 문화에서 감정을 표현하는 방법
⑤ 감정적 반응과 신체적 반응의 차이

해석 감정은 보통 평판이 나쁘다. 감정은 종종 조절되거나 관리되어야 할 것으로 여겨진다. 심지어 사람들은 감정이 통제되지 않으면 해롭다고 생각한다. 하지만 모든 감정은 나름의 의미가 있다. 감정은 우리의 진화 역사에서 중요한 역할을 했으며 우리가 생존하는 데 도움을 주었다. 예를 들면 곰팡이가 낀 음식을 제공 받은 사람의 얼굴에 드러난 혐오감을 봄으로써 우리는 위험한 것을 먹지 않고 피할 수가 있었다. 우리는 행복감을 전달함으로써 유익한 사회적 상호작용을 발전시킬 수 있었다. 심지어 분노도 우리의 조상들에게 중요한 감정이었는데, 배고플 때 음식을 찾고 포식자를 물리치고 부족한 자원을 위해 경쟁하도록 자극했다.

2 | 정보 배열의 원리

글의 전개방식 = 논리 전개방식

Key item(중심소재: 핵심어구) 혹은 Key content(핵심 내용)과 같은 중심 정보를 전개하는 방식은 크게 두 가지로 나뉠 수 있다. 출제비중이 높은 것은 Main-Support 구성, 반전 및 대립 구성, 인과 구성, 실험과정 구성, 선후(순서) 구성 등이다.

1) 선후(인과) 구성
- ① 선후와 순서/ 절차/ 과정
- ② '인과'와 '원리' 구성
- ③ '실험(과정)'
- ④ '질문-응답' 구성

2) 비 선후 구성
- ① Main-Support (주제-뒷받침)
- ② Background-Main (배경-주제)
- ③ 반전과 대립 구성
- ④ 설명/ 정의/ 나열/ 분류/ 대비

1 선후 구성

다음에 설명하는 "선후" 구성은 시간적인(혹은 공간적인) 흐름과 관련된 구성을 가진 글로 간주하면 된다.

(1) 선후와 순서/ 절차/ 과정

다음 글(문제)은 "선후" 구성의 대표적인 Biography(일대기, 전기)식의 전개를 보여준다.

04 Clara Barton에 관한 다음 글의 내용과 일치하지 않는 것은?

Clara Barton was born on Christmas Day in 1821 in Massachusetts. At the age of seventeen, Barton began to work as a schoolteacher in a summer school and later decided to get a degree in education. She went to college in New York and graduated in 1851. She worked at a private school and eventually opened her own school in New Jersey in 1853. After that, she worked for a government office in Washington D.C., where she was fired just because she was a woman. It made her fight for the rights of women to be treated equally in the work place. Throughout the Civil War, Barton nursed wounded soldiers back to health and became known as the "Angel of the Battlefield." While traveling overseas Barton learned of an organization called the International Red Cross. She wanted to bring the organization to America. It took a lot of effort, but Barton finally founded the American Red Cross in 1881.

① 17세에 여름학교 교사로 일하기 시작했다.
② 뉴욕에서 대학을 다녔다.
③ 여성이라는 이유로 관공서에서 해고당했다.
④ 부상당한 군인들을 간호했다.
⑤ 국제 적십자사를 창설했다.

이 글의 전개방식은 시간의 흐름에 따라 구성되는 "선후" 구성 중 하나인 Biography(일대기, 전기)식이다.

정답 ⑤ ("국제"가 아니라 "미국" 적십자사를 창설했다)

해석 Clara Barton은 1821년 크리스마스 날 Massachusetts주에서 태어났다. 17살 때, Barton은 여름학교에서 교사로 일하기 시작했고 이후에 교육 분야에서 학위를 받기로 결심했다. 그녀는 New York에서 대학을 다녔고 1851년에 졸업했다. 그녀는 사립학교에서 근무했고 마침내 1853년 New Jersey에서 자신의 학교를 세웠다. 그 후, 그녀는 Washington D.C.에 있는 관공서에서 근무했고, 단지 여자이기 때문에 해고당했다. 그것은 직장에서 평등하게 대우받을 여성의 권리를 위해 그녀가 싸우도록 만들었다. 남북전쟁 기간 내내, Barton은 부상당한 군인들을 건강한 상태가 되도록 간호하였고 '전장의 천사'로 알려졌다. 해외를 여행하는 동안 Barton은 국제 적십자사라고 불리는 기관에 대해 알게 되었다. 그녀는 미국에 그 기관을 도입하고 싶어 했다. 많은 노력이 들었지만, Barton은 마침내 1881년 미국 적십자사를 창설했다.

(2) '인과' 와 '원리' 구성

인과 구성이란 원인을 먼저 언급한 후 그 다음 결과를 언급하는 구성으로서, 대표적인 예로는 문제-해법 구성(문제 제기 후, 해법 제시)이 있다. 아래 5번 문제(글)을 참고하라.
아래 (3)의 실험과정 구성도 '인과'와 '원리' 구성의 대표적인 사례이다

05 다음 빈칸에 들어갈 가장 적절한 것은?

The role of science can sometimes be overstated, with its advocates slipping into scientism. Scientism is the view that the scientific description of reality is the only truth there is. With the advance of science, there has been a tendency to slip into scientism, and assume that any factual claim can be authenticated if and only if the term 'scientific' can correctly be ascribed to it. The consequence is that non-scientific approaches to reality – and that can include all the arts, religion, and personal, emotional and value-laden ways of encountering the world – may become labelled as merely subjective, and therefore of little ___________ in terms of describing the way the world is. The philosophy of science seeks to avoid crude scientism and get a balanced view on what the scientific method can and cannot achieve.

*ascribe: 속하는 것으로 생각하다 *crude: 투박한

① question
② account
③ controversy
④ variation
⑤ bias

글의 중반부(네 번째 문장)에 나오는 '그 결과'로 해석되는 'The consequence is~' 부분부터 결과가 나온다. 이 파트의 위에 나오는 파트(내용)은 당연히 원인 혹은 근거가 나오게 된다. 따라서 이 글의 구성(전개방식)은 글의 초반부(시작부)는 원인(근거) 정보이고 중반부('The consequence is~'이후) 부분에는 결과가 나오는 인과의 구성이다. 그리고 후반부(마지막 문

장)에는 해법 파트(해법 정보)가 나온다. 해법 파트의 위에 나오는 파트(내용)은 '문제점 제시 파트'이어야 하므로, 이 글의 초반부와 중반부는, 큰 흐름으로 묶어서 보면, 둘 다 '문제점 제시 파트'라고 볼 수 있다.

정답 ②

풀이 과학만능주의에서는 현실에 대한 과학적 설명만이 유일한 진실이라고 여기면서 현실에 대한 비과학적인 접근은 주관적인 것에 불과하고 중요하지 않은 것으로 분류하려 한다는 내용이므로, 빈칸에는 ② '중요성'이 가장 적절하다. ① 의문 ③ 논쟁 ④ 변화 ⑤ 편견

해석 과학의 역할은 때때로 과장될 수 있고, 그것의 옹호자들은 과학만능주의에 빠져든다. 과학만능주의는 현실에 대한 과학적 기술만이 존재하는 유일한 진실이라는 견해이다. 과학의 발전과 함께, 과학만능주의에 빠져들어 '과학적' 이라는 용어가 정확하게 그것 에 속하는 것으로 생각될 수 있는 경우에 그리고 오직 그런 경우에만 사실에 입각한 어떤 주장이든 진짜로 입증될 수 있다고 가정하는 경향이 있어 왔다. 그 결과, 현실에 대한 비과학적 접근 방식은 — 그런데 그것에는 모든 예술, 종교, 그리고 세상을 접하는 개인적, 감정적, 가치 판단적인 방식이 포함될 수 있다 — 주관적인 것에 불과하고, 따라서 세상이 존재하는 방식을 기술하는 것의 관점에서 거의 중요하지 않은 것으로 분류될지도 모른다. 과학 철학은 투박한 과학만능주의를 피하고 과학적 방법이 성취할 수 있는 것과 성취할 수 없는 것에 대한 균형 잡힌 시각을 가지려고 노력한다.

06 밑줄 친 부분 중, 문맥상 낱말의 쓰임이 적절하지 않은 것은? 2020학년도 수능 31번 문제

Suppose we know that Paula suffers from a severe phobia. If we reason that Paula is afraid either of snakes or spiders, and then ① establish that she is not afraid of snakes, we will conclude that Paula is afraid of spiders. However, our conclusion is reasonable only if Paula's fear really does concern either snakes or spiders. If we know only that Paula has a phobia, then the fact that she's not afraid of snakes is entirely ② consistent with her being afraid of heights, water, dogs or the number thirteen. More generally, when we are presented with a list of alternative explanations for some phenomenon, and are then persuaded that all but one of those explanations are ③ unsatisfactory, we should pause to reflect. Before ④ denying that the remaining explanation is the correct one, consider whether other plausible options are being ignored or overlooked. The fallacy of false choice misleads when we're insufficiently

attentive to an important hidden assumption, that the choices which have been made explicit exhaust the ⑤ <u>sensible</u> alternatives.

*plausible: 그럴듯한 *fallacy: 오류

④ denying이 속해 있는 문장의 시작을 인과 단서인 Before로 시작한다. **<u>Before 이하의 파트</u>**(denying that the remaining ~ correct one: 여러 설명들 중에서 그 남아 있는 하나만이 옳은 설명이라는 것을 부인하기)에는 결과가 나오고, **<u>주절파트</u>**(consider whether ~ or overlooked: 다른 설명들이 무시되거나 간과되고 있지 않은지 고려해 보라)에는 원인이 나온다. 따라서 Before 이하의 파트가 '어떤 현상에 대한 여러 가지 설명들 중에 하나의 설명만 옳은 것이라고 ~~부인하기~~(→인정하기) 전에'로 해석되어야만, 그것의 원인 파트(주절 파트)와 타당한 인과의 논리관계가 성립된다.

정답 ④ denying (부정하다) → conceding (인정하다)

해석 Paula가 극심한 공포증을 겪는다는 것을 우리가 안다고 가정해 보자. Paula가 뱀이나 거미 둘 중 하나를 두려워한다고 추론한 다음, 그녀가 뱀을 두려워하지 않는다는 것을 규명한다면, 우리는 Paula가 거미를 두려워한다고 결론지을 것이다. 그러나 우리의 결론은 실제로 Paula의 두려움이 뱀이나 거미 둘 중 하나와 관계가 있는 경우에만 타당하다. 만약 우리가 Paula가 공포증이 있다는 것만 알고 있다면, 그녀가 뱀을 두려워하지 않는다는 사실은 그녀가 높은 곳, 물, 개, 또는 숫자 13을 두려워 한다는 것과 전적으로 양립한다. 더 일반적으로는 우리에게 어떤 현상에 대한 일련의 대 안적 설명이 제공되고, 그런 다음 그 설명들 중 하나를 제외하고는 모든 것이 적절하지 않다는 것을 확신한다면, 우리는 멈춰서 심사숙고해야 한다. 남아 있는 그 설명이 옳은 것이라는 것을 부정하기(→인정하기) 전에, 타당해 보이는 다른 선택 사항들이 무시되거나 간과되고 있는지를 고려해 보라. 잘못된 선택의 오류는, 우리가 숨어 있는 중요한 가정에 불충분하게 주의를 기울이면, 명백한 것으로 밝혀진 선택 사항들이 합리적인 대안을 고갈시키도록 오도한다.

(3) 실험(과정)

실험(과정)의 글도 선후(순서) 구성으로 되어 있는데, 실험과정은 대체로 다음과 같다. 서두에는 실험의 목적, 즉 주제가 나오기도 하고 그렇지 않기도 하다. 대체로 서두에는 **실험대상(실험군과 대조군) 설정(소개)** → **실험과정(자극 혹은 조건)** → **실험결과(자극에 대한 반응)** → **결론(실험의 목적)**으로 구성되어 있다. 당연히 주제를 드러내는 결과와 결론부분이 중요하다.

07 다음 주어진 글에 이어질 적절한 순서는?

Keith Chen, a professor at Yale, had a question about what would happen if he could teach a group of monkeys to use money. Chen went to work with seven male monkeys at a lab.

(A) Once they learned how to use the coins, it turned out that individual monkeys had strong preferences for different treats. The monkey would exchange his coins for whichever food he preferred.

(B) So Chen gave the monkey a coin and then showed a treat. Whenever the monkey gave the coin back to Chen, he got the treat. It took months, but the monkeys eventually learned that the coins could buy the treats.

(C) When Chen gave a monkey a coin, he sniffed it and, after determining he couldn't eat it, he tossed it aside. When Chen repeated this, the monkey started tossing the coin at him.

*eventually 결국 toss 던져주다 sniff 냄새를 맡다

① (A) - (C) - (B) ② (B) - (A) - (C) ③ (B) - (C) - (A)
④ (C) - (A) - (B) ⑤ (C) - (B) - (A)

'실험군과 대조군의 설정'은 제시되시 않고, 실험군만 존재하는 단순한 실험(돈의 사용법 교육실험)이다.

정답 ⑤

해석 Yale 대학교수인 Keith Chen은 만약 그가 한 무리의 원숭이들에게 돈을 사용하도록 가르칠 수 있다면 어떤 일이 생길지에 대해 의문을 품었다. Chen은 일곱 마리의 수컷원숭이를 데리고 실험실에서 연구를 진행하였다. (C) Chen이 원숭이에게 동전을 주었을 때, 원숭이는 그것의 냄새를 맡고 먹을 수 없다는 것을 결정한 후에 그것을 던져버렸다. Chen이 이것을 반복했을 때, 원숭이는 그에게 동전을 던져주기 시작했다. (B) 그래서 Chen은 그 원숭이에게 동전을 주고난 후 먹을 것을 보여주었다. 원숭이가 동전을 Chen에게 돌려줄 때마다 원숭이는 먹을 것을 얻었다. 수개월이 걸렸지만, 원숭이는 마침내 동전으로 먹을 것을 얻을 수 있다는 것을 배웠다. (A) 일단 원숭이가 동전을 사용하는 법을 배우자, 각각의 원숭이들은 여러 가지 먹을 것에 대한 강한 선호도가 있다는 것이 드러났다. 원숭이는 그가 선호하는 음식과 동전을 교환했다.

08 다음 글의 빈칸에 적절한 것은?

When children turn four, they start to ____________________. If, for instance, you show a four-year-old a packet of gum and ask what's inside, she'll say, "Gum." You open the packet and show her that inside there's a pencil instead of gum. If you ask her what her mother, who's waiting outside, will think is in the packet once it's been reclosed, she'll say, "Gum," because she knows her mother hasn't seen the pencil. But children under the age of four will generally say that their mother will think there's a pencil inside because children of this age cannot yet imagine the world beyond their own reality. They think everyone knows what they know because they cannot model someone else's mind and, in this case, realize that someone must see something in order to know it.

*a packet 한 통

① express their needs more directly
② share their belongings with others
③ consider what other people are thinking
④ name objects based on their appearances
⑤ realize the happiness of learning from others

실험군(4살 아이들)과 대조군(4살 미만 아이들)을 고려하면 대조적인 반응(실험군의 반응과 대조군의 반응의 차이)이 나올 것이 예상된다. 실험군의 반응으로부터 "다른 사람이 무엇을 생각하는지 고려한다"는 결론이 나온다. 대조군의 경우는 반대의 결론이 나온다.

정답 ③

해석 어린이가 네 살이 되면, 그들은 다른 사람들이 무엇을 생각하고 있는지 고려하기 시작한다. 예를 들어, 만약 당신이 네 살 아이에게 껌 한통을 보여주고 무엇이 그 안에 있는지 물어보면, 그 아이는 '껌' 이라고 말할 것이다. 당신이 그 통을 열어 그 아이에게 껌 대신 연필 한 자루가 그 안에 있다는 것을 보여준다. 만약 당신이 일단 그것을 다시 닫고 그 아이에게 밖에서 기다리고 있는 그 아이의 엄마가 그 통 안에 무엇이 들어 있을 것이라고 생각하는지를 물어본다면, 그 아이는 엄마가 연필을 보지 않았다는 것을 알기 때문에 '껌' 이라고 말할 것이다. 그러나 네 살 미만의 어린이는 일반적으로 그들의 엄마가 그 안에 연필이 있다고 생각할 거라고 말할 것이다. 왜냐하면 이 나이의 어린이는 아직 그들 자신만의 현실을 넘어서 세상을 상상할 수 없기 때문이다. 그들(네 살 미만의 어린이)은 다른 사람의 관점에서 이해할 수 없고, 이러한 경우 그것을 알기 위해 누군가가 무언가를 봐야 한다는 것을 인식할 수 없기 때문에 그들은 모든 사람이 그들이 알고 있는 것을 안다고 생각한다.

09 **다음 글의 내용을 한 문장으로 요약하고자 한다. 빈칸 (A)와 (B)에 들어갈 말로 가장 적절한 것은?**

As part of a research project, a group of undergraduate students watched a film, after which they were asked to describe it as fully as possible to other students. The listeners were actually research assistants, and for half the participants they assumed a positive listening style (smiling and nodding); for the other participants they assumed a negative listening style (frowning and unsmiling). Participants describing the film to positive listeners included more of their own opinions about what the film was trying to say. In contrast, participants speaking to negative listeners focused solely on objective facts and concrete details. The theory is that the smiles and nods of a listener signal interest and agreement, which in turn encourage the speaker to share more personal insights. Negative body language triggers a threat response that causes the speaker to pull back into the relative "safety" of facts.

*undergraduate 대학생의 **pull back ~에서 물러나다

⬇

According to a research project, the __(A)__ of the information that speakers share depends on the type of __(B)__ response that listeners give.

	(A)	(B)		(A)	(B)
①	nature	non-verbal	④	source	verbal
②	usefulness	non-verbal	⑤	accuracy	initial
③	amount	verbal			

실험군(설명자A그룹)과 대조군(설명자B그룹)을 고려하면 대조적인 반응(실험군의 반응과 대조군의 반응의 차이)이 나올 것이 예상된다. 실험군(설명자 혹은 화자)에 주어지는 자극(조건)은 청자(자극을 주는 자)의 긍정적인 청취 스타일(미소 짓기와 끄덕이기)이고 대조군(설명자 혹은 화자)에 주어지는 자극(조건)은 청자의 부정적인 청취 스타일(찡그리기와 미소 짓지 않기)이다. 이 자극에 대한 반응은 실험군(설명자)의 경우, 영화가 말하고자 했던 것에 대한 그들(설명자 혹은 화자) 자신의 의견을 더 포함시키는 것이었고 대조군(설명자)의 경우, 단지 객관적인 사실과 구체적인 세부 사항만 언급한 것이었다. 결론은 자극을 주는 자인 "청자"의 긍정적인 자극(미소와 끄덕임)이 흥미와 동의를 나타내어 결국 화자로 하여금 더 많은 개인적인 이해를 공유하도록 한다(화자로 하여금 긍정적인 반응을 유발시킨다)는 것이다.

정답 ①

요약문 한 연구과제에 따르면, 화자가 공유하고자 하는 정보의 (A)속성은 청자가 주는 (B)비언어적 반응의 유형에 달려 있다.

해석 한 연구 과제의 일부로, 한 집단의 대학생들이 영화를 본 후 다른 학생들에게 그것을 가능한 충분히 설명해 줄 것을 요청받았다. 청자들은 실제로 연구 조교들이었고, 참여자의 절반에게는 긍정적인 청취 스타일(미소 짓기와 끄덕이기)을 취하는 척 했고 다른 나머지 참여자들에게는 부정적인 청취 스타일(찡그리기와 미소 짓지 않기)을 취하는 척 했다. 긍정적인 청자들에게 영화를 묘사하는 참여자들은 영화가 말하고자 했던 것에 대한 그들 자신의 의견을 더 포함시켰다. 대조적으로, 부정적인 청자들에게 말하는 참여자들은 오직 객관적인 사실과 구체적인 세부 사항에만 초점을 맞췄다. 그 이론은 청자의 미소와 끄덕임이 흥미와 동의를 나타내어 결국 화자로 하여금 더 많은 개인적인 이해를 공유하도록 한다는 것이다. 부정적인 몸짓 언어는 화자에게 사실의 상대적인 '안전성'으로 물러나게 하는 위협 반응을 유발한다.

(4) '질문-응답' 구성 : 질문 제시, 그 다음에 응답을 제시하는 구성

10 다음 글의 제목으로 적절한 것은?

If you watch airline attendants when flight safety instructions are being given, you'll notice that they hold the life jacket, oxygen mask, and other demonstration materials like pieces of art being auctioned at Christie's. Why? Because it draws attention to those items and conveys their importance. According to a large restaurant owner, his servers are taught to present trays of food to customers with both hands and with respect. Doing so leaves others with a more favorable impression of the server and the restaurant. The same principle applies to anything you hold while speaking in public. Whether it is a piece of paper, a workbook, or a product, if you want to let your audience know what you are holding is important, handle the item with respect and care.

*Christie' s: 크리스티 (미술품 · 골동품) 경매

① Give Away to Earn Money
② Be Creative to Draw Attention
③ Believe in Yourself to Persuade Others
④ Touch Your Audience with Personal Stories
⑤ Demonstrate Importance with Respect and Care

위의 밑줄 친 질문인 **why?**에 대한 응답이 있는 문장(위의 밑줄 친 Because이하)에 문제해결의 단서가 나온다. 응답에 필자의 중심생각이 들어있는 경우가 흔하다.

정답 ⑤

해석 비행 안전 교육이 진행되고 있을 때 비행기 승무원을 보면, 구명조끼, 산소마스크와 다른 시범용 물건을 크리스티 경매에서 경매되는 예술 작품처럼 들고 있는 것을 알 것이다. 왜일까? 그것이 그 물품에 대한 관심을 끌고 그 물품의 중요성을 전달하기 때문이다. 어떤 큰 음식점 주인에 따르면, 종업원은 손님에게 두 손으로 정중하게 음식이 담긴 쟁반을 가져다주도록 교육받는다. 그렇게 하는 것이 다른 사람들에게 그 종업원

과 그 식당에 대해 더 우호적인 인상을 남긴다. 이와 같은 원리는 여러분이 공개 연설을 하는 동안 들고 있는 어떤 것에나 적용된다. 그것이 한 장의 종이이건, 규정집이건, 제품이건 간에, 여러분이 들고 있는 것이 중요하다는 것을 청중이 알게 하고 싶다면, 그 물품을 정중하고 조심스럽게 다루어라.

① 돈을 벌려면 거저 주어라.
② 관심을 끌려면 창의력을 발휘하라.
③ 다른 사람들을 설득하려면 자신을 믿어라.
④ 개인적인 이야기로 청중을 감동시켜라.
⑤ 정중함과 조심스러움으로 중요성을 드러내라.

다음 글(문제)은 "질문-응답" 구성의 일종인 대화체의 글로서 질문-응답부분에 문제해결의 단서가 있다.

11 다음 글의 제목으로 가장 적절한 것은?

Consider an innocent question asked years ago by a son to his father: "Who invented the automobile?" Trying to be instructive, the father told his son that in about 1886 Karl Benz invented the automobile. "Wow, he must have been a real genius to figure out the engine, the brakes, the spark plugs, the wheels, and how everything worked together!" "Well, someone else invented the tires; I think it was Firestone. And then there was even the person who invented the wheel…" But then he experienced a moment of realization. "I think I may have misled you. No one person invented all of the components of the automobile. Many people made significant discoveries that led to the invention of the automobile."

① The Trap of Group Thinking
② Curiosity: A Key to Success
③ Always Think About What's Next
④ More Successes, More Good Ideas
⑤ One Great Invention, Many Inventors

위의 밑줄 친 질문("Who invented the automobile?")만 고려해보아도 정답추론이 가능하다.

정답 ⑤

해석 몇 년 전 한 소년이 아버지에게 했던 순진무구한 질문을 고려해보자. "누가 자동차를 발명했나요?" 교육적이기 위해, 아버지는 아들에게 1886년경에 Karl Benz가 자동차를 발명했다고 말했다. "와, 엔진, 브레이크, 점화플러그, 바퀴, 그리고 모든 것들이 어떻게 함께 작동하는지를 이해하다니 그는 진정한 천재였음에 틀림없어요!" "음, 다른 누군가가 타이어를 발명했단다. 내 생각에 그는 Firestone이야. 그리고 바퀴를 발명한 사람도 있어…" 그러나 그 때 아버지는 깨닫게 되었다. "내가 너를 오해하게 만들었을 수도 있다는 생각이 드는구나. 그 누구도 혼자서 자동차의 그 부품들을 모두 발명하지는 않았단다. 많은 사람들이 상당한 발견을 이루어 그것이 자동차의 발명에 이르렀단다."

2 비 선후 구성

대개의 설명문은 Main information(주제 혹은 요지가 되는 **중심정보**)이 나온 이후에 Supporting information(중심정보를 **뒷받침해주는 정보**)이 나온다. 이러한 구성을 Main-Support (주제-뒷받침) 구성이라고 한다. 대개 이러한 구성을 가지는 설명문의 구성(전개방식)에는 **"정의"식, "나열"식, "분류"식, "대비"식**이 있다. 한편, **Main-Support** (주제-뒷받침) 구성과 반대되는 **Background-Main** (배경-주제) 구성이나 반전 구성도 있다.

1) Main-Support (주제-뒷받침)

필자의 중심생각(요지)가 먼저 나오고 이후에는 뒷받침하는 내용이 나오는 구성으로 가장 흔한 구성이다. 이런 구성을 가지는 다음 2문제 풀어보자!

12 다음 글의 요지로 가장 적절한 것은?

The negative effects of extrinsic motivators such as grades have been documented with students from different cultures. Although this matter is more complex than simply regarding all extrinsic rewards as controlling or diminishing learning, we agree with Richard Ryan and his colleagues that people across different cultures are likely to express more satisfaction with their lives when their primary goals are intrinsic rather than extrinsic. Another consistent research finding is that when a learning activity is undertaken explicitly to attain some extrinsic reward, people respond by seeking the least demanding way of ensuring the reward. Since there are three decades of evidence that dominating instruction with a system of controlling external rewards may contribute to inferior learning, using a pedagogy based on theories of intrinsic motivation appears to be a more reasonable and effective approach to enhancing learning among culturally diverse students.

*pedagogy: 교수법

① 적절한 외적 보상이 삶의 만족도를 향상시킨다.
② 학습자의 외적 동기와 내적 동기의 균형이 필요하다.
③ 문화적 다양성을 고려한 교육 이론의 확립이 중요하다.
④ 내적 동기의 교육적 기능에 대한 실질적인 연구가 시급하다.
⑤ 내적 동기 부여가 문화적 배경이 다른 학생들의 교육에 효과적이다.

첫 번째 문장이 주제문이고 이후에는 뒷받침하는 내용이 나오는 Main-Support (주제-뒷받침) 구성임

정답 ⑤

해설 다양한 문화권 출신의 학생들을 대상으로 한 연구 결과를 보면 외적인 동기 부여보다는 학습을 위한 내적인 동기 부여의 접근법이 더 효과적이라는 내용의 글이다.

해석 성적과 같은 외적인 동기 부여 요인의 부정적인 영향은 다양한 문화권 출신의 학생들에게서 서류로 입증되어 왔다. 비록 이 문제가 단지 모든 외적인 보상을 통제하거나 학습을 감소시키는 것으로 여기는 것보

다 더 복잡하지만, 우리는 다양한 문화에 걸쳐있는 사람들은 그들의 주된 목표가 외적이기보다는 내적일 때 그들의 삶에 더 만족감을 표현할 가능성이 있다는 Richard Ryan과 그의 동료들에게 동의한다. 또 다른 일관된 연구 결과는 어떤 외적인 보상을 얻기 위해 명시적으로 어떤 학습 활동을 할 때 사람들은 그 보상을 보장해 주는 가장 덜 힘든 방식을 추구함으로써 반응한다는 것이다. 외적인 보상을 통제하는 체제를 가진 지배적인 가르침이 질 낮은 학습의 원인이 될 수도 있다는 30년간의 증거가 있기 때문에, 내적인 동기 부여 이론에 기초를 둔 교수법을 사용하는 것이 문화적으로 다양한 학생들 사이에서 학습을 증진시키는 데 더 합리적이고 효과적인 접근법인 것 같다.

13 글의 주제로 가장 적절한 것은?

Twin sirens hide in the sea of history, tempting those seeking to understand and appreciate the past onto the reefs of misunderstanding and misinterpretation. These twin dangers are temporocentrism and ethnocentrism. Temporocentrism is the belief that your times are the best of all possible times. All other times are thus inferior. Ethnocentrism is the belief that your culture is the best of all possible cultures. All other cultures are thus inferior. Temporocentrism and ethnocentrism unite to cause individuals and cultures to judge all other individuals and cultures by the "superior" standards of their current culture. This leads to a total lack of perspective when dealing with past and / or foreign cultures and a resultant misunderstanding and misappreciation of them. Temporocentrism and ethnocentrism tempt moderns into unjustified criticisms of the peoples of the past.

① distinct differences in the ways of recording history
② universal features discovered in different cultures
③ historians' efforts to advocate their own culture
④ pros and cons of two cross-cultural perspectives
⑤ beliefs that cause biased interpretations of the past

첫 번째 문장이 주제문이고 이후에는 뒷받침하는 내용이 나오는 Main-Support (주제-뒷받침) 구성임

정답 ⑤

해설 자기 시대 중심주의와 자기 민족 중심주의라는 두 개의 잘못된 믿음으로 인해 과거의 역사를 잘못 해석하는 결과를 초래하게 된다는 것이 글의 중심 내용이므로 주제로 가장 적절한 것은 ⑤ '과거에 대한 편향된 해석을 야기하는 믿음들'이다.

해석 역사의 바다에는 두 개의 사이렌이 숨어 있는데, 그것들은 과거를 이해하고 제대로 인식하려고 하는 사람들을 유혹해 오해와 오역의 암초 위에 올려놓는다. 이 두 가지 위험은 자기 시대 중심주의(temporocentrism)와 자기 민족 중심주의(ethnocentrism)이다. 자기 시대 중심주의는 자신의 시대가 모든 가능한 시대 중에 최고라는 믿음이다. 모든 다른 시대는 그리하여 열등하다. 자기 민족 중심주의는 자신의 문화가 모든 가능한 문화 중에 최고라는 믿음이다. 모든 다른 문화는 그리하여 열등하다. 자기 시대 중심주의와 자기 민족 중심주의는 결합하여 모든 다른 개인들과 문화를 자신들의 현재 문화의 '우월한' 기준에 의해 판단하는 개인들과 문화를 만들어 낸다. 이것은 과거와/과거나 외국의 문화를 다룰 때 총체적인 관점의 결핍과 그에 따른 그것들에 대한 오해와 잘못된 평가를 초래한다. 자기 시대 중심주의와 자기 민족 중심주의는 현대인들을 유혹해 과거의 민족들에 대한 정당하지 않은 비판에 빠지게 한다.

① 역사를 기록하는 방식에 있어서 명확한 차이점들　② 다양한 문화에서 발견되는 보편적인 특징들
③ 그들 자신의 문화를 옹호하려는 역사가들의 노력들　④ 두 문화에 걸친 관점의 장단점들

2) Background-Main (배경-주제)

글의 서두에 **현상** 혹은 **배경**(background)이 깔리고 그 뒤에 **주제**(Main Idea)가 오는 구성으로서 '**문제-해법**'도 이와 유사한 구성이라고 할 수 있다. 이런 구성을 가지는 다음 문제 풀어보자! 다음 밑줄을 유념하여 글 전체를 읽어보자!

14　다음 글의 제목으로 가장 적절한 것은?

Invasions of natural communities by non-indigenous species are currently rated as one of the most important global-scale environmental problems. The loss of biodiversity has generated concern over the consequences for ecosystem functioning and thus understanding the relationship between both has become a major focus in ecological research during the last two decades. The "iodiversity-invasibility hypothesis"by Elton suggests that high diversity increases the competitive environment of communities and makes them more difficult to invade. Numerous biodiversity experiments have been conducted since Elton' time and several mechanisms have been proposed to explain the often observed negative relationship between diversity and invasibility. Beside the decreased chance of empty ecological niches but the increased probability of competitors that prevent invasion success, diverse communities are assumed to use resources more completely and, therefore, limit the ability of invaders to establish. Further, more diverse communities are believed to be more stable because they use a broader range of niches than species-poor communities.

*indigenous: 토착의, niche: 생태적 지위

① Carve Out More Empty Ecological Spaces!
② Guardian of Ecology: Diversity Resists Invasion
③ Grasp All, Lose All: Necessity of Species-poor Ecology
④ Challenges in Testing Biodiversity-Invasibility Hypothesis
⑤ Diversity Dilemma: The More Competitive, the Less Secure

위 글의 첫 번째와 두 번째 문장에는 배경 혹은 현상(문제점) 정보가 나오고 두 번째 문장의 'and thus'의 뒷 부분에서 세 번째 문장까지가 Main Idea(주제/주장/바람) 정보라고 볼 수 있다. 네 번째 문장부터는 앞의 주제에 대한 뒷받침 내용정보가 온다고 볼 수 있다.

정답 ②

해설 비토착종의 자연 군집 침입이 가장 중요한 세계적 규모의 환경 문제 중 하나로 대두 되었는데, 다양성이 높은 군집이 침입 종을 막을 경쟁자들의 가망성을 증가시키고, 자원을 더 완전하게 사용하여 침입자가 들어설 여지를 제한할 수 있다는 내용의 글이다.

해석 비토착종에 의한 자연 군집 침입은 현재 가장 중요한 세계적 규모의 환경 문제 중 하나로 평가된다. 생물 다양성 상실은 생태계 기능에 대한 영향에 대한 염려를 불러일으켰고 그에 따라 둘 사이의 관계 이해는 지난 20년 동안의 생태계 연구에서 주요 초점이 되어왔다. Elton에 의한 '생물 다양성 - 침입성' 가설은 높은 다양성이 군집의 경쟁력 있는 환경을 증가시켜 그 군집에 침투하는 것을 더 어렵게 만든다고 제안한다. 수많은 생물 다양성 실험이 Elton의 시대 이후로 수행되어 왔고, 흔히 관찰되는 다양성과 침입성 사이의 부정적 관계를 설명하기 위해 여러 방

법이 제안되어 왔다. 빈 생태적 지위의 가능성은 감소하지만 침입 성공을 방지하는 경쟁자들의 가망성은 증가하는 것 이외에도, 다양한 군집은 자원을 더 완전하게 사용하여 침입자가 확고히 자리 잡는 능력을 제한하는 것으로 여겨진다. 나아가, 더 다양한 군집은 종이 빈약한 군집 보다 더 광범위한 생태적 지위를 사용하기 때문에 더 안정적인 것으로 여겨진다.

① 비어 있는 더 많은 생태 공간을 개척하라!
② 생태계의 수호자: 다양성은 침입을 격퇴한다
③ 모든 것을 쥐면, 모든 것을 잃는다: 종이 빈약한 생태계의 필요성
④ 생물 다양성-침입성 가설 시험에서의 난제
⑤ 다양성의 딜레마: 더 경쟁력이 있을수록, 덜 안정적이다

15 글의 제목으로 가장 적절한 것은?

When we remark with surprise that someone "looks young" for his or her chronological age, we are observing that we all age biologically at different rates. Scientists have good evidence that this apparent difference is real. It is likely that age changes begin in different parts of the body at different times and that the rate of annual change varies among various cells, tissues, and organs, as well as from person to person. Unlike the passage of time, biological aging resists easy measurement. What we would like to have is one or a few measurable biological changes that mirror all other biological age changes without reference to the passage of time, so that we could say, for example, that someone who is chronologically eighty years old is biologically sixty years old. This kind of measurement would help explain why one eighty-year-old has so many more youthful qualities than does another eighty-year-old, who may be biologically eighty or even ninety years old.

① In Search of a Mirror Reflecting Biological Aging
② Reasons for Slow Aging in the Modern Era
③ A Few Tips to Guess Chronological Age
④ Secrets of Biological Aging Disclosed
⑤ Looking for the Fountain of Youth

위 글의 밑줄부분(<u>What we would like to have</u>)의 위 부분은 **Background(배경/현상/근거)**이고 아래부분은 **Main(주제/바람)**이다.

정답 ①

해설 문장 'What we would like to have is ~'에서 글의 제목을 찾을 수 있다.

해석 우리가 어떤 사람이 그의 생활 연령에 비해 '젊어 보인다' 고 놀라면서 말할 때 우리는 우리 모두가 생물학적으로 서로 다른 속도로 나이가 든다는 것을 말하고 있는 것이다. 과학자들은 이 겉으로 보이는 차이가 진짜라는 좋은 증거를 갖고 있다. 나이 변화는 서로 다른 시기에 신체의 서로 다른 부위에서 시작되고 매년의 변화 속도는 사람마다 다른 것은 물론 다양한 세포, 조직 그리고 기관마다 다를 가능성이 있다. 시간의 경과와 달리 생물학적 노화는 쉬운 측정을 방해한다. 우리가 갖고 싶은 것은 예를 들어, 생활 연령으로 80세인 어떤 사람이 생물학적으로 60세라고 말할 수 있도록 시간의 경과와는 관계없이 모든 다른 생물학적 나이 변화를 반영하는 하나 또는 몇 개의 측정 가능한 생물학적 변화이다. 이런 종류의 측정은 80세인 한 사람이 생물학적으로 80 또는 심지어 90세인 또 다른 80세인 사람보다 그렇게 훨씬 더 많은 젊음의 특징을 가진 이유를 설명하는 데 도움을 줄 것이다.
① 생물학적 노화를 반영하는 거울을 찾아서
② 현 시대에서 느린 노화의 이유들　　③ 생활 연령을 짐작할 수 있는 몇 가지 비결
④ 밝혀진 생물학적 노화의 비밀들　　⑤ 청춘의 샘을 찾기

3) 반전과 대립 구성 : '통념(상식)-주제(주장)' 구성

16 다음 글의 주제로 적절한 것은?

Emotions usually get a bad reputation. They are often seen as something to be regulated or managed. People even think emotions are harmful if they get out of control. However, all emotions have a point. They played an important part in our evolutionary history and helped us survive. For example, by seeing disgust on someone's face when presented with moldy food, we were able to avoid eating something dangerous. By communicating happiness, we were able to develop beneficial social interactions. Even anger was an important emotion to our ancestors, motivating us to seek food when we were hungry, to fight off predators and to compete for scarce resources.

*moldy: 곰팡이가 낀

① reasons we need to hide our emotions
② difficulties of reading others' emotions
③ contributions of emotions to human survival
④ ways of expressing emotions in different cultures
⑤ differences between emotional and physical responses

<u>However</u>를 전후하여 However의 앞 부분(감정을 부정적으로 묘사)에는 '통념(상식)'이 배치되어 있고 However의 뒤 부분(감정을 긍정적인 것으로 묘사)에는 '주제(주장)이 배치되어 있다.
이미 앞의 3번 문제에서도 다루었다 (3번에서 해석과 답을 참고하길 바란다)

4) 설명(정의)/ 나열/ 분류/ 대비

17 **'pocket gopher'에 관한 다음 글의 내용과 일치하지 않는 것은?**

Pocket gophers include several species that range across the western half of the United States. They prefer habitats where the earth is soft and easy to dig in, and they spend most of their time underground. As many as seven young are born in the spring. As soon as they are weaned, they dig burrows of their own and begin life alone. Mature gophers are 6 – 13 inches long and weigh up to a pound. Their bodies are fur covered except for a short thick tail. Gophers eat roots and other parts of plants they encounter while digging underground.

* wean: 젖을 떼다

① 부드러운 흙이 있는 곳을 서식지로 선호한다.
② 새끼는 젖을 떼자마자 독립한다.
③ 성장하면 무게가 1파운드까지 나간다.
④ 털이 무성한 긴 꼬리가 있다.
⑤ 식물성 먹이를 먹는다.

위 글은 '땅다람쥐'에 대한 **설명(정의)**의 글로 간주된다.

정답 ④

해석 땅다람쥐는 미국의 서쪽 절반에 걸쳐 서식하고 있는 여러 종을 포함한다. 그것은 땅이 부드럽고 파기 쉬운 서식지를 선호하고 대부분의 시간을 지하에서 보낸다. 일곱 마리나 되는 새끼들이 봄에 태어난다. 새끼들은 젖을 떼자마자 자신의 굴을 파고 혼자 살기 시작한다. 다 자란 땅다람쥐는 6인치에서 13인치가 되며 무게가 1파운드까지 나간다. 그것의 몸은 짧고 굵은 꼬리를 제외하고 털로 덮여 있다. 땅다람쥐는 땅을 파는 동안에 마주치는 뿌리와 식물의 다른 부분을 먹는다.

다음 파트는 글의 전개방식(논리 전개방식)이 실제 **수능기출문제**에 적용되는 것을 명확하게 보여주는 실전 연습 파트다.

Pattern 1. 문장제거문제 유형
Pattern 2. 순서배열문제 유형
Pattern 3. 문장삽입문제 유형
Pattern 4. 의미추론(어휘의미추론, 함축의미추론)문제 유형

다음에 나오는 **'문장제거' 문제유형**은 앞에서 언급했던 글의 **흐름(논리전개방식)**을 이해하는지를 확인하는 유형이기도 하지만 또한 글의 **'통일성'(시험출제의 목표원리 혹은 '논리' 위의 '원리')**을 이해하고 있는지를 확인하는 유형이기도 하다. **'통일성'**은 **모든 문장은 전부 다 주제(One Main Idea)를 반영해야 하므로 주제의 중심소재(Topic)인 '핵심어' 혹은 '핵심어와 관련된 어구'(핵심어의 예시물, 등가물, 대립물 등)를 가져야 한다**는 글의 '구성 원리'이고 다음 페이지에서 언급할 **Pattern 1. 문장제거 유형**의 '1단계' 비법이 이 '통일성'을 적용한 비법임을 확인할 수 있을 것이다.

> 한 편의 글 = one Topic (or more topics) + one (main) Idea

3 | Pattern 1. 문장제거 유형

'**흐름(Flow=논리전개방식)**'과 '**통일성(논리 위의 원리)**'이 문제의 해법임을 강조했다. 문장제거 유형은 글의 전체 흐름(=주제)과 관계 없는 문장 하나를 제거하는 즉 골라내는 문제유형으로서 다음과 같은 '문장제거' 3가지 비법(=3단계 비법)을 단계별로 숙지한 후에 적용하면 된다. 이 '문장제거' 3가지 비법 중 '1단계'와 '2단계'가 246 페이지에서 언급한 '작은 틀' 흐름에 대한 비법이다. 또한 '1단계'는 '통일성'을 적용한 비법이기도 하다.

1단계 | 'Item Flow(Item의 일관된 연결/유지)원리'를 위반한 문장이 대개 무관한 문장이다.

예를 들어, 문장A, 문장B, 문장C가 순서대로 배열된 경우, 문장A가 '동물(Item)'에 대한 이야기이고; 문장B는 '식물(Item)'에 대한 이야기; 문장C는 '동물'에 대한 이야기라고 가정하자. 여기서 문장B만이 '식물' 이야기이므로 이 문장B가 '무관한 문장'이다. 이렇게 **특정한 Item(여기선 '동물' Item)을 일관성 있게 유지(연결)하면서 글이 전개되어야 하는 원리를 'Item Flow'(Item의 일관된 연결/유지)라고 한다**. 이 원리를 위반한 문장이 대개 무관한 문장이다.

ex: **문장①** = '동물(Item)' **이야기**
문장② = '식물(Item)' **이야기 → 이 문장B가 혼자만 튄다. 따라서 무관한 문장임**
문장③ = '동물(Item)' **이야기**

여기서 말하는 '**Item**'**을** '**핵심어**'**로 간주하면** 이 원리는 지극히 당연한 원리라는 것을 알게 된다. 글의 '핵심어'야말로 모든 문장에서 일관성 있게 반복적으로 언급되어야 하는 가장 필수적인 Item이기 때문이다. 따라서, ☆**핵심어가 누락된(포함되지 않은) 문장이 대개 무관한 문장이 된다**. 대개 선택지 ①번을 전후하여 주제문이 등장하고 따라서 핵심어도 그 주제문 속에 등장하게 된다.

'1단계' 에서 주의사항은 대명사(it, they, them), 지시사(this, that, these, those, such), 정관사(the)와 같은 ☆'구정보 단서'표현인데 이것들이 '핵심어'를 나타낼 수 있기 때문이다.

2단계 | '음양(-/+) Flow 원리'를 위반한 문장이 대개 무관한 문장이 된다

1단계의 'Item Flow'와 유사한 원리인 **'음양(-/+) Flow' 원리를 위반한 문장이 대개 무관한 문장이 된다**, 즉 '**문장의 의미값(=음양⊖/⊕값=부정/긍정)이 혼자만 튀는 문장**'이 대개 **무관한 문장**이 된다. 예를 들어, 아래의 ex1과 ex2에서처럼 문장①, 문장②, 문장③가 순서대로 배열된 경우를 고려하라. ex1에서는 문장②가 혼자만 튄다(혼자만 ⊕다). ex2에서는 문장 ②앞에 반전의 But(However)가 있는 경우인데 ex1과 달리 문장③이 무관한 문장이 됨.

ex1: **문장①** = ⊖(부정적인 의미/내용)
문장② = ⊕(긍정적인 의미/내용) → 제거
문장③ = ⊖(부정적인 의미/내용)
↓
① 발명은 비용이 많이 든다.
② 발명은 생산성을 향상시킨다.
③ 발명은 단기적으로 효율적이지 않다.

ex2: **문장①** = ⊖
But+ **문장②** = ⊕
문장③ = ⊖ → 제거
↓
① 발명은 비용이 많이 든다.
② 그러나, 발명은 생산성을 향상시킨다.
③ 발명은 단기적으로 효율적이지 않다.

3단계 | 주어는 핵심어인데, '서술부분이 전체흐름과 관련없는 경우' 무관한 문장이다.

어떤 문장에서 핵심어 혹은 핵심어와 관련된 어구(핵심어의 예시물, 등가물, 대립물 등)가 대개 주어로 등장하지만 그 **주어의 뒤에 나오는 서술부분의 내용이 전체흐름(주제)에 관계 없는 경우, 그 문장이 대개 무관한 문장이 된다**. 정리해서 말하면, '주어가 핵심어 혹은 핵심어와 관련된 어구라면' 그 주어를 가진 문장이 무관한 문장이 될 수 있다는 데 유의하라.

다음 한 편의 글의 핵심어가 '발명(invention)'인 경우를 예로 들어보겠다.

발명은 모방에 비해 단기적으로 효율적이지 않다는 주장은 당연한 것처럼 보인다. ①비용적인 면에서 혁신적인 기술을 발명하는데 드는 비용은 엄청날 수 있다. ②혁신적인 발명품인 인공지능(AI) 로봇은 생산성을 극대화시킬 것으로 기대된다. ③시간적인 측면에서도 훌륭한 발명품을 완성시키기 위해서는 상당히 긴 시간이 걸릴 수 있다.

비록 ②번 뒤에 나오는 문장의 주어는 **핵심어 혹은 핵심어관련어구**(여기선 '인공지능 로봇'이 핵심어의 예시물임)**이지만,** 그 주어 뒤에 나오는 서술부분은 **전체흐름**(=주제=여기선 '발명의 부정적인 측면')**에서 벗어나고 무관함**을 파악할 수 있다. ②번 뒤에 나오는 문장만이 긍정적인 내용(생산성을 극대화시킴)으로서 혼자 튄다. 결국, **주어가 핵심어 혹은 핵심어관련어구이더라도 충분히 전체흐름에 무관한 문장이 될 수 있다.**

다음 기출문제를 통해 위의 '문장제거' 3단계 비법을 적용해보자. 대개 3가지 비법 중 1~2개의 비법만 적용해도 된다.

01 (문장제거) 다음 글에서 전체 흐름과 관계 없는 문장은?

When photography came along in the nineteenth century, painting was put in crisis. The photograph, it seemed, did the work of imitating nature better than the painter ever could. ① Some painters made practical use of the invention. ② There were Impressionist painters who used a photograph in place of the model or landscape they were painting. ③ But by and large, the photograph was a challenge to painting and was one cause of painting's moving away from direct representation and reproduction to the abstract painting of the twentieth century. ④ Therefore, the painters of that century put more focus on expressing nature, people, and cities as they were in reality. ⑤ Since photographs did such a good job of representing things as they existed in the world, painters were freed to look inward and represent things as they were in their imagination, rendering emotion in the color, volume, line, and spatial configurations native to the painter's art.

*render: 표현하다 *configuration: 배치

1번의 비법

When **photography** came along in the nineteenth century, **painting** was put in crisis. The **photograph**, it seemed, did the work of imitating nature better than the **painter** ever could. ① Some **painters** made practical use of **the invention**. ② There were Impressionist **painters** who used a **photograph** in place of the model or landscape they were painting. ③ But by and large, the **photograph** was a challenge to **painting** and was one cause of painting's moving away from direct representation and reproduction to the abstract painting of the twentieth century. ④ Therefore, the **painters** of that century put more focus on expressing nature, people, and cities as they were in reality. ⑤ Since **photographs** did such a good job of representing things as they existed in the world, **painters** were freed to look inward and represent things as they were in their imagination, rendering emotion in the color, volume, line, and spatial configurations native to the painter's art.

come along 나타나다 | pragmatic 실용적인 | impressionist painter 인상파 화가
in place of ~ 대신에 | by and large 대체로 | representation 표현 | abstract 추상적인
spatial 공간의

비법 적용

1단계(Item Flow/ 핵심어 누락): 두 개의 핵심어인 **사진(술)(photograph; photography)**과 **회화(화가)(painting; painter)**를 다 포함하지 않은 문장은 4번 문장뿐이다(이 글의 내용은 '사진'과 '회화'의 대립적인 지위에 관한 글이므로 사진과 회화, 둘 다 당연히 핵심어다).

※ 1번 문장은 **'the invention'에서 'the'가 핵심어인 '사진'을 지칭하여** '사진의 발명'을 의미하므로 문제없다(앞에 진술한 일단계 비법에서 구정보 단서인 'the'에 주의하라고 했다)

3단계(핵심어 주어에 주의): 4번의 **주어가 핵심어(painters)이지만 그 주어의 서술부분의 내용이 전체흐름(주제)에 벗어나 있다(관계 없다)**. 그 주어(the painters of that century = 그 세기, 즉 20세기의 화가들)의 뒤에 나오는 서술부분의 내용(자연, 사람, 도시를 '현실에서의 모습으로 표현'하는 데 더 초점을 맞춘다는 내용)이 '글의 흐름'(20세기 painting은 '추상화'가 대세가 된다는 흐름)에서 벗어나 있다(관계 없다). '현실에서의 모습으로(현실적으로) 표현한다'는 말은 '추상화'의 **정반대 의미를 가지므로** 4번 문장이 무관한 문장이 된다.

☆ 2단계는 적용될 필요가 없는 내용의 지문으로, 1단계와 3단계를 토대로 4번이 답으로 간주된다.

3. Pattern 1. 문장제거 유형 - 정답 및 해석

다음은 위의 문장제거 문제의 한글 해석본이다. 이 해석본을 활용하여 확실한 내용파악을 토대로 문제풀이의 마지막 과정인 '내용검증'도 해 보자!

01 문장제거

정답 4번

해석 사진술이 19세기에 나타났을 때, 회화는 위기에 처했다. 사진은 여태까지 화가가 할 수 있었던 것보다 자연을 모방하는 일을 더 잘하는 것처럼 보였다. 몇몇 화가들은 그 발명품(사진술)을 실용적으로 이용했다. 자신들이 그리고 있는 모델이나 풍경 대신에 사진을 사용하는 인상파 화가들이 있었다. 하지만 대체로, 사진은 회화에 대한 도전이었고 회화가 직접적인 표현과 복제로부터 멀어져 20세기의 추상 회화로 이동해 가는 한 가지 원인이었다. **(④ 그러므로, 그 세기의 화가들은 자연, 사람, 도시를 현실에서의 모습으로 표현하는 데 더 초점을 맞추었다.)** 사진은 사물을 세상에 존재하는 대로 아주 잘 표현했기 때문에, 화가들은 내면을 보고 자신들의 상상 속에서 존재하는 대로 사물을 표현할 수 있게 되어, 화가의 그림에 고유한 색, 양감, 선, 그리고 공간의 배치로 감정을 표현하였다.

4 | Pattern 2. 순서배열 유형

Pattern 2(순서배열 유형)과 Pattern 3(문장삽입 유형)은 동일한 비법(3가지 비법)을 공유하므로 여기서 그 3가지 비법(3단계 비법)을 실전적으로 적용해본다.

순서배열 유형과 문장삽입 유형은 **일관성**과 **응집성**을 이해하는지 확인하는 유형이다. '**일관성**'은 글의 흐름상 글 속의 내용(정보)들 간에 **의미적으로 긴밀히(=논리적으로) 연결**됨을 의미하며, 아래의 '**2단계'와 '3단계' 비법이 적용되는 원리**로 간주하면 된다. '**응집성**'은 글의 흐름상 글 속의 정보들 혹은 문장들 간에 **형식적으로 자연스럽게 연결**되어야 한다는 원리로서, 아래의 '**1단계' 비법이 적용되는 원리**로 간주하면 된다. 예를 들어 '이 제품이 쌌다. 그래서, 그 제품을 샀다'라는 글에서, 이 글은 '그래서'라는 연결사를 통해 '응집성'을 갖추었고 이를 통해 두 문장은 의미적으로(논리적으로) 인과관계를 가지게 되어 '일관성'도 갖추게 된다.

1단계 | 정보 Flow(연결/배열) 원리: '신-구 정보 Flow' 원리와 '장-단 정보 Flow' 원리 활용

1) '신-구 정보 Flow(연결/배열)': '구(old) 정보는 신(new) 정보가 언급된 이후에 나오는(연결되는) 표현으로서 대개 핵심어가 된다는 원리'

"Many people here raise(키운다) stray(길을 잃은) poor dogs. The dogs sometimes is fierce(사나운). However, they love these dogs. Also, they enjoy taking care of dying plants(시들어가는 식물). They often water the flowers and nourish(영양분을 준다) the trees." ➔ 밑줄 친 부분들이 구정보 표현들임 ※ 주의: 단수와 복수형을 확실하게 식별

위 글에서 '**신(new)정보**(처음 소개되는 정보)'는 첫 번째 문장의 'Many people'과 'stray poor dogs'이다. 이 신정보는 다시 'they'와 'The dogs'와 같은 '**구정보(후속어)**'로 연결된다. 여기서 대명사인 'they', 정관사인 'The', 지시사인 'these'를 통칭해서 '**구정보(후속어) 단서**'라고 한다. 이런 **구정보 단서**를 파악하면 그 앞 어딘가에 '**신정보(선행사)**'가 있음을 알 수 있기 때문에 정보가 어떻게 연결(Flow)되는지 알 수 있다. (위 글의 대명사 they의 선행사는 Many people이고 The dogs의 선행사는 stray poor dogs

임) 또한 However, Also와 같은'연결사와 접속사'도 '구정보 단서'로 간주되는데 역시 이것들도 글의 흐름을 파악하는데 중요한 단서가 된다. (→ 연결사, 접속사는 p302, p303, p311 참고)

구정보 단서 = **대명사**(it, they, them, he…), **지시사**(this, that, these, those, such, so), **정관사**(the), **소유격**(its, their, your, his…), **수량사**(some, many, other…), **연결사와 접속사**(But, And, Also, For example, So, Although, If…)

※ 대개 'Although' 혹은 'In contrast to'의 바로 뒤에는 구정보 표현이 등장한다.
ex) Although I like his dog(=구정보), I hate his cat(=신정보).

2) **'장-단 정보 Flow'**: **'장(long)정보 후에 단(short)정보로의 연결'원리**는 위 글에서 'stray poor dogs'가 장(long) 정보(3개의 단어)로서 이 정보가 나온 후에야 'the dogs'와 같은 단 정보(2개의 단어)가 나온다는 또 다른 하나의 정보 연결(배열)원리이다.

2단계 | 'Item Flow' 원리와 '음양(-/+) Flow' 원리 활용

284 페이지의 글에서 첫 번째부터 세 번째 문장까지는 동물(개)에 대한 이야기를 하다가 네 번째부터 마지막 문장까지는 식물(꽃과 나무)에 대한 이야기를 하는 것은 'Item Flow'가 적용된 것으로 이해하자(이미 'Item Flow'와 '음양(-/+) Flow'는 **Pattern 1. 문장제거유형에서 자세히 언급했으니 참고하길 바란다**). 또한 이 Item Flow 원리는 다음과 같은 '끝말잇기' 게임하듯이 적용하면 더욱 좋다.

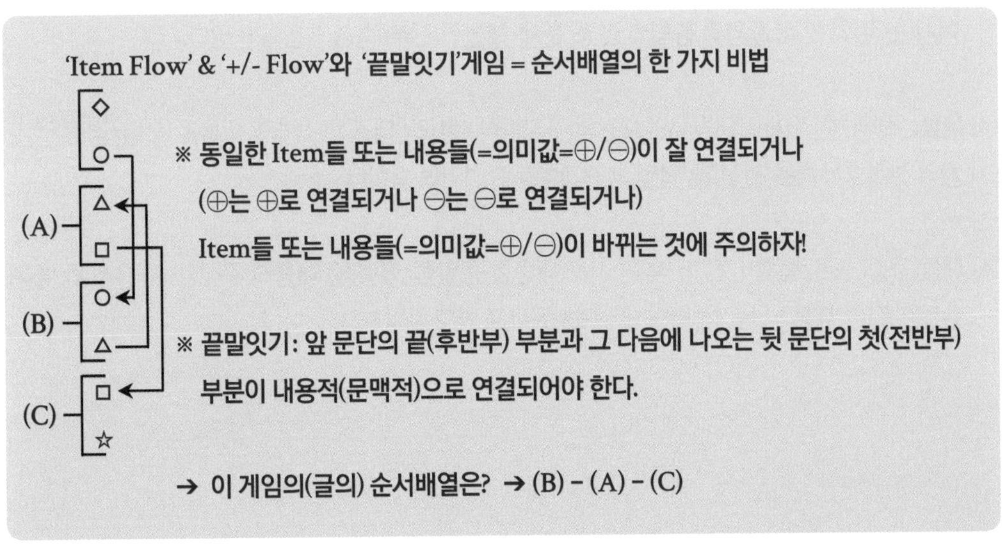

'Item Flow' & '+/- Flow'와 '끝말잇기'게임 = 순서배열의 한 가지 비법
(A)
(B)
(C)
※ 동일한 Item들 또는 내용들(=의미값=⊕/⊖)이 잘 연결되거나
(⊕는 ⊕로 연결되거나 ⊖는 ⊖로 연결되거나)
Item들 또는 내용들(=의미값=⊕/⊖)이 바뀌는 것에 주의하자!
※ 끝말잇기: 앞 문단의 끝(후반부) 부분과 그 다음에 나오는 뒷 문단의 첫(전반부) 부분이 내용적(문맥적)으로 연결되어야 한다.
→ 이 게임의(글의) 순서배열은? → (B) - (A) - (C)

3단계 | '논리전개방식 & 연결사' 단서를 활용한 글의 흐름 파악

논리전개방식(논리관계)과 연결사/접속사를 활용하여 글의 흐름을 파악한다. (p302~303 참고)

(1) **'포함'('추상-구체')**의 **논리전개방식(논리관계)**: **'포함'**은 **추상**적인 내용의 **주제**파트가 **구체**적인 내용의 **상술**파트를 **'포함'**(포괄)하는 논리관계임. 아래의 (1-1)과 (1-2)가 **포함**의 유형임.

(1-1) 주제-상술: **주제**를 언급한 후 그것에 대해 **'상세히 서술(구체화)'**해 나가는 구성방식
ex: 우리 가족은 **동물**을 사랑한다(**주제**=추상=일반=원리=주장).
예로(For example), 언니는 **개**를 사랑한다(**상술**=**예시**=구체=부분). (➔ 연역법 느낌!)

(1-2) 근거-주제: **주제의 '근거**(배경/전후상황)'을 언급한 후에 **주제(주장)**를 언급
ex: 요즘 이것저것이 싸다(근거). 그래서인지, **물건이 잘 팔린다(주제)**. (➔ 귀납법 느낌!)

(2) **'추가(나열)'**: **'주제-예시' 후에 또 다른 예시를 추가(Also)**하는 전개방식(논리관계)
ex: '동물'을 사랑한다(주제). 예로 '개'를 사랑한다. **또는(Also) '새'를 사랑한다.**

(3) **'유추'**: 먼저 주제와 **유사(평행)한 내용(사례)을 언급한 후에** '주제'를 언급해 나감
ex: 녹이 쇠를 갉아먹는다. **마찬가지로(Likewise)**, 걱정이 마음을 갉아먹는다(주제)

(4) **인과**: '원인 후에 결과' 혹은 '결과 후 원인'의 구성방식. 인과에는 5가지 유형이 있는데 **선후**의 인과; **예시(논리)**의 인과; **요약과 통합**의 인과; **문제-해법**의 인과; **속성**의 인과가 있다.

(5) **대립**: '전'과 '후'가 서로 대립적인 내용의 구성방식. **'비교'/'대조'**의 전개방식 혹은 **'우열/경중[輕重]'관계**의 전개방식 혹은 **'반전'과 '역접'**의 전개방식도 여기에 속한다.

(6) **대등**(동등/동류/협력): '전'과 '후'가 서로 **대등한(동일한/협력적) 내용**의 구성방식. **'유추'**와 **'추가(나열)'**도 이 **'대등'**의 논리전개방식에 포함된다고 봐도 무방하다.

(7) **문제-해법**: **문제점**을 언급한 **후에**(이의제기 후에) **해법(필요)**을 언급해 나감.

간혹, **필요(의무 혹은 목적)**을 언급한 후에 **해법(수단)**이 나올 수도 있고; **문제점** 뒤에 그로인한 '**결과 혹은 시사점**'이 나오기도 하고; '**문제점**' 뒤에 그것을 발생시킨 '**근원**'(근거; 원인)이 나오기도 하고; '**이점(장점)**'을 언급한 후에 '**필요**'가 나오기도 한다.

※ 이 밖에 '**질의-응답**'의 전개방식, '**정의**'의 전개방식, '**범주(분류)**'의 전개방식(범주화: Categorization), **시간적** 혹은 **공간적** 전개방식, '**실험(원리)**' 혹은 '**과정(절차)**'의 전개방식 등의 기타 논리전개방식도 있다.

다음 기출문제들을 통해 위의 '순서배열' 3가지 비법을 적용해보자. 대개 3가지 비법 중 1~2개의 비법만 적용해도 된다. 역시 고난도 문제는 3단계까지 고려해야 한다.

02 (순서배열) 주어진 글의 다음에 이어질 글의 순서는?

Researchers in psychology follow the scientific method to perform studies that help explain and may predict human behavior. This is a much more challenging task than studying snails or sound waves.

(A) But for all of these difficulties for psychology, the payoff of the scientific method is that the findings are replicable; that is, if you run the same study again following the same procedures, you will be very likely to get the same results.

(B) It often requires compromises, such as testing behavior within laboratories rather than natural settings, and asking those readily available (such as introduction to psychology students) to participate rather than collecting data from a true cross-section of the population. It often requires great cleverness to conceive of measures that tap into what people are thinking without altering their thinking, called reactivity.

(C) Simply knowing they are being observed may cause people to behave differently (such as more politely!). People may give answers that they feel are more socially desirable than their true feelings.

① (A) - (C) - (B) ② (B) - (A) - (C) ③ (B) - (C) - (A)
④ (C) - (A) - (B) ⑤ (C) - (B) - (A)

payoff 이점 | replicable 반복 가능한 | snail 달팽이 | cross-section 대표적인 예, 단면
population 모집단 | cleverness 교묘한 솜씨

2번의 비법

Researchers in psychology follow the scientific method to perform studies that help explain and may predict human behavior. **This is a much more challenging task than studying snails or sound waves**.

(A) But for **all of these** difficulties for psychology, the payoff of the scientific method is that the findings are replicable; that is, if you run the same study again following the same procedures, you will be very likely to get the same results.

(B) It often **requires** compromises, such as testing behavior within laboratories rather than **natural settings**, and asking those readily available (such as introduction to psychology **students**) to participate rather than collecting data from a true cross-section of the population. It often **requires** great cleverness to conceive of measures that tap into what **people** are thinking without altering their thinking, called reactivity.

(C) Simply knowing **they** are being observed may cause people to behave differently (such as more politely!). People may give answers that they feel are more socially desirable than their true feelings.

비법 적용

1단계(신-구정보 Flow와 끝말잇기): (C)의 **구정보단서인 they**를 통해 *they가 나타내는 말(**they의 선행사**)은 (B)의 **people/ students** 이외에는 다른 문단 속에는 없으므로 (C)의 앞에는 (B)가 와야 한다. (B)의 끝부분의 '**people**'과 (C)의 첫부분의 '**they**'의 연결인 끝말잇기.

(B)의 'It'도 **구정보단서**로서 It가 나타내는 말(It의 선행사)은 주어진 글 속의 'This'(=심리학 연구) 혹은 challenging task가 적절하다. 따라서 주어진 글의 다음에는 (B)가 와야 한다.

(A)의 구정보단서(지시사 these)인 **all of these difficulties**(이런 모든 어려움들)를 통해, 이미 앞에서 여러 어려움들을 언급했다는 것을 알 수 있는데, (B)도 어려움(심리학 연구의 어려움)에 대한 내용이고 (C)도 어려움(심리학 연구의 어려움)에 대한 내용이므로 (A)는 맨 마지막에 와야 한다. 그러나, (B)도 어려움에 대한 내용이고 (C)도 어려움에 대한 내용인지를 파악하기는 쉽지 않아서 일단 넘어가고 다음 단계들을 통해 문제를 해결하면 된다.

2단계(Item Flow와 음양 Flow 그리고 끝말잇기): 주어진 글의 마지막 문장(This~로 시작)의 내용은 '이것은 **달팽이(snails)**나 음파를 연구하는 것보다 훨씬 더 어려운 작업이다'인데 여기서 서로 등가물인 '**snails**'와 (B)의 '**natural settings(자연적 환경)**'이 연결될 수 있다.

3단계(논리전개방식): 주어진 글의 마지막 문장에 '**challenging task(어려운 일)**'이란 말을 통해서 이것이 (B)의 '**requires compromises(절충이 요구된다)**'와 연결됨을 파악할 수 있다'어려운 일'이라는 말(**문제점** 제기)의 다음에는 무언가가 '요구된다'는 말(**필요/해법**)은 자연스럽게 연결될 수 있다. 즉 **'문제-필요(해법)'의 전개방식**이다. (답은 3번이다)

03 (순서배열) 주어진 글의 다음에 이어질 글의 순서는?

Clearly, schematic knowledge helps you guiding your understanding and enabling you to reconstruct things you cannot remember.

(A) Likewise, if there are things you can't recall, your schemata will fill in the gaps with knowledge about what's typical in that situation. As a result, a reliance on schemata will inevitably make the world seem more "normal" than it really is and will make the past seem more "regular" than it actually was.

(B) Any reliance on schematic knowledge, therefore, will be shaped by this information about what's "normal." Thus, if there are things you don't notice while viewing a situation or event, your schemata will lead you to fill in these "gaps" with knowledge about what's normally in place in that setting.

(C) But schematic knowledge can also hurt you, promoting errors in perception and memory. Moreover, the types of errors produced by schemata are quite predictable: Bear in mind that schemata summarize the broad pattern of your experience, and so they tell you, in essence, what's typical or ordinary in a given situation. [3점]

① (A) - (C) - (B)　② (B) - (A) - (C)　③ (B) - (C) - (A)
④ (C) - (A) - (B)　⑤ (C) - (B) - (A)

schematic 도식적인 | schema 도식 (복수형. schemata) | reliance 의존 | perception 인식

3번의 비법

Clearly, schematic knowledge <u>**helps you**</u> guiding your understanding and enabling you to reconstruct things you cannot remember.

(A) Likewise, if there are things you can't recall, your schemata will fill in **the gaps** with knowledge about what's typical in that situation. As a result, a reliance on schemata will inevitably make the world seem more "normal" than it really is and will make the past seem more "regular" than it actually was.

(B) Any reliance on schematic knowledge, therefore, will be shaped by **this** information about **what's "normal."** Thus, if there are things you don't notice while viewing a situation or event, your schemata will lead you to fill in these **"gaps"** with knowledge about what's normally in place in that setting.

(C) But schematic knowledge can also **hurt you**, promoting errors in perception and memory. Moreover, the types of errors produced by schemata are quite predictable: Bear in mind **that** schemata summarize the broad pattern of your experience, and so they tell you, in essence, **what's typical or ordinary** in a given situation. [3점]

비법 적용

1단계(신-구정보 Flow와 끝말잇기): 구정보인 (A)의 **the gaps의 선행사**는 (B)의 **"gaps"**에 있으므로 (A)의 앞에 (B)가 와야 한다, 즉 (B)-(A). 그리고 (B)의 구정보단서인 **this information**의 선행사는 즉 this가 나타내는 말은 (C)의 마지막 문장 'Bear in mind that~'에서 'that~이하'의 내용임.

2단계(Item Flow와 음양 Flow 그리고 끝말잇기): **Item Flow와 끝말잇기**를 적용하여 (B)의 "gaps"가 (A)의 the gaps으로 연결된다, 즉 (B)-(A). 그리고 (C)의 마지막 문장의 '**what's typical or ordinary**'가 (B)의 '**what's normal**'로 연결된다(typical =ordinary = normal). 한편, '**음양 Flow'도 적용**되는데, 주어진 글의 내용이 **⊕이고('helps you'**는 긍정적인 표현임), (C)가 'But'으로 시작하고 그 이하의 내용이 **⊖이므로('hurt you'**는 부정적인 표현임) 반전의 연결사인 'But'이 '음양 Flow'원리가 작동하게 하는 단서다.

3단계(논리전개방식): 1단계와 2단계만으로 답이 나오므로 3단계는 불필요하다.

☆ 1-2단계를 토대로 5번이 답으로 간주된다.

4. Pattern 2. 순서배열 유형 – 정답 및 해석

다음은 위의 순서배열 문제의 한글 해석본이다. 이 해석본을 활용하여 확실한 내용파악을 토대로 문제풀이의 마지막 과정인 '내용검증'도 해 보자!

02 순서배열

정답 3번

해석 심리학 연구자들은 인간의 행동을 설명하는 데 도움을 주고 예측할 수 있는 연구를 수행하기 위해 과학적인 방법을 따른다. 이것은 달팽이나 음파를 연구하는 것보다 훨씬 더 어려운 작업이다.

(B) 이것은 자연적인 환경보다 실험실 내에서의 행동을 검사하는 것, 그리고 모집단의 대표적인 실제 예에서 데이터를 모으기보다 (심리학 입문을 공부하는 학생들처럼) 쉽게 구할 수 있는 사람들에게 참여하도록 요청하는 것과 같은 절충이 자주 필요하다. 사람들의 생각을 바꾸는 것, 즉 반응성이라 불리는 것 없이 그들이 생각하고 있는 것에 최대한 접근할 방안을 생각해 내는 것은 많은 경우 대단히 교묘한 솜씨가 필요하다.

(C) 단지 자신들이 관찰되고 있다는 것을 아는 것은 사람들이 (더욱 공손하게 하는 것처럼!) (평소와) 다르게 행동하는 것을 유발할 수 있다. 사람들은 자신들의 실제 생각보다 더 사회적으로 바람직하다고 생각하는 답을 할 가능성이 있다.

(A) 그러나 심리학에 대한 모든 이러한 어려움에도 불구하고, 과학적인 방법의 이점은 연구 결과가 반복 가능하다는 것이다. 즉 같은 절차를 따르면서 같은 연구를 다시 진행하면, 같은 결과를 얻을 가능성이 매우 클 것이다.

03 순서배열

정답 5번

해석 분명히, 도식적인 지식은 여러분의 이해를 이끌어주고 기억할 수 없는 것들을 재구성하게 하여 여러분에게 도움을 준다.

(C) 하지만 도식적인 지식은 또한 인식과 기억에 오류를 조장하여 여러분에게 해를 끼칠 수 있다. 게다가, 도식에 의해서 발생하는 오류의 '유형'은 상당히 예측 가능하다. 도식이 여러분의 경험의 광범위한 유형을 요약하며 그래서 그것(도식)이 본질적으로 주어진 상황에서 무엇이 전형적이거나 평범한 것인지 여러분에게 말해 준다는 것을 명심하라.

(B) 따라서, 도식에 대한 어떠한 의존이라 하더라도, 그것은 어떤 것이 '정상적'인 것인지에 대한 이러한 정보에 의해 형성될 것이다. 따라서 어떤 상황이나 사건을 보면서 여러분이 알아차리지 못하는 것이 있으면, 여러분의 도식이 그 상황에서 일반적으로 무엇이 어울리는지에 관한 지식으로 이러한 '공백'을 채우도록 여러분을 이끌어줄 것이다.

(A) 마찬가지로, 여러분이 기억할 수 없는 것이 있으면, 여러분의 도식이 그 공백을 그 상황에서 어떤 것이 일반적인 것인지에 대한 지식으로 채워 줄 것이다. 결과적으로, 도식에 의존하는 것은 불가피하게 세상을 실제보다 더 '정상적인' 것으로 보이게 할 것이고, 과거를 실제보다 더 '규칙적인' 것으로 보이게 할 것이다.

5 | Pattern 3. 문장삽입 유형

이미 Pattern 2(순서배열 유형)과 Pattern 3(문장삽입 유형)은 동일한 비법(3가지 비법)을 공유하므로 그 3가지 비법(3단계 비법)을 Pattern 2(순서배열 유형)에서 참고하라. 다만, 문장삽입 유형에 특화된 2가지 추가적인 비법을 아래에 제시한다.

첫 번째 비법 | 삽입문은 '반전 시발문' 혹은 '내용 전환문' 인 경우가 많다.

이미 앞에서 소개된 'Item Flow'와 '음양 Flow'를 '**삽입문(주어진 문장)**'의 형식적 특성에 맞게 구체적으로 적용시킨 **첫 번째 비법**이다. 대개 '**삽입문(주어진 문장)**'은 **반전 시발문(반전의 시발점이 되는 문장) 혹은 내용 전환문**인 경우가 많다.

'내용 전환문'이란 글의 흐름상, 하나의 소재인 어떤 Item이 다른 Item으로 이동되거나 혹은 음양(부정/긍정)의 의미를 가진 어떤 내용(content)이 다른 내용(content)으로 이동되는 전환의 계기를 제공하는 문장을 의미한다. 예를 들어 부정적 내용이 긍정적 내용으로 전환되는 것 등이다.

삽입문이 **반전 시발문/내용 전환문**이라면, **한 Item이 다른 Item으로 바뀌어 나타났는지 파악하여 대응(A유형)**하거나, **삽입문의 음양값(부정/긍정)을 파악하여**, 즉 삽입문이 긍정의 내용인지 부정의 내용인지 파악하여, **전후의 문장의 음양값(부정/긍정)에 대응**시킨다(**B유형**).
아래의 삽입문은 전부 '**반전'의 연결사인** 'But'으로 시작하는 문장이다.

A유형: [전 문장: … Item Y…] – [삽입문: But… Item X~] – [후 문장: Item X…]
→ '전 문장'의 'Item Y'가 '삽입문'의 'But'을 경계(기준)로 '삽입문'에서는 'Item X'로 전환되고, 이 'Item X'가 '후 문장'에서도 이어져 연결되고 있음 (즉, 'Item Flow'가 적용됨)

B유형: [전 문장: … ⊖~] - [삽입문: But ⊕~] - [후 문장: ⊕ …]
→ '전 문장'의 '⊖'가 '삽입문'의 'But'을 경계(기준)로 '삽입문'에서는 '⊕'로 전환되고, 이 '⊕'가 '후 문장'에서도 이어져 연결되고 있음 (즉, '음양 Flow'원리가 적용됨)

두 번째 비법 | '삽입문의 전반부-후반부' Flow(연결/흐름) 원리 활용

'Item Flow'와 '음양 Flow'를 '삽입문(주어진 문장)'의 형식적 특성에 맞게 구체적으로 적용시킨 **두 번째 비법**이다.

아래의 A유형의 '삽입문' 속에 Item X와 Item Y가 있는데, 일단, 이 'Item X'는 **'삽입문의 전반부'에 위치하는 Item**으로 간주하고, 'Item Y'는 **'삽입문의 후반부'에 위치하는 Item**으로 간주한다. 이 '전반부의 Item'(여기서는 Item X)은 '전 문장'의 '후반부의 Item'(여기서는 Item X)과 이어져 연결되고, 또한 이 삽입문의 '후반부의 Item'(여기서는 Item Y)은 '후 문장'의 '전반부의 Item'(여기서는 Item Y)과 이어져 연결되고 있음을 확인하라. 이런 비법을 **'삽입문의 전반부-후반부'의 Flow(연결/흐름) 원리**라고도 한다.

A유형: [전 문장: W…X~] - [삽입문: X…Y~] - [후 문장: Y…Z ~]

B유형: [전 문장: … ⊖~] - [삽입문: ⊖…⊕~] - [후 문장: ⊕ …]

다음 2개의 기출문제들을 통해 이미 앞서 소개된 **'문장삽입 3가지(3단계) 비법'**과 바로 앞 페이지에서 언급된 **'2가지 추가적인 비법'**을 적용해보자. 대개 3가지 비법 중 1~2개의 비법만 적용해도 되지만 고난도 문제는 '3단계'까지 고려해야 하고, '2가지 추가적인 비법'도 고려하자. 다음 문장삽입 2문제를 풀어보자!

04 (문장삽입) 주어진 문장이 들어가기에 가장 적절한 곳은?

The advent of literacy and the creation of handwritten scrolls and, eventually, handwritten books strengthened the ability of large and complex ideas to spread with high fidelity.

The printing press boosted the power of ideas to copy themselves. Prior to low-cost printing, ideas could and did spread by word of mouth. While this was tremendously powerful, it limited the complexity of the ideas that could be propagated to those that a single person could remember. (①) It also added a certain amount of guaranteed error. (②) The spread of ideas by word of mouth was equivalent to a game of telephone on a global scale. (③) But the incredible amount of time required to copy a scroll or book by hand limited the speed with which information could spread this way. (④) A well-trained monk could transcribe around four pages of text per day. (⑤) A printing press could copy information thousands of times faster, allowing knowledge to spread far more quickly, with full fidelity, than ever before.

fidelity 충실 | propagate 전파하다 | printing press 인쇄기 | boost 신장시키다
prior to ~ 이전에 | word of mouth 구전 | tremendously 대단히 | equivalent 맞먹는
advent 출현 | literacy 글을 읽고 쓸 줄 아는 능력 | scroll 두루마리 | incredible 엄청난
monk 수도승 | transcribe 필사하다

4번의 비법

The advent of literacy and the creation of handwritten *<u>scrolls</u> and, eventually, handwritten *<u>**books strengthened the ability**</u> (+) of large and complex ideas to spread with high fidelity.

The printing press boosted the power of ideas to copy themselves. Prior to low-cost printing, ideas could and did spread by word of mouth. While this was tremendously powerful, it limited the complexity of the ideas that could be propagated to those that a single person could remember. (①) It also added a certain amount of guaranteed error. (②) The spread of ideas by word of mouth was equivalent to a game of telephone on a global scale. (③) *<u>**But**</u> the incredible amount of time required to copy a *<u>**scroll**</u> or *<u>**book**</u> by hand <u>**limited the speed**</u> (-) with which information could spread this way. (④) A well-trained monk could transcribe around four pages of text per day. (⑤) A printing press could copy information thousands of times faster, allowing knowledge to spread far more quickly, with full fidelity, than ever before.

비법 적용

1단계(신-구정보 Flow): 구정보 단서가 눈에 띄지 않으므로 굳이 적용할 필요가 없다. 아래의 이 단계가 확실하게 적용되므로 2단계만으로도 답을 고를 수 있다.

2단계(Item Flow와 음양 Flow 그리고 끝말잇기): <u>**scroll**</u>과 <u>**book**</u>이라는 'Item'이 <u>**'삽입문(주어진 문장)' 속에**</u> 그리고 <u>**3번 문장 뒤에 있으므로**</u> 일단 <u>**'Item Flow'원리**</u>가 적용됨을 알 수 있고 그렇다면 일단 답은 3번 혹은 4번이 유력하다. 내용상 3번을 기준으로 3번 앞 내용은 <u>**'구전(word of mouth)'에 의한 정보 확산**</u>에 대한 것이고 3번 뒤 내용은 <u>**'두루마리 혹은 책'에 의한 정보 확산**</u>에 대한 것이다. 따라서 '구전(word of mouth)'이라는 Item에서 '두루마리 혹은 책'이라는 Item으로 전환됨을 알 수 있다. 결국 <u>**삽입문이 내용전환문(반전시발문)이 된다**</u>. 3번 뒤의 <u>**But**</u>(But은 <u>**반전시발문**</u>을 이끈다)을 통해 <u>문장삽입 문제의 추가적인 '첫 번째 비법'</u>을 활용한다. 그 '첫 번째 비법'에서 <u>**B유형**</u>을 참고하라.

[삽입문: … <u>⊕</u>~] – [3번 문장: <u>But</u> <u>⊖</u>~]

➔ 삽입문의 '⊕'(긍정적 내용)가 '3번 문장'의 'But'을 경계(기준)로 '3번 문장'에서는 '⊖'(부정적 내용)로 전환되고 있음을 확인하라. 삽입문의 내용은 '두루마리와 책의 탄생은 크고 복잡한 생각이 매우 정확하게 퍼져 나가는 <u>**능력을 강화했다(strengthened the ability)**</u>'인데 내용상(의미상) <u>**긍정적인(+)**</u> 반면에 반전시발문을 이끄는 *<u>**But**</u>이 있는 3번 문장의 의미는 '그러나 손으로 두루마리나 책을 복사하는 데 요구된 엄청난 양의 시간은 정보가 퍼져 나갈 수 있는 <u>**속도를 제한했다(limited the speed)**</u>'인데 내용상(의미상) <u>**부정적(-)**</u>이다.

3단계(논리전개방식): 2단계만으로 답이 나오므로 3단계는 불필요하다.
➔ 2단계를 토대로 3번이 답으로 간주된다.

05 (문장삽입) 주어진 문장이 들어가기에 가장 적절한 곳은?

A round hill rising above a plain, therefore, would appear on the map as a set of concentric circles, the largest at the base and the smallest near the top.

A major challenge for map-makers is the depiction of hills and valleys, slopes and flatlands collectively called the topography. This can be done in various ways. One is to create an image of sunlight and shadow so that wrinkles of the topography are alternately lit and shaded, creating a visual representation of the shape of the land. (①) Another, technically more accurate way is to draw contour lines. (②) A contour line connects all points that lie at the same elevation. (③) When the contour lines are positioned closely together, the hill's slope is steep; if they lie farther apart, the slope is gentler. (④) Contour lines can represent scarps, hollows, and valleys of the local topography. (⑤) At a glance, they reveal whether the relief in the mapped area is great or small: a "busy" contour map means lots of high relief. [3점]

concentric 중심이 같은 | scarp 가파른 비탈 | relief (토지의) 고저, 기복 | plain 평야
depiction 묘사 | topography 지형 | alternately 번갈아, 교대로 | contour line 등고선
representation 표현, 묘사 | elevation 고도 | steep 가파른 | gentle 완만한 | hollow 분지

5번의 비법

A round hill rising above a plain, therefore, would appear on the map as a set of concentric circles, the largest at the base and the smallest near the top.

A major challenge for map-makers is the depiction of hills and valleys, slopes and flatlands collectively called the topography. This can be done in various ways. One is to create an image of sunlight and shadow so that wrinkles of the topography are alternately lit and shaded, creating a visual representation of the shape of the land. (①)

Another, technically more accurate way is to draw contour lines. (②) A contour line connects all points that lie at the same elevation. (③) When the contour lines are positioned closely together, **the hill**'s slope is steep; if they lie farther apart, the slope is gentler. (④) Contour lines can represent scarps, hollows, and valleys of the local topography. (⑤) At a glance, they reveal whether the relief in the mapped area is great or small: a "busy" contour map means lots of high relief. [3점]

비법 적용

1단계(신-구정보 Flow): 삽입문(주어진 문장)의 'A round hill'은 **'신정보(선행사)'**이고 3번 뒤에 나오는 **'the hill'은 구정보 단서**이므로 이 1단계에서 바로 답이 나온다. 구정보의 앞에는(대개 바로 앞 문장에는) 신정보(선행사)가 나온다는 **'신-구 정보 Flow(배열/연결)'**의 원리를 통해 바로 답을 고를 수 있다.

2단계(Item/음양 Flow 등): 적용될 만한, 눈에 띄는 요인이나 요소가 없으므로 불필요.

3단계(논리전개방식): 글의 흐름상 '삽입문'에 있는 **'therefore'**가 단서가 되는데 'therefore'가 속해 있는 문장(삽입문)의 앞 문장은 **원인(근거 혹은 원리)**의 내용이 나오고(등고선은 동일한 고도에 있는 모든 점을 연결한다는 내용임), 'therefore'가 속해 있는 문장은 **결과(여기서는 결과로서 나오는 사례)**의 내용이 나온다(따라서, 평야 위로 솟은 둥그런 산은 ~~ 일련의 동심원으로 나타날 것이라는 내용)

→ 1단계와 3단계를 토대로 3번이 답으로 간주된다(1단계가 확실한 답의 근거가 됨)

5. Pattern 3. 문장삽입 유형 - 정답 및 해석

다음은 위의 문장삽입 문제(유형)의 한글 해석본이다. 이 해석본을 활용하여 확실한 내용파악을 토대로 문제풀이의 마지막 과정인 '내용검증'도 해 보자!

04 문장삽입

정답 3번

해석 인쇄기는 생각이 스스로를 복제하는 능력을 신장시켰다. 비용이 적게 드는 인쇄술이 있기 전에, 생각은 구전으로 퍼져 나갈 수 있었고 실제로 그렇게 퍼져 나갔다. 이것은 대단히 강력했지만, 전파될 수 있는 생각의 복잡성을 단 한 사람이 기억할 수 있는 것으로 제한했다. 그것은 또한 일정량의 확실한 오류를 추가했다. 구전에 의한 생각의 전파는 전 세계적인 규모의 말 전하기 놀이와 맞먹었다. **글을 읽고 쓸 줄 아는 능력의 출현과 손으로 쓴 두루마리와 궁극적으로 손으로 쓴 책의 탄생은 크고 복잡한 생각이 매우 정확하게 퍼져 나가는 능력을 강화했다**. 그러나 손으로 두루마리나 책을 복사하는 데 요구된 엄청난 양의 시간은 이 방식으로 정보가 퍼져 나갈 수 있는 속도를 제한했다. 잘 훈련된 수도승은 하루에 약 4쪽의 문서를 필사할 수 있었다. 인쇄기는 정보를 수천 배 더 빠르게 복사할 수 있었는데, 그것은 지식이 이전 어느 때보다 훨씬 더 빠르고 최대한 정확하게 퍼져 나갈 수 있게 하였다.

05 문장삽입

정답 3번

해석 지도 제작자들의 커다란 도전은 집합적으로 지형이라고 불리는 언덕과 계곡, 경사지와 평지의 묘사이다. 이것은 여러 방법으로 할 수 있다. 한 가지 방법은 지형의 주름이 번갈아 빛이 비치고 그늘지게 빛과 그림자의 이미지를 만들어, 땅의 모양을 시각적으로 표현하는 것을 만들어 내는 것이다. 기술적으로 더 정확한 또 다른 방법은 등고선을 그리는 것이다. 등고선은 동일한 고도에 있는 모든 점을 연결한다. (3) **따라서 평야 위로 솟은 둥그런 산은 가장 큰 동심원이 맨 아랫부분에 그리고 가장 작은 동심원은 꼭대기 근처에 있는 일련의 동심원으로 지도에 나타날 것이다**. 등고선이 서로 가깝게 배치되면 산의 경사가 가파르고, 등고선이 더 멀리 떨어져 있으면 기울기가 더 완만하다. 등고선은 지역 지형의 가파른 비탈, 분지, 계곡을 나타낼 수 있다. 한눈에, 그것들은 지도로 그려진 지역의 고저가 큰지 작은지를 드러내는데, '복잡한' 등고선 지도는 많은 높은 기복을 의미한다.

6 | Pattern 4. 의미추론 유형

어휘의미추론, 함축의미추론

대개 고난도 문제유형으로 분류되는 '의미추론' 문제에는 두 가지 유형 - '**어휘의미추론**' 문제유형과 '함축의미추론' 문제유형 - 이 있다. 두 가지 유형 모두 기본적으로는 '주제'를 파악해야 하는 문제로서 이미 소개된 'Pattern 1~3 (흐름 파악 문제유형)'에서 배운 **'신-구 정보 Flow', 'Item Flow', '음양 Flow', '논리전개방식'의 비법들**을 활용하여 '**글의 흐름**'을 파악하면서 문제에서 요구하는 해당 어휘(즉 1번~5번의 어휘)가 문맥상 적절한지를 판단해야 합니다. 대개 '의미추론' 문제와 같은 고난도 문제들은 종합적인 사고력이 필요하므로 1~2개의 비법만 가지고 풀기보다는 '**글의 흐름**'도 따져가며 풀어야 실수와 오류를 줄일 수 있다.

1단계 | 핵심어/주제문 찾기와 '등가물/대립쌍' 찾기

일단 핵심어가 무엇인지 찾는데, 특히 핵심어들은 자기들의 **등가물(=동의어=변형된 표현)**을 갖거나 **대립물(=반의어)**을 갖는다.
어휘추론 문제는 대개 아래의 3단계에 언급되는 논리전개방식 중 '인과'와 '**대립/대등' 관계를 확인하는 문제**다. 따라서 핵심어들 혹은 내용들의 '인과' 관계를 파악하거나 **핵심어들의 등가물과 대립물을 찾아** '대립/대등' 관계를 파악하는 것이 관건이다.

2단계 | '3 Flow' 원리와 '이분법'

위의 1단계 비법과 더불어, 이미 'Pattern 1~3 (흐름 파악 문제유형)'에서 소개된 '**신-구정보 Flow**', '**Item Flow**', '**음양 Flow**', 이 **3가지 'Flow'원리**들을 활용하여 단서(핵심어/주제문)의 위치와 글의 흐름을 파악하면서, 문제에서 요구하는 어휘(즉 1번~5번의 어휘)가 문맥상 적절한지를 판단한다.

※ 대립관계의 두 핵심어쌍(**대립쌍**)이 등장하거나 '**음양 Flow**'가 적용되는 지문(문제)에서는 '**이분법**'을 활용하여 문제에서 요구하는 해당 어휘가 문맥상 적절한지를 판단해본다.
➔ [**이분법**: Item X (= ⊕) Vs. Item Y (= ⊖)]

3단계 | '논리전개방식(논리관계)' 과 '연결사/접속사 단서' 활용

논리전개방식(논리관계)과 연결사/접속사 단서를 활용하여 어휘의 의미를 파악하여 답을 도출해낸다. 이미 앞에서 소개된 바 있다(p286 참고) 여기서는 '**인과**'와 '**대립**'만 구체적으로 다룬다.

(1) '포함' (2) '추가(나열)' (3) '유추' **(4) 인과 (5) 대립** (6) 대등 (7) 문제-해법

(4) **인과**: '원인 후에 결과' 혹은 '결과 후 원인'의 구성방식. 인과에는 5가지 유형이 있는데 **선후**의 인과; **예시(논리)**의 인과; **요약과 통합**의 인과; **문제-해법**의 인과; **속성**의 인과가 있다.

(4-1) 선후 인과: ① 이 제품이 싸다. **So(그래서)**, 그것을 산다. ② 버스를 놓침. **So**, 지각함
(4-2) 예시(논리) 인과: 모든 사람은 죽는다. **So**, 존도 죽는다. (➔ 연역법)
(4-3) 요약/통합 인과: 태는 발차기를 의미한다. 권은 주먹치기다. 도는 무도를 의미한다.
So(그래서), 태권도는 발과 주먹으로 타격하는 무도를 의미한다.
(4-4) 문제-해법 인과: **감기에 걸렸다(문제)**. So, **약을 먹었다(해법)**
(4-5) **속성** 인과: Pass(합격) is attributed to patience(인내) = 합격의 **원인**은 인내다
= '합격'의 **속성**은 '인내'다 (합격은 결과; 인내는 원인 ➔ '원인=**속성**')

(5) **대립**: '전'과 '후'가 서로 대립적인 내용의 구성방식. '**비교**'/'**대조**'의 전개방식 혹은 '**우열/경중(輕重)' 관계**의 전개방식 혹은 '**반전**'과 '**역접**'의 전개방식도 여기에 속한다.

(5-1) 비교/대조: 이 차는 유지비가 많이 든다. **But**, 저 차는 수리비가 많이 든다.
(5-2) 우열/경중: 이 차는 싸다. **But**, 저 차는 더 싸다. (➔ But 뒤가 더 중시됨)
(5-3) 반전/역접: 이 차는 싸다. **But**, 이 차는 안 팔린다. (➔ But 뒤가 더 중시됨)

연결사의 유형 ('논리전개방식' 을 쉽게 드러내는 단서 = 연결사/접속사)

1. **대조/역접(그러나, 대조적으로):** But, in[by] contrast, on the other hand, nevertheless, nonetheless, however, but, yet, still, on the contrary, instead, conversely, in fact…
2. **예시(예를 들어):** For example, for instance, as an illustration, in particular…
3. **추가(또한, 게다가):** Also, besides, moreover, what is more, as well, in addition, additionally, furthermore, similarly, likewise, in the same way
4. **인과(그래서):** So, therefore, thus, accordingly, in conclusion, consequently, hence, as a result, as a consequence…
5. **환언(즉, 다시 말하면):** That is, In other words, namely, that is to say, In short, In brief, In sum(summary),

---

CHECK 1 다음 글을 보고, 아래 (a)~(f)에 들어갈 적절한 연결사를 위에서 찾아보자.

My family like animals. (a) , My sister like cats. (b) , My mother likes dogs. (c) , I don't like animals. (d) , I don't play with animals. (e) , I think that animals can't be my friend.

(a) = For example → 포괄적 집합(family)과 세부적 원소(sister)의 연결

(b) = Also → 원소(예시1: cats)와 원소(예시2: dogs)의 연결

(c) = However → 대립관계 ('likes'와 'don't love')의 연결

(d) = So → **선행사건/원인**("동물을 안 좋아함")과 **후행사건/결과**("동물과 안 논다")의 연결

(e) = That is → 등가(대등/동등):"동물과 안 논다"와 "동물은 친구가 될 수 없다"의 연결

※ 여지(그런 여지가 존재한다) 표현 & 소난(중대한 건 아니지만 약간의 작은 문제는 있다) 표현은 주제문처럼 보일 수도 있지만, 주제문이 될 수 없는 표현으로서 유의해야 한다. But (However)가 있는 문장이라고 해서 다 주제문이 되는 것은 아니다. 다음 문제(06)를 풀면서 '여지' 표현 또는 '소난' 표현을 찾아보자!

06 (어휘의미 추론) 밑줄 친 부분 중, 문맥상 낱말의 쓰임이 적절하지 않은 것은?

Most people are confident that creativity is an individual possession, not a collective phenomenon. Despite some notable ① collaborations in the arts and sciences, the most impressive acts of creative thought – from Archimedes to Jane Austen – appear to have been the products of individuals (and often isolated and eccentric individuals who reject commonly held beliefs). I think that this perception is something of an ② illusion, however. It cannot be denied that the primary source of ③ novelty lies in the recombination of information within the individual brain. But I suspect that as individuals, we would and could accomplish little in the way of creative thinking ④ outside the context of the super-brain, the integration of individual brains. The heads of Archimedes, Jane Austen, and all the other original thinkers who stretch back into the Middle Stone Age in Africa were ⑤ disconnected with the thoughts of others from early childhood onward, including the ideas of those long dead or unknown. How could they have created without the collective constructions of mathematics, language, and art?

eccentric 기이한 | possession 소유한 것, 소유물, 소유 | collective 집단의, 집합적인
phenomenon 현상 | notable 주목할 만한, 눈에 띄는 | collaboration 합작품, 합작, 협력
impressive 인상적인, 인상 깊은 | isolated 고립된, 외딴 | perception 인식 | illusion 착각
novelty 참신함 | recombination 재조합 | suspect 생각하다, (~일 것이라고) 의심하다
accomplish 성취하다 | context 맥락 | integration 집대성, 통합, 합병 | original 독창적인
onward 계속해서, 쭉 | construction 구성체

6번의 비법 여지 & 소난 표현 → 아래의 [[ ]]

Most people are confident that creativity is an individual possession, not a collective phenomenon. Despite some notable ① collaborations in the arts and sciences, the most impressive acts of creative thought – from Archimedes to Jane

Austen – appear to have been the products of individuals (and often isolated and eccentric individuals who reject commonly held beliefs). I think that this perception is something of an ② illusion, however. [[**It cannot be denied that the primary source of ③ novelty lies in the recombination of information within the individual brain.**]] But I suspect that as individuals, we would and could accomplish little in the way of creative thinking ④ outside the context of the super-brain, the integration of individual brains. The heads of Archimedes, Jane Austen, and all the other original thinkers who stretch back into the Middle Stone Age in Africa were ⑤ disconnected with the thoughts of others from early childhood onward, including the ideas of those long dead or unknown. How could they have created without the collective constructions of mathematics, language, and art?

정답 5번 (disconnected → filled : 문맥상 다른 이들의 생각과 단절되어 있다가 아니라 다른 이들의 생각으로 가득 차 있다가 적절하다)

해석 창의성은 개인이 소유하는 것이지, 집단 현상이 아니라고 대부분의 사람들은 확신한다. 몇몇 주목할 만한 합작품들이 예술과 과학에 있지만, Archimedes부터 Jane Austen까지 창의적 사고의 가장 인상적인 활동들은 개인들(그리고 보통 일반적으로 받아들여지는 생각을 거부하는, 고립되고 기이한 개인들)의 산물이었던 것으로 보인다. **[[(여지&소난 표현) 그러나 나는 이러한 인식이 상당한 착각이라고 생각한다. 참신함의 주요한 원천이 개인의 뇌 속에 있는 정보를 재조합하는 데에 있다는 것을 부정할 수는 없다.]]** 그러나 개인으로서 우리는 개인 지능의 집대성인 슈퍼 브레인의 맥락을 벗어나서 창의적으로 사고하는 방식으로는 거의 성취하지도 성취할 수도 없을 것이라고 나는 생각한다. Archimedes, Jane Austen, 그리고 중기 석기 시대 아프리카로 거슬러 올라가는 모든 다른 독창적인 사상가들의 머리는 아주 어린 시절부터 계속해서, 오래전에 죽었거나 알려지지 않은 사람들의 생각을 포함한 다른 이들의 생각과 (생각으로) 단절되어(→ 꽉 차) 있었다. 수학, 언어, 예술의 집단적 구성체가 없었다면 그들이 어떻게 창조할 수 있었겠는가?

다음 기출문제들을 통해 위의 '어휘의미 추론문제 3가지(3단계) 비법'을 적용해보자. 대개 어휘의 의미 추론 문제는 고난도 문제이므로 3가지 비법을 전부 다 고려해야 한다. 다음 문제를 풀어보자!

07 (어휘의미 추론) 밑줄 친 부분 중, 문맥상 낱말의 쓰임이 적절하지 <u>않은</u> 것은?

Europe's first Homo sapiens lived primarily on large game, particularly reindeer. Even under ideal circumstances, hunting these fast animals with spear or bow and arrow is an ①<u>uncertain</u> task. The reindeer, however, had a ② <u>weakness</u> that mankind would mercilessly exploit: it swam poorly. While afloat, it is uniquely ③ <u>vulnerable</u>, moving slowly with its antlers held high as it struggles to keep its nose above water. At some point, a Stone Age genius realized the enormous hunting ④ <u>advantage</u> he would gain by being able to glide over the water's surface, and built the first boat. Once the ⑤ <u>laboriously</u> overtaken and killed prey had been hauled aboard, getting its body back to the tribal camp would have been far easier by boat than on land. It would not have taken long for mankind to apply this advantage to other goods.

exploit 이용하다 | haul 끌어당기다 | game 사냥감 | reindeer 순록 | spear 창
mercilessly 인정사정없이, 무자비하게 | vulnerable 공격받기 쉬운, 취약한
antler (사슴의) 가지진 뿔 | overtake 따라잡다

7번의 비법

Europe's first **<u>Homo sapiens</u>** lived primarily on large game, particularly reindeer. **<u>Even under ideal circumstances</u>**, hunting these fast animals with spear or bow and arrow is an ①<u>uncertain</u> task. **<u>The reindeer, however</u>**, had a ② <u>weakness</u> that **<u>mankind</u>** would mercilessly exploit: it swam poorly. While afloat, it is uniquely ③ <u>vulnerable</u>, moving slowly with its antlers held high as it struggles to keep its nose above water. At some point, a **<u>Stone Age genius</u>** realized the enormous hunting ④ <u>advantage</u> he would gain by being able to glide over the water's surface, and built the first boat. Once the ⑤ <u>laboriously</u> overtaken and killed **<u>prey</u>** had been hauled aboard, getting its body back to the tribal camp would have been far easier by boat than on land. It would not have taken long for mankind to apply this advantage to other goods.

비법 적용

1단계 **(핵심어/주제문 찾기와 '등가물/대립쌍' 찾기)**: 우선, 핵심어 찾기 6가지 비법(p279 참고)을 통해 *Homo sapiens(**인간**)의 등가물(= *mankind = *Stone Age genius), 그리고 '인간'과 **대립물**인 large game(큰 사냥감)의 등가물(= reindeer-**순록** = these fast animals = it)을 통해 두 개의 핵심어(여기선 대립쌍)인 '**인간**'과 '**순록**'을 확인한다.

2단계 **('3 Flow'원리와 '이분법')**: ① uncertain(불확실한)의 경우, 그 문장 속에 있는 '**반전'의 연결사 단서**인 'Even(~조차도)'을 통해 적합성을 판단한다('**이상적인** 상황에서**조차도** 그 동물(**순록**)을 사냥하는 일은 ①**불확실한** 일이다' → '이상적인'은 **긍정표현(⊕)이지만** '반전' 단서인 'Even' 때문에 **부정표현(⊖)**인 '불확실한'이 적절함)

② weakness(약점)의 경우, 그 문장 속의 '**반전'의 연결사 단서**인 'however'로 인해 적절하다고 판단된다('However'의 앞 문장의 내용은 바로 위에서 언급한 ①번의 적절성을 통해 '인간'에게는 **부정적인(⊖) 상황**; '**인간'과 대립관계**인 '**순록**'에게는 **긍정적인(⊕) 상황**으로 판단되는데, 그러나 반전의 연결사 '**However**'때문에 이 상황이 **반전되어**, '**순록**'에게는 **부정적인(⊖) 상황**으로 판단된다. 따라서 weakness(약점)가 적절하다) 결국, 여기서 이분법의 적용이 확인된다.

→ [**이분법: Item X** (= ⊕) **Vs. Item Y** (= ⊖)] (X = 인간; Y = 순록)

③ vulnerable(공격에 취약한⊖)의 경우(주어/주체가 순록임), 이런 이분법(순록 = ⊖)을 적용하면 적절하다고 판단되며. ④advantage(이점⊕)의 경우(주어/주체가 인간임), 이런 이분법(인간 = ⊕)을 적용하면 적절하다고 판단된다. 답은 ⑤인데, 이 ⑤laboriously(힘들게⊖)의 경우도(주어/주체가 인간임), 이런 이분법(인간 = ⊕)을 적용하면, 긍정표현인 easily(손쉽게⊕)로 정정해야 적절하다. 'the ⑤laboriously overtaken and killed prey'('힘들게 따라잡히고 죽임을 당한 순록')을 '(**인간**에 의해서) **손쉽게(easily)** 따라잡히고 죽임을 당한 순록'으로 정정해야 적절하다(순록 입장에서 '**손쉽게**' 죽임을 당함 **인간** 주체가 '**손쉽게**' 사냥하여 죽임)

3단계 **(논리전개방식)**: 이 문제에서는 3단계를 별도로 적용할 필요가 없다.

☆ 1-2단계를 토대로 5번이 답으로 간주된다.

다음은 위의 '어휘의미' 추론 문제(유형)의 한글 해석본이다. 이 해석본을 활용하여 확실한 내용파악을 토대로 문제풀이의 마지막 과정인 '내용검증'도 해 보자!

07 (어휘의미 추론)

정답 **5번** (laboriously를 'readily' 혹은 'easily'와 같은 낱말로 고쳐야 한다)

해석 유럽 최초의 '호모 사피엔스' 는 주로 큰 사냥감, 특히 순록을 먹고 살았다. 심지어 이상적인 상황에서도, 이런 빠른 동물을 창이나 활과 화살로 사냥하는 것은 불확실한 일이다. 그러나 순록에게는 인류가 인정사정없이 이용할 약점이 있었는데, 그것은 순록이 수영을 잘 못한다는 것이었다. 순록은 물에 떠 있는 동안, 코를 물 위로 내놓으려고 애쓰면서 가지진 뿔을 높이 쳐들고 천천히 움직이기 때문에, 유례없이 공격받기 쉬운 상태가 된다. 어느 시점에선가, 석기 시대의 한 천재가 수면 위를 미끄러지듯이 움직일 수 있음으로써 자신이 얻을 엄청난 사냥의 이점을 깨닫고 최초의 배를 만들었다. **힘들게(→ 손쉽게)** 따라잡아서 도살한 먹잇감을 일단 배 위로 끌어 올리면, 사체를 부족이 머무는 곳으로 가지고 가는 것은 육지에서보다는 배로 훨씬 더 쉬웠을 것이다. 인류가 이런 장점을 다른 물품에 적용하는 데는 긴 시간이 걸리지 않았을 것이다.

Appendix
부록

부록은 두 가지 파트(기초개념 정리편과 핵심문법 정리편)로 나뉘는데, 이 부록의 내용만 습득해도 구문과 어법의 기초개념이 튼튼하게 잡힐 것이다.

1 | 기초 개념 정리

부록 ● APPENDIX

우리가 해석을 잘 하려면, 어미(조사, 접사)를 붙이는 데에 필요한 몇 가지 기초개념들을 알아야 한다. 알아야 할 것들은 전치사, 접속사, 그리고 혼동이 유발될 수 있는 개념들이고 아래에 소개한다. 명심할 것은 반드시 알아야 할 것들이므로 여러 번 반복하여 읽고 숙지해야 한다.

1 기초개념 1: 술어(동사)

술어(동사) = 주어의 뒤에 오는 말이면서 수와 시제가 드러나 있는 말이 술어(동사)다.

a. A boy **kicks** a ball. → A boy가 주어임; 술어(동사)인 **kicks**는 단수 및 현재시제 표현임
b. Boys **kick** a ball. → Boys가 주어임; 술어(동사)인 **kick**는 복수 및 현재시제 표현임
c. John **kicked** a ball. → John이 주어임; 술어(동사)인 **kicked**는 과거시제 표현임

2 기초개념 2: 준동사

준동사 = 동사와 유사한 형태를 지니지만 술어(동사)가 아니다. 준동사는 수와 시제가 드러나 있지 않으며 준동사의 유형에는 ~ing(현재분사 혹은 동명사)와 ~ed(과거분사)와 to V(to 부정사)와 V(원형 부정사)가 있다.

a. That boy **kicking** a ball lives in Seoul.
공을 차는 저 소년은 서울에 산다
→ kicking(현재분사)은 준동사; lives는 술어(동사)

b. That ball **kicked** by the boys is not a soccer ball.
소년들에 의해 차여지는 저 공은 축구공이 아니다
→ kicked(과거분사)은 준동사; live는 술어(동사)

c. The Boys **to kick** a ball live in Seoul.
공을 차는 그 소년들은 서울에 산다
→ to kick(to 부정사)은 준동사; live는 술어(동사)

d. A girl saw a boy **kick** a ball.
어떤 한 소녀는 어떤 한 소년이 공을 차는 것을 보았다.
→ kick(원형 부정사)은 준동사; saw는 술어(동사)

3 기초개념 3: 연결어(접속사, 관계사 포함)

주어와 술어(동사)가 결합되어 있는 성분을 절이라고 한다. 즉, 하나의 절에는 하나의 '주어와 술어(동사)'의 결합체가 존재해야 한다. 연결어(접속사)는 하나의 절 A와 또 하나의 절 B를 논리적으로 연결해 주는 단서표현인데 **시간, 장소, 방법, 인과, 대립, 대등과 같은 논리를 드러내는 단서다.** 전치사와 다른 점은 전치사의 바로 뒤에 나오는 어구 A는 '명사구'이어야 하는 반면에 접속사의 바로 뒤에 나오는 어구 A는 '절(문장)'이어야 한다.

시간, 장소, 방법, 인과, 대립, 대등(예시, 추가, 유추, 환언) = 논리

1) **시간**: ~할 때, ~하면서, ~하는 동안에
when/as/while(~할 때, ~하는 동안에), **after**(~한 후에), **then**(그 후에), **before**(~하기 전에), **until**(~하기 전에), **since**(~한 이후로 지금까지), **by the time**(~할 때 까지), **as long as**(~하는 동안), **as soon as**(~하자마자)

ex a. When it rains, it pours.
(비가 오면, 퍼붓는다)
b. He washed when[before] he ate.
(그는 씻고 밥 먹었다)
c. He watched TV while[as] she listened to music.
(그는 TV를 보았고 그녀는 음악을 들었다)
d. You should finish this work by the time your father go home.
(너는 아버지가 집에 도착할 때 까지는 이 일을 마쳐야 한다)

2) 장소: ~하는 곳에, ~하는 상황에

where(~하는 곳에), **wherever** (~하는 곳은 어디든지 간에)

ex a. Where[Wherever] there is a will, there is a way.
(의지가 있는 곳에 길이 있다)

3) 양식(방법, 해법 or 양태, 양상 or 정도): ~(인)(하는) 식으로, ~(이)(하)듯이, ~(할)(인)(하는) 만큼

as(~처럼, ~듯이, ~대로, ~만큼), **like**(~처럼), **the way**(~하는 식으로, ~처럼, ~듯이, ~대로), **than,**(~보다),

as+전자~ so+후자 (전자하듯이 후자하다)

ex a. Do in Rome as the Romans do. (로마에서는 로마사람들이 하는 식으로 처신해라)
b. As[like] I said before[earlier], I'm going to give you the book today.
(내가 전에 말했듯이, 오늘 너에게 그 책을 보게 할 것이다)
c. The way [As] I see[look at] it, he has gone too far.
(내가 그것을 보기에는, 그는 너무 멀리 갔다, 즉 지나쳤다)
d. John is taller than Mary (is tall).
(존은 메리보다 더 키가 크다: Mary 뒤에 '**is tall**'이 생략)
e. As rust eats iron, so care eats the heart. ➔ 6-2. 추가(유추)의 ex-d. (p315 참고)
(녹이 쇠를 갉아먹는다. 마찬가지로, 걱정이 마음을 갉아먹는다

4-1) **인과(선후) / 요약**: (~ 이므로, ~ 때문에, ~해서, ~하다니 / 요약하면)

because, as, since, for(왜냐하면~이다), now that~ 그래서=therefore, so, thus, hence, Accordingly, Consequently,

요약하면 = in short[brief], in a word, in all[total/ summary], in conclusion, in a nutshell…

ex a. I got up late, so (that) I missed the bus.
나는 늦게 일었다, 그래서 버스를 놓쳤다.

b. Because[Since] I missed the bus, I was late for school.
나는 버스를 놓쳤기 때문에 학교(수업)에 지각했다

c. I missed the bus, so[therefore] I was late for school.
나는 버스를 놓쳤다, 그래서 학교(수업)에 지각했다

d. I was late for school, for I missed the bus.
나는 학교(수업)에 지각했는데, 그 이유는 내가 버스를 놓쳤기 때문이다.

4-2) **인과(조건)**: (~이면, ~하면, ~하는 한)

if, suppose (that), in case, providing[provided], once(일단 ~하면), **as long as**(~하는 한), **unless**(~하지 않으면), **then**(그러면)…

ex a. If[Suppose] we have cloud, it will rain.
먹구름이 끼면, 비가 올 것이다

b. Take an umbrella, in case it rains. 비가 오는 경우에 대비하여 우산을 챙겨라

c. I'll stay home unless it is fine. 날씨가 좋지 않으면 집에 머물 것이다

d. It is not fine, then I'll stay home. 날씨가 좋지 않다, 그러면 집에 머물것이다

4-3) **인과(목적 or 결과)**: (**~하도록, 하기 위해 & ~해서/그래서/결국** …하다)

so that~, lest[for fear]~(하지 않도록; ~하지 않을까), **therefore**(그래서), **so**(그래서), **only to V** (그러나 결국 V하다)

ex a. Hurry up so (that) you may be in time.
(너는 제 때에 갈 수 있도록 서둘러라)

b. Make haste lest you (should) be late.
(너는 늦지 않도록 서둘러라)

c. John tried hard, only to fail. (존은 열심히 했다, 그러나 결국 실패했다)

5) **대립/ 대조/ 양보:** (그러나, 비록 ~이지만, 하지만)

But, However, Conversely, Otherwise, nevertheless[=nontheless], Instead, in fact, in contrast, on the contrary, Although, (even) though, still, (even) if, whereas, while, granted/granting(that)…

ex-a. She is handicapped, but[however / nevertheless / still] she is happy.
(그녀는 장애가 있지만 행복하다)
= Although she is handicapped, she is happy.
= Even though she is handicapped, she is happy.
= Granted/Granting that she is handicapped, she is happy.
= Despite the fact that she is handicapped, she is happy. (Despite는 전치사)

b. He is reserved, whereas[while / but] his wife is sociable.
(그는 내성적인 반면에 그의 아내는 사교적이다)

6) **대등관계 접속사: 아래의 유형의 접속사들은 '대등관계'를 나타내는 접속사들이다.**

(1) **상술 / 예시** (예를 들면, 특히, 구체적으로)

For example[instance], in particular, particularly, specifically, as an illustration…

ex-a. My family love animals. For example, my mom likes dogs.
나의 가족은 동물을 사랑한다. 예를 들어, 나의 엄마는 개를 좋아한다

(2) **추가 / 유추(비유)** (그리고, 또한, 게다가, 마찬가지로)

And, or, also, moreover, furthermore, in addition[additionally], similarly[equally], likewise, besides, in the same way, In comparison with A (A와 비교)=Compared with A

ex-a. John is s a journalist and is a professor.
존은 언론인(기자)이면서 교수이다.

b. John is a journalist. Also[Moreover], he is a professor.

존은 언론인이고, 또한 그는 교수이기도 하다.

c. My sister loves cats. Likewise, my mom likes dogs.

나의 누이는 고양이를 사랑한다. 마찬가지로(또한), 나의 엄마는 개를 좋아한다

d. Rust eats iron. Likewise, care eats the heart.(= As rust eats iron, so care eats the heart)

→ 유추

녹이 쇠를 갉아먹는다. 마찬가지로, 걱정이 마음을 갉아먹는다

(3) 강조: Indeed (정말로, 실제로, 사실은), **Surely** (확실히), **Above all** (특히), **In particular** (특히)

ex a. I saw him recently, indeed, yesterday. 나는 그를 최근에, 즉 어제 봤다

순접(=즉)

b. He looked happy. Indeed, he was unhappy.

역접(=그러나)

그는 행복하게 보인다. 그러나 실제로 그는 행복하지 않았다

(4) 환언: (즉, 다시 말하면): **That is, namely, or, In other words, As it were**(말하자면) = **So to speak**

ex a. Most of the population, or one million people are rich.

그 인구의 대부분, 즉 백만명이 부유하다.

b. Most of the population, that is, one million people are rich.

그 인구의 대부분, 즉 백만명이 부유하다.

7) That-절과 Wh-절의 접속사들: That, Wh-(what, when, where, how…), If(=Whether)

7-1) '(것)**이; 은** / (것)**을** / (것이)**다**' 로 해석되는 **'것'-명사절(= 대개 that이 이끄는 명사절)**

7-2) '(지)**가; 는** / (지)**를** / (지)**다**' 로 해석되는 **'지'-명사절 (= 의문사 'wh-'가 이끄는 명사절)**

7-3) ~**'할/ ~인/ ~하는'** 으로 해석되는 **형용사절**

7-4) ~**'하면서, 하면, 해서/ ~간에/ ~만큼/ ~하도록'** 으로 해석되는 **부사절**

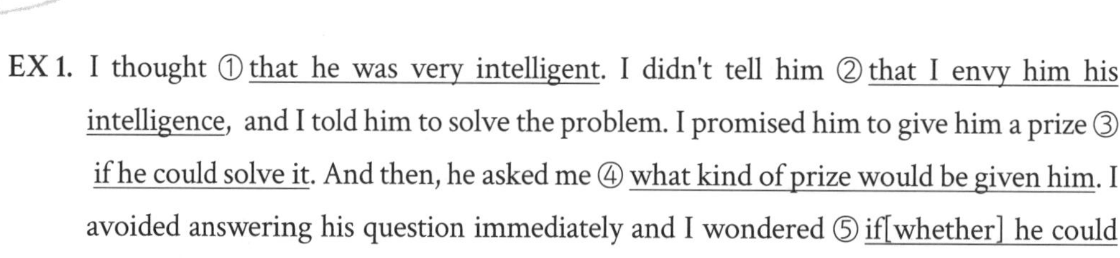

EX 1. I thought ① that he was very intelligent. I didn't tell him ② that I envy him his intelligence, and I told him to solve the problem. I promised him to give him a prize ③ if he could solve it. And then, he asked me ④ what kind of prize would be given him. I avoided answering his question immediately and I wondered ⑤ if[whether] he could solve the problem. ⑥ What I noted was ⑦ how he solved the problem.

① & ② & ⑥: '것' 명사절 (1-1) ③: '하면' 부사절 (3)
④ & ⑤ & ⑦: '지' 명사절 (1-2)

해석 나는 그가 매우 총명**하다고(하다는 것을)** 생각했다. 나는 그에게 내가 그의 지능을 샘내**한다고(한다는 것을)** 말하지는 않고 그에게 그 문제를 풀어보라고 말했다. 나는 그가 그 문제를 풀 수 있다면 (내가) 그에게 상을 주겠**다고(다는 것을)** 말했다. 그러자, 그는 나에게 어떤 유형의 상이 주어지는지 물었다. 나는 그의 질문에 즉각적으로 답변하지는 않고(답변을 회피하고) 그가 그 문제를 풀 수 있**는지를** 궁금히 여겼다. 내가 주목했**던 것은** 그가 어떻게 문제를 풀었**는지**였다.

EX 2. Mary had so little time to practice ① that her performance was poor. The background of Mary's poor performances in the recent concerts was ② that she didn't have enough time ③ when she could practice. One of the most important things for Mary's teacher ④ that[which] make Mary an excellent performer is ⑤ how hard she may work, ⑥ whether she has musical talent or not.

① '~해서 (그래서)' 부사절 ⇦ so~**that**
② '것' 명사절 (1-1)
③ & ④ 형용사절 (2) ⇦ ③은 관계부사절(when절이 앞의 time을 수식해줌)
⑤ '지' 명사절 (1-2)
⑥ '~든지 간에' 부사절 (3)

해석 메리는 연습하는 데에 시간을 거의 갖지 못하여 공연을 잘 못했다. 최근 콘서트들에서 메리가 형편없는 공연들을 한 배경(근거)은 연습하기에 충분한 시간을 갖지 못했다는 것이다. 메리의 선생에게는 메리를 훌륭한 연주자로 만들어 줄 중요한 것들 중에 하나는, 그녀가 음악적 재능이 있는지 혹은 그렇지 않은지 간에 상관없이 그녀가 얼마나 열심히 연습하는지이다.

EX 3. I found it natural for Tom, John's friend, to claim ① that John loved Mary, before I heard the story from you. It was your claim ② that John loved Mary, which equaled the claim ③ that Tom made. It was before John told you ④ that he loved her ⑤ that John told it to Tom. That is, it was Tom's claim ⑥ that I heard earlier than I heard from you. ⑦ Whoever made the claim, it seemed true ⑧ that John loved Mary. → 기본구문편 p52 참고

①②④⑧: '것' 명사절 (1-1) ⇦ ②⑧는 it~that '가-진주어' 구문 → 기본구문
③⑤⑥: 형용사절 (2) ⇦ ③은 관계대명사절(that=관계대명사)이고 ⑤⑥는 it~that 강조구문⑦ '~든지 간에' 부사절 (3)

해석 나는 존의 친구인 톰이 존이 메리를 사랑한다고 주장하는 것이 당연하다고 생각했는데, 이후에 나는 너에게 그 이야기를 들었다. 존이 메리를 사랑했다는 것은 그(톰)의 주장인데, 그 주장은 (네가 말한) 주장과 동일한 것이었다. 존이 톰에게 그것을 말한 것은 존이 너에게 자기가 메리를 사랑한다고 말하기 이전이었다. 즉, 내가 너에게서 들었던 것보다 더 이전에 내가 들었던 것은 톰의 주장이었다. 누가 그 주장을 했든지 간에, 존이 메리를 사랑했다는 것은 사실로 보인다.

8) 관계사(Relatives)

관계사는 접속사의 일종으로서 문장과 문장을 연결해주는 접속사(연결사) 역할을 하며 관계사의 유형에는 **관계대명사(접속사+대명사)**와 **관계부사(접속사+대부사)**가 있다.
관계대명사에는 who, which, that, what(what은 선행사가 없는 특수 관계대명사)가 있고, 관계부사에는 when(시간), where(장소), how(방법), why(이유)가 있다.

관계사의 기능에는 **(1) 문법적(해석적) 기능**과 **(2) 독해적 기능**이 있다.

(1) 문법적(해석적) 기능: 문법적 기능의 이해(파악)은 다음 세 가지를 이해(파악)하는 것과 같다 '선행사'파악, '관계절의 범위'파악, '관계사 뒤 문장 구성의 완전성'파악(주어, 목적어, 보어가 없으면 불완전한 문장으로 간주함)이 핵심인데, **어법문제 출제지점**은 관계대명사는 자기 뒤의 문장 구성이 불완전한 반면에, 관계부사는 자기 뒤의 문장 구성이 완전하다는 것을 파악하는 것에 있다.

A. 관계대명사 ='접속사+대명사' 기능; '관계대명사 뒤 문장 구성 = 불완전성'

a. All kids (who miss the bus) are late for school.
All kids = who의 선행사; 밑줄 = 관계절의 범위;
who 뒤의 'miss the buses'는 주어가 없는 불완전한 문장임.

그 버스를 놓치는 모든 소년들은 학교에 지각한다.

b. All kids are not late for the school (which punishes them for lateness).
the school = which의 선행사; 밑줄 = 관계절의 범위; *punish 벌을 주다
which 뒤의 'punishes them for lateness' = 주어가 없는 불완전한 문장임.
모든 소년들은 그들에게 지각으로 벌을 주는 그 학교에 지각하지 않는다.

c. The man (who most boys respected greatly) was never respected by the girl.
the boy = who의 선행사; 밑줄 = 관계절의 범위; *respect 존경하다
who 뒤의 'who the girl hit'는 목적어가 없는 불완전한 문장임.
대부분 소년들이 매우 존경했던 그 남자는 그 소녀에 의해서는 존경받은 적이 없었다.

B. 관계부사 = '접속사+대부사'의 기능; '관계부사 뒤 문장 구성 = 완전성'

a. The man remembered the time (when he read the book).
when의 선행사 = the time; 밑줄 = 관계절의 범위
when 뒤의 'he read the book'는 완전한 문장임.
(when은 선행사인 the time의 대부사 역할 ➔ when = '그 때'로 해석해도 된다)
그 남자는 그가 그 책을 읽었던 때를 기억했다.

b. The man remembered the place (where he read the book).
where의 선행사 = the time; 밑줄 = 관계절의 범위
when 뒤의 'he read the book'는 완전한 문장임
(where은 선행사인 the place의 대부사 역할 ➔ where = '거기서'로 해석해도 된다)
그 남자는 그가 그 책을 읽었던 장소를 기억했다.

(2) 독해적 기능: 선행사에 대한 부연(뒷받침)설명 기능 및 추가정보제공 기능
➔ 독해적 기능에서 중요한 것은 독해에 있어서 '관계절의 중요도(가치)' 파악이다.
부연설명을 하는 관계절은 덜 중요한 정보; **추가정보제공을 하는 관계절은 중요한 정보**.

a. Yes and No are the two important words (that you will ever say). 밑줄 = 부연설명
b. Pain is a lesson (which will help you grow). 밑줄 = 부연 설명 기능
c. All kids (who miss the buses) are late for school. 밑줄 = 추가 정보(인과 정보)
d. All great discoveries are made by men (whose feelings run ahead of their thinking).
밑줄 = 추가정보(대립정보: 감정 vs 이성). (감정이 이성(사고)보다 앞서는)

4 기초개념 4 : 전치사

전치사는 어떤 대상(명사구) 'A' 바로 앞에 위치하여 그 대상(명사구) 'A'를 다른 어구 B와 논리적으로 연결시켜주는 말(품사)이다. 이런 전치사도 논리적 연결 단서인데, **시간, 장소, 방법, 인과, 대립, 대등과 같은 논리를 드러내는 단서다.**

시간, 장소, 양식(방법), 인과, 대립, 대등, 관련대상 = 논리

1) 시간을 나타내는 전치사

(1) **at** : 시점을 나타낸다. 『~에(는)』

ex) The movie begins at eight. 그 영화는 8시**에** 시작한다.

in : (비교적 긴) 시간을 나타낸다. 『~에(는)』

ex) Columbus discovered America in 1492. 콜럼버스는 1492년**에** 미대륙을 발견했다.

on : 일정한(정해진) 일시를 나타낸다. 『~에(는)』

ex) I stay home on a rain day. 비가 오는 날**에는** 집에 있다.

(2) **till(= until)** : 어떤 동작이나 상태의 '지속(계속)'을 나타낸다. 『~(전)까지』

by : 어떤 동작의 '완료'를 나타낸다. 『~까지(에)는』

ex-a. I will stay here till five. 나는 5시**까지** 여기 머물 것이다.

b. He will arrive home by five. 나는 5시**까지** 집에 도착할 것이다.

(3) **in** : 『~지나서(후에), ~만에』 **within** : 『~이내에』

ex-a. He will come home in five hours. 그는 5시간 **지나서(후에)** 집에 올 것이다.

b. He will come home within five hours. 그는 5시간 이내에 집에 올 것이다.

(4) **before** : 『~전에』 **after** : 『~후에』

ex-a. He must come back before five. 그는 5시 **전에** 돌아와야 한다.

b. He came back after five. 그는 5시 **후에** 돌아왔다.

c. He came back after five hours. 그는 5시간 **후에** 돌아왔다.

(5) **from :** 시간의 출발점 『~부터』

since : 과거부터 현재까지 계속 『~이래로, ~부터』

ex-a. He will live here from next month. 그는 다음 달부터 여기에 살 것이다.

b. He has lived here since last year. 그는 지난 달부터 여기에 쭉 살았다.

(6) **for :** 『~동안』 (일정한 길이의 시간, 일반적으로 숫자 앞에서 쓰임)

during : 『~중에』 (어떤 일이 계속되고 있는 특정한 기간)

though : 『~동안 죽』 (처음부터 끝까지)

ex-a. He has studied English for three hours. 그는 3시간 동안 영어를 공부했다.

b. I stay home during the vacation. 나는 휴가 동안 집에 머물렀다.

c. It kept raining through the night. 밤 동안 죽 비가 계속 내렸다.

2) 장소를 나타내는 전치사

(1) **at :** 비교적 좁은 장소 『~에(서 / 로)』

in : 비교적 넓은 장소 『~에(서 / 로)』

ex. He works at a palace in Seoul. 그는 서울에 있는 한 궁전에서 일한다.

(2) **on :** (표면에 접촉된) 위에

beneath : (하면에 접촉된) 밑에

over : (바로) 위에 **under :** (바로) 밑에

above : (보다) 위에 **below :** (보다) 아래쪽에

ex-a. My watch is on the desk. 내 시계는 책상 위에 있다.

b. I put the pillow beneath my head. 나는 베개를 내 머리 밑에 둔다.

c. Our plane is flying over the mountains. 우리 비행기는 그 산들(산맥) 위를 날고 있다.

d. The dog is under the table. 그 개는 테이블 밑에 있다.

e. The top of the mountain was seen above the clouds. 산꼭대기가 구름 위에 보였다.

f. We saw the whole city below us. 우리는 우리 아래쪽에 있는 도시전체를 보았다.

(3) **up :** (운동을 수반할 때) 위쪽으로 **down :** (운동을 수반할 때) 아래쪽으로

ex-a. The monkey ran up a tree. 그 원숭이는 위쪽으로 달렸다.

b. They went down the hill. 그들은 그 언덕 아래로 갔다.

(4) **in** : 『~안에』 **into** : 『~안으로』 『~로 되다』 **out of** : 『~밖으로』

ex- a. My parents are in the room.

b. They came into the room.

c. They went out of the room.

※ '**결과**'의 **into** (결과적으로 ~로 되다): Milk turns[changes] into cheese. ➔ (p323 참고)

(5) **between** : (둘) 사이에 **among** : (셋 이상) 사이에

ex-a. The town lies between Seoul and Taejon.

b. Many birds are singing among the trees.

(6) **before** : 『~의 앞에』 **behind** : 『~뒤에』 **after** : 『~의 뒤를 쫓아』

ex-a. He is standing before the house. (= in front of)

b. There is a hill behind our school (= at the back of)

c. They ran after the thief.

(7) **by** : 『~옆에』 **along** : 『~을 따라서』

across : 『~을 건너』 **through** : 『~을 통하여』 (관통)

ex-a. My desk is <u>by</u> the window. cf> My house is <u>**beside**</u> the river. (~의 옆에)

b. They were walking <u>along</u> the street.

c. Be careful when you walk <u>across</u> the street. (walk across = cross)

d. We drove <u>through</u> a forest.

(8) **round** : 『~을 돌아서』(동작을 나타냄) **around** : 『~주위에, ~둘레에』(정지된 상태를 나타냄)

ex-a. The earth goes <u>round</u> <u>(or</u> <u>around)</u> the sun.

about : 『~의 주위에』(막연한 주변을 나타냄)

ex-a. He walked <u>about</u> the street.

(9) **to** : 『~로(에)』 (도착 지점을 나타냄) [go, come 등과 쓰임]

for : 『~을 향하여』 (방향을 나타냄) [leave, start와 쓰임]

toward(s) : 『~쪽으로』 (운동 방향을 나타낸다) **from** : 『~로 부터』 (출발점)

ex-a. Father went <u>to</u> church with my uncle.

b. They will start <u>for</u> Seoul tomorrow.

c. I saw them running toward the school.

d. It is (or takes) five hours by train from Seoul to Suwon.

3) 양식(방법; 해법) · 원료의 전치사

(1) **in** : 재료 『~로』 **by** : 수단『~로』, 행위자『~에 의하여』, 단위『~로』
with : 도구『~을 가지고』 **through** : 중개, 경로, 매개 수단 『~을 통하여』
for : 교환의 댓가, 가격『~값(어치)의, ~값으로』
ex-a. Don't write a letter in red ink.
b. Do you come to school by bus? (by bus = in a bus)
c. Sugar is sold by the pound.
d. This book was written by Mr. Park.
e. Don't cut bread with your knife.
f. Though books, we learn much about other countries.
g. I bought this apple for one dollar.

(2) **of** : 『~로 부터(되다)』 (물리적 변화 - 형태만 바뀜)
from : 『~로 부터(되다)』 (화학적 변화 - 형태와 성분이 바뀜)
ex–a. The desk is made of wood.
b. Paper is made from wood.

4) 인과[선후/원인/이유]의 전치사: ~로(원인과 결과), ~ 때문에(원인), 결과로서 ~가 되다.

(1) **of** ➔ 병, 굶주림, 노령 등으로 인한 원인 ex) He died of cancer. (암으로 죽었다)
(2) **from** ➔ 피로, 상처, 과로 등으로 인한 원인 ex) He was taken ill from overwork. (과로로 병에 걸렸다)
(3) **through** ➔ 부주의, 태만, 과오, 결점 등의 중개적인 사건의 원인
ex. He lost his place through neglect of duty. (직무태만으로 직위를 잃었다)
(4) **at** ➔ 감정의 원인 (~을 보고, 듣고, 알고서) ex–a. He was surprised at the news. (뉴스를 듣고 놀랐다)

(5) **with** → 행위의 원인 (~때문에; 추위, 두려움, 무서움, 흥분)

ex. The girl was shivering <u>with</u> cold. (추위로 몸을 떨고 있었다)

(6) **for** → 행위의 이유 (~ 때문에) 혹은 목적(~을 위하여)

ex-a. People blamed him for his mistake. (사람들은 그의 실수 <u>때문에</u> 그를 비난했다)

b. money for books (도서구입비 : 책을 <u>위한</u> 돈), die for democracy (민주주의를 <u>위해</u> 죽다)

(7) **into** → 결과 (결과로서 ~가 되다)

ex-a. Water is turned into steam. (물이 변하여 수증기가 되었다)

b. The seed grew into a huge tree. (씨가 자라 큰 나무가 되었다)

5) '대립' 관계 & '부정' 의 전치사 혹은 구전치사: ~에 반하여

(1) **against** : ~에 거슬러 『반대하는』 ex. His idea is against her idea.

※ for : ~를 향하여, 위하여; 『찬성하는』 ex. Are you for the plan?

(2) **despite** : ~이지만, ~에도 불구하고 (= in spite of)

ex. He failed the test despite working hard. 열심히 했지만 시험에 떨어졌다.

(3) **without** : ~없이, ~없다면, ~하지 않고서; above : ~하지 않고

ex-a. The visitor entered without knocking. 그 손님은 노크도 하지 않고 들어왔다.

b. He is above telling a lie. 거짓말을 하지 않는다.

c. above suspicion 의심의 여지가 없는

(4) **irrespective of** : ~에 상관없이, ~와 무관한, ~를 무시하고 (= regardless of)

(5) **object to(<u>against</u>)**: ~에 반하다, 반대하다 (= be opposed to, be contrary to, be opposite to)

6) '대등' 관계의 전치사 혹은 구전치사: ~와 함께(더불어), ~에 응하여, ~에 일치(부합)하여

(1) **with** : ex- a. His idea agrees with her idea. 그의 말은 그의 생각과 일치한다

b. This necktie will go with that shirt. 이 넥타이들은 저 셔츠와 어울릴 거다.

c. comply with (~에 순응하다, 따르다)

(2) **for** : ~를 향하여, 위하여; 『찬성하는』 ex- a. Are you for the plan?

(3) **like** (~와 같은. ~처럼), similar to (~와 유사한), in line with (~와 일치하여), in favor of (~에 찬성하여), in observance(honor) of(~에 준수하여)…

※ **'예시', '추가', '유추', '강조'** 등은 대등관계(논리)에 포함되는 것들이다. **→ 8. 대등관계 접속사** (p314) **참고**

like(~와 같은. ~처럼)는 예시 단서(ex–a)이면서 유추 단서(ex–b)이고, besides(~이 외에)는 추가 단서(ex–c)이다.

ex–a. I want to be scientists like Newton, Einstein, and Millikan.
(뉴턴, 이인슈타인, 밀리칸과 같은 과학자가 되기를 원한다)

b. Coffee shops have been popping up like mushrooms. (like ~처럼 pop 생기다 mushroom 버섯) (커피샾이 우후죽순처럼 생겨나고 있다)

c. I speak German besides English. besides(~이 외에)
(나는 영어 이외에 독일어도 말한다)

7) '관련/대상' 의 전치사 : 대부분의 전치사는 "관련 / 대상"(~에 대하여)으로 쓰일 수 있다.

(1) on & in

ex–a. We are proud to say our products are not tested **on** animals.
(on: ~를 대상으로, ~를 대상으로 하는, ~에 대한, 대하여, 관한, 관하여)
우리 제품들은 동물**을 대상으로** 실험되지 않는다고 말하는데 있어서 자랑스럽다.

b. He has many books **on** mathematics.
그는 수학**에 관한** 책을 다수 가지고 있다.

c. My interest **in** the books was great. (in: ~에 대한, 대하여, 관한, 관하여)
나의 그 책**에 대한** 관심은 상당했다.

(2) for & of

ex–a. For a student of English, reading skills are important. (for:~의 경우 / of:~를)
영어를 공부하는 학생의 경우, 독해기술이 중요하다.

b. for my part = 나에 대해서는(나의 경우에는)

(3) except

ex–a. Everyone **except** John liked the idea. (except: ~을 제외하고)
존**을 제외한** 모든 사람들은 그 아이디어를 좋아했다.

(4) **with & to**

ex-a. Mary lived with John after she agreed to John's proposal.

메리는 그녀가 존의 청혼**에** 승낙한 후, 존**과 함께** 살았다 (with:~와 함께 / to:~에 대해, 관해)

(5) **in regard to, with regard to, in reference to, with reference to, with respect to**: ~에 관하여(**관점, 쟁점**)

ex. In regard to the matter, he remained affirmative.

그 문제에 관하여 그는 여전히 긍정적이었다.

5 기초개념 5: 혼동유발 기초개념들 (주의할 성분 & 구조)

1) 문장의 5형식에서 나오는 용어

주어, 동사(서술어), 목적어, 보어, 간접목적어, 직접목적어, 목적보어, 수식어

문장의 5형식

(1) **1형식 문장: 주어+동사+(수식어)** ex. Mary(주어) dances(동사) (here)(수식어).

(2) **2형식 문장: 주어+동사+보어** ex. Mary(주어) is(동사) a good dancer(보어).

(3) **3형식 문장: 주어+동사+목적어** ex. Mary(주어) hit(동사) a good dancer(목적어).

(4) **4형식 문장: 주어+동사+간접목적어+직접목적어** ex. I(주어) give(동사) Mary(간접목적어) a good doll(직접목적어).

(5) **5형식 문장: 주어+동사+목적어+목적보어** ex. I(주어) make(동사) Mary(목적어) a good dancer(목적보어).

2) 보어와 목적어

a. Mary is a good dancer.

→ [Mary = a good dancer]이면 a good dancer는 Mary(주어)의 보어

b. Mary hit a good dancer.

→ [Mary ≠ a good dancer]이면 a good dancer는 hit(동사)의 목적어

3) 4형식(간접목적어+직접목적어)과 5형식(목적어+목적보어)

a. I make Mary a good doll. (4형식 문장: Mary는 간접목적어, a good doll은 직접목적어)

→ [Mary ≠ a good doll]이면 a good doll은 make(동사)의 직접목적어

b. I make Mary a good dancer. (5형식 문장: Mary는 목적어, a dancer는 목적보어)

→ [Mary = a good dancer]이면 a good dancer은 Mary(목적어)의 목적보어

※ 밑줄 친 부분이 직접목적이, 목적보어, 수식어인지 살펴보자.

a. The employer gave the employee a substantial benefit. (직접목적어)
그 사장은 그 직원에게 상당한 혜택(보너스)를 주었다.

b. The employer made the employee a hard-working machine. (목적보어)
그 사장은 그 직원을 근면한 기계로 만들었다.

c. The employer saw the employee as a hard-working machine. (목적보어)
그 사장은 그 직원을 근면한 기계로 간주했다.

d. The employer put the employee in a new workplace. (목적보어/수식어)
그 사장은 그 직원을 새로운 일터에 배치했다.

e. The employer hit the employee in a new workplace. (수식어)
그 사장은 그 직원을 새로운 일터에서 구타했다.

4) ~ed 꼴 : 과거 동사(kicked) Vs. 과거 분사(kicked)

a. The man kicked the soccer ball. → 有 목적어(the soccer ball)

b. The soccer ball (kicked by the man) hit the woman. → 無 목적어

c. The soccer ball was kicked by the man.

5) V 꼴 : 현재 동사(dance) Vs. 원형 부정사 (to가 없는 부정사)

a. I dance in the house. → (주어 뒤에 나오는) 현재 동사

b. I make you dance in the house. → (주어 뒤에 나오지 않는) 원형 부정사 (→p21 참고)

6) 등위접속사(대등접속사; 병렬접속사) and, but, or

→ 글 전체의 구조 파악(동-접=1)을 위해서는 문장과 문장의 접속만 고려하자.

a. I like John and Mary. → 단어(John)와 단어(Mary)의 접속

b. I like to dance and sing in the house. → 구(to dance)와 구(to sing)의 접속

c. I dance and sing in the house. → 문장(I dance)와 문장(I sing)의 접속

7) 관계대명사 Vs 관계부사

→ 부+완 Vs 대+불　　(관계부사+완전한 문장 Vs 관계대명사+불완전한 문장)

a. I visited the house that the man wanted. → that = 관계대명사

b. I visited the house that the man worked. → that = 관계부사

2 | 핵심문법 정리

부록 ● APPENDIX

1 문장의 형식(Sentence formation) & 동사의 종류(Kinds of verbs)

1) 품사와 문장성분, 그리고 문장의 구성 및 형식

(1) **품사**(명사, 동사, 형용사, 부사 등)는 **형태와 의미적 특성**에 따라 나눈 단어의 부류이고, **문장성분**(주어, 술어, 목적어 등)은 **문장 속에서의 역할**에 따라 나눈 어구의 부류이다.

a-1 A dog likes good people.
관사 명사 동사 형용사 명사

b-1. Good people like a dog.
형용사 명사 동사 관사 명사

a-2 A dog likes good people.
주어 술어 목적어

b-2. Good People like a dog.
주어 술어 목적어

명사: S(주어), O(목적어) or C(보어), 3가지 중 하나의 역할을 하는 하나의 단어
명사구: S, O, or C, 3가지 중 하나의 역할을 하는, 명사를 중심으로 하는, 동사가 없는 단어들의 모임
명사절: S, O, or C, 3가지 중 하나의 역할을 하는, 명사를 중심으로 하는, 동사가 있는 단어들의 모임

형용사: 보어 or 명사수식어, 2가지 중 하나의 역할을 하는 하나의 단어
형용사구: 보어 or 명사수식어, 2가지 중 하나의 역할을 하는, 동사가 없는 단어들의 모임
형용사절: 보어 or 명사수식어, 2가지 중 하나의 역할을 하는, 동사가 있는 단어들의 모임

부사: 비명사 수식어 역할을 하는 하나의 단어 ※ 비명사(명사를 제외한 품사) = 동사, 형용사, 부사
부사구: 비명사 수식어 역할을 하는, 동사가 없는 단어들의 모임
부사절: 비명사 수식어 역할을 하는, 동사가 있는 단어들의 모임

(2) 문장은 주성분(필수 성분)인 **S(주어), V(서술어), O(목적어), C(보어)** 그리고 필수 성분이 아닌 **M(수식어)와 CJ(연결어)**로 구성된다.

(A very handsome) man (with hope) left a village (to make money), and met a man
M S M V O M CJ V O

(who loved computer games) (in a company) (selling computers) (made in Korea).
M M M M

모든 문장에 S와 V는 반드시 존재하며, O와 C의 존재는 술어(동사)가 무엇이냐에 따라 결정된다. 즉, 문장이 5형식 중에서 몇 형식인가는 술어(동사)가 결정한다. 따라서, 술어(동사)가 문장의 기본 5형식 중에서 몇 형식을 취할 수 있는지 파악한다.

➔ 문장의 기본 5형식은 뒤에서 자세히 다룬다.

술어: dance 1**형식** (S V) look 2**형식** (S V ^{S}C) eat 3**형식** (S V O)

^{S}C = 주격보어

inhabit 3**형식** (S V O) give 4**형식** (S V ^{I}O ^{D}O) elect 5**형식** (S V O ^{O}C)

^{I}O = 간접목적어

^{D}O = 직접목적어

^{O}C = 목적(격)보어

문장구성의 원리

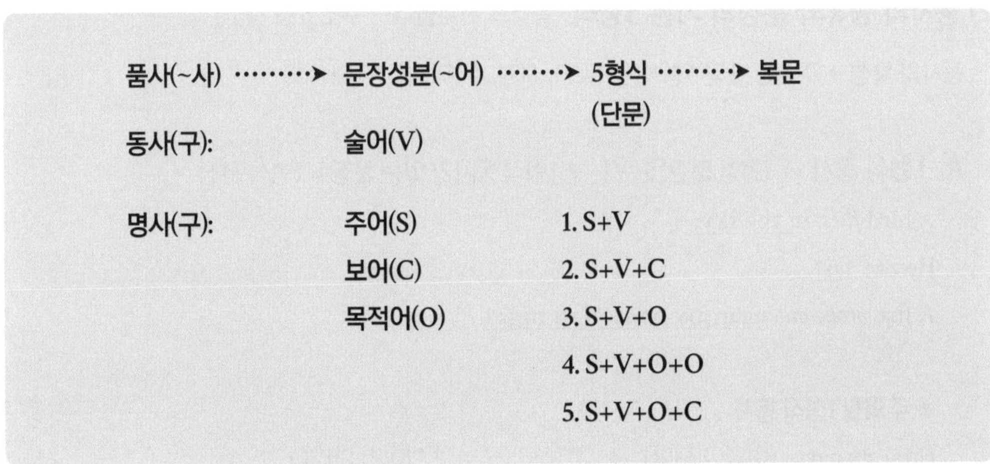

품사(~사) ·········➤ 문장성분(~어) ·········➤ 5형식 ·········➤ 복문
(단문)
동사(구):
술어(V)
명사(구):
주어(S)
보어(C)
목적어(O)
1. S+V
2. S+V+C
3. S+V+O
4. S+V+O+O
5. S+V+O+C

형용사(구) → 보어 or 수식어

The book is of great value. (밑줄 = 형용사구 보어) 그 책은 상당히 가치있다.

= The book is greatly valuable. (밑줄 = 형용사구 보어)

The man (to go there) likes dogs. (밑줄 = 형용사적 수식어구) 거기 가는 남자는 개를 좋아한다.

The man (going there) likes dogs. (밑줄 = 형용사적 수식어구)

The man (who goes there) likes dogs. (밑줄 = 형용사적 수식어구)

※ 형용사적 수식어구 = 명사를 수식해주는 수식어구

부사(구)

I do the work (to get some money). (밑줄 = 부사적 수식어구) (돈을 벌기 위해)

I do the work (getting some money). (그 일을 하고 돈을 벌다)

I do the work (before I get some money). (돈을 벌기 전에)

※ 부사적 수식어구 = 동사 or 형용사 or 부사를 수식해주는 수식어구

※ I wanted the man to go there. 밑줄 = 목적보어 (나는 그 남자가 거기 가는 것을 원했다.)

I saw the pen on the desk. 밑줄 = 형용사적 수식어구 or 부사적 수식어구

그 책상 위에 있는 펜을 보았다. └펜을 그 책상 위에서 보았다.

전치사 + 명사(목적어) = 전명구

The man (with patience) went there (with patience).

명사 수식 동사 수식

인내심 있는 남자가 인내심 있게 거기에 갔다.

2) 동사의 종류와 문장의 기본 5형식 (동사의 하위범주와 구조 p38 참고)

동사의 특성→ 주술관계 및 5형식(절 유도), 시제, 수, 태, 법, 준동사

A. 1형식 동사 → 1형식 문장[S+V] ※ 1형식 동사가 있는 문장 = 1형식 문장

A bird *flies* in the sky.

He *ran* fast.

A fire *broke out* near my house last night.

※ 주의할 1형식 동사

Honesty pays. (이익이 되다) → 지불하다(pay)의 의미가 아니다

Every minute counts. (중요하다)

Ten dollars will do. (충분하다)

B. 2형식동사 → 2형식 문장[S+V+SC]

They are happy.

They look happy.

※ 주의할 2형식 동사

go bad (상하다) run short (부족해지다) come true (실현되다)

CHECK 1 올바른 것을 고르세요.

01 His story sounds (strange, strangely).

02 The rose smells (sweet, sweetly).

03 The lemon tastes (sour, sourly).

04 The cloth felt (smooth, smoothly).

05 Mr. Nam looks (young/ young man) for his age.

정답 1. strange 2. sweet 3. sour 4. smooth 5. young

C. 3형식 동사 → 3형식 문장[S+V+O]

(1) 비능동 타동사: I **resemble** my dad. ※ 비능동 = 능동성이 없는, 상태적인

(2) 능동(동작; 행위) 타동사: I **kicked** the box.

(3) 감정유발동사: The news **surprised** me. ※ 감정유발 = 감정을 유발시키는

(4) 타동사구: 두 개 이상으로된 단어군이 하나의 타동사 역할을 하는 경우

a. I **look at** the man. (= watch 보다)

b. I **take care of** the flower. (= care 돌보다)

(5) 재귀대명사를 목적어로 취하는 동사

dress, seat, overeat, …/ by oneself, for oneself…

a. He blamed himself. (그는 자기 자신을 비난했다)

b. He seated himself (그는 앉았다)

(6) 결과 목적어를 취하는 동사

He kicked a goal. (a goal ➔ 목적어가 술어 행위의 결과임)

(7) 요주의 동사들

<자착 타동사> ➔ 자착 = 자동사로 착각하기 쉬운 타동사

He <u>**attended**</u> the meeting.

└→ attended in the meeting (×) or attended at the meeting (×)

resemble (with) marry (with) inhabit (in, at) attend (in, at)
reach (in, at) approach (to) mention (about) discuss (about)
await (for) address (to) answer (to) ➔ **( ) 속의 전치사를 함께 사용 금지**

<타착 자동사> ➔ 타착 = 타동사로 착각하기 쉬운 자동사(전치사와 함께 사용 필요)

reside in, at / arrive in, at / participate in / come to /
wait for / talk to / speak of / reply to / object to /
complain of / graduate from / apologize to

CHECK 2 올바른 것을 고르세요.

01 I [married / married with] her.
02 I [arrived / arrived at] Seoul.
03 I [seated / seated myself].

정답 1. married 2. arrived at 3. seated myself

(8) <4착 3형식 동사>: (해석은 4형식처럼 『~에게 −을 V하다』로 번역되지만 4형식으로 쓰이는 동사가 아니다)

ⓐ explain 형

explain, announce **describe,** **introduce**	+ A + <u>to B</u>: B에게 A를 V하다.

She described the policeman the murder scene. (×)

➔ She described the murder scene ( ) the policeman. (○) ➔ (to)

ⓑ 제거 · 박탈의 타동사

rob, deprive **rid, clear, strip** **relieve, free, ease** **cure, heal, break**	+ A + <u>of B</u>: A에게서 B를 V하다.

The man robbed me ( ) my purse. ➔ (of)

ⓒ 공급의 타동사

supply, provide **furnish, present**	+ A + <u>with B</u>: A에게 B를 V하다.

This lake supplies the city ( ) sufficient water. ➔ (with)

ⓓ 확신 · 통보 · 고발의 타동사

inform, remind **accuse, convince** **warn, advise**	+ A + <u>of B</u>: A에게 B를 V하다.

I informed him ( ) your success. ➔ (of)

I advised him ( ) the meeting. (of)

You always remind me ( ) your father. (of)

ⓔ 방해 · 금지의 타동사

keep, stop **prevent, hinder** **deter, prohibit**	+ A + **from + -ing**: A가 -하지 못하게 하다

He prohibited his son ( ) smoking. ➔ (from)

The weather prevented us ( ) going out. (from)

※ He kept me **from** waiting for her.

He kept me waiting for her.

ⓕ 비난 · 감사 · 칭찬의 타동사

blame, punish, **scold, criticize,** **thank, praise**	+ A + **for B**: B 때문에 A를 V하다.

The teacher blamed her ( ) her carelessness. ➔ (for)

She praised him ( ) his bravery. (for)

Thank you ( ) your advice. (for)

(9) <기타 주의 사항>

a. become (3형식동사: 어울리다) vs. make (2형식동사: 되다)

주어┐ 주어┐

b. (해, 물가) **rise** (자동사) vs (문제) **arise** (자동사) vs **raise** (타동사),

c. lie (자동사) vs lay (타동사), sit (자동사) vs seat (oneself 목적어 가능),

d. steal (물건을) 빼앗다 vs rob (사람에게) 빼앗다

e. lend (빌려주다) vs borrow (빌리다), bring (가져오다) vs take (가져가다)

D. 4형식동사 ➔ 4형식 문장[S+V+IO+DO]

(1) 문장 전환 시 전치사의 종류에 따라 분류

ⓐ <give 형>: give, offer, show, tell, sell, send, teach, owe, pay

He gave her a doll. ➔ He gave a doll ( ) her. ➔ (to)

I owe John my success. ➔ I owe my success ( ) John.

I paid him 10 dollars. ➔ I paid 10 dollars ( ) him.

ⓑ <buy 형>: buy, make, get, call, order, find, make…

I bought him a small radio.➔ I bought a small radio ( ) him. ➔ (for)

He made me a dress. ➔ He made a dress ( ) me.

ⓒ <ask 형>: ask, demand, inquire, require, request…

May I ask you a favor? ➔ May I ask a favor ( ) you? ➔ (of)

He asked me a question. ➔ He asked a question ( ) me.

(2) 수동문으로 전환시 주의할 경우

ⓐ <give 형> They gave her a doll.

➔ She was given a doll. (○)

➔ A doll was given her. (○)

ⓑ <buy 형> They bought him a small radio.

➔ He was bought a small radio. (×)

➔ A small radio was bought (for) him. (○)

ⓒ <kiss 형> They kissed me a good night.

➔ I was kissed a good night. (○)

➔ A good night was kissed me. (×)

※ 비수여 동사 (비수여 = 수여의 의미가 없는)

They forgave me my sins.

I envy him his success.

It will save us a lot of trouble.

E. 5형식 타동사 ➔ 5형식 문장[S+V+O+^{O}C]

a. This made her son **sad**. (her son=sad)

b. She made her son **a doctor**. (her son=a doctor)

c. She made her son **<u>go there</u>.** (her son=go there → 주술 관계)

d. She want her son **<u>to go there</u>**. (her son= to go there)

e. They elected him **<u>president</u>**. (him=president)

f. He kept me **<u>waiting</u>** for an hour. (me=waiting)

g. She saw him **<u>breaking(break)</u>** the window.

h. She saw the window **<u>broken</u>.** (the window=broken)

CHECK 3 몇 형식인가?

01 I / found / him / a good boy.

02 I / found / him / a good book.

03 I / found / it / difficult / to please him.

04 I / found / it is difficult to please him.

05 I / think / it / natural / that he should be disappointed.

06 He / runs / to his school.

07 The well / runs / dry.

08 He / runs / a flower shop.

09 She / made / for Seoul.

10 She / will make / a beautiful woman.

11 She / made / a pretty doll.

12 She / made / me / a pretty doll.

13 She / made / his son / a pilot.

14 This profession / pays / well.

15 It / doesn't / count / to me.

정답 1. 5형식 2. 4형식 3. 5형식 4. 3형식 5. 5형식 6. 1형식 7. 2형식 8. 3형식 9. 1형식 10. 2형식 11. 3형식 12. 4형식 13. 5형식 14. 1형식 15. 1형식

2 시제(Tense)와 양상(Aspect)에 관하여

시제 = 동작이나 상태가 발생한 시점이나 기간에 맞게 동사의 형태를 결정, 표현하는 것

- 또한 4가지 양상은 단순상, 진행상, 완료상, 완료진행상이다.
- 따라서 일단, 12유형의 시제 표현이 있다고 보자.
- 단순시제[현재, 과거, 미래]는 **일시점**과 어울리는 동사의 표현형이다. ex) He shoots!

진행상 혹은 **진행시제**는 동작이 **진행**되고 있는 것을 표현한다.
ex) He is going home!

완료상 혹은 **완료시제**[현재완료, 과거완료]는 **기간**, 즉 "시점에서 시점까지"와 어울리는 동사의 표현형이다.

ⓐ I **lived** in Seoul in 2002 → 단순 과거 시제 ('in 2002'는 시점)
ⓑ I **have lived** in Seoul since 2002 → 현재 완료 ('since 2002'는 기간)

1) 단순시제

(일시점에서의) 상태 혹은 동작/ 습관, 반복/ 보편시간

A. 현재시제

(1) (현재 일시점에서의) 동작
He shoots! (순간 동작: 현재 일시점에서의 동작)

(2) 습관, 반복/ 지속적 상태 / 보편시간
→ 보편시간을 나타내는 현재시제: 불변의 진리, 속담, 격언인 경우

a. I **get** up at six o'clock. (습관, 반복; 보편시간)
b. He **goes** to church on Sundays. (습관, 반복; 보편시간)
c. She is rich. (상태)
d. I learned that the earth **goes** around the sun. (보편시간)
e. The sun **rises** in the east and **sets** in the west. (보편시간)
f. The teacher **said** that time **is** money. (보편시간)

(3) 미래의 일(미래시간)을 나타내는 현재시제

(3-1) 대개, 왕래발착(往來發着)동사(go, come, start, leave, arrive, reach, return…)가 **공식적 혹은 예정된 일정**일 때 현재시제를 사용하여 미래를 표현하기도 함.

He **comes** back tomorrow.

She **arrives** here at noon.

When **does** the movie begin?

(3-2) 시간, 조건의 부사절에서는 반드시 미래표현(will) 대신 현재시제 사용 그러나, 형용사절이나 명사절에서는 적용시키지 마라.

CHECK 1 올바른 것을 고르세요.

01 I will leave when he [comes / will come].

02 Let's start when she [arrive / will arrive].

03 I don't know when she [arrive / will arrives].

04 I will go fishing if it [is / will be] fine tomorrow.

05 I doubt if it [rains / will rain] tomorrow.

06 I don't know the time when he [comes / will come].

07 I stay here until you [come / will come] back.

정답 1. comes 2. arrive 3. will arrives 4. is 5. will rain 6. will come 7. come

※ **주의할 현재시제: ★는 시제 일치를 고려 안 해도 괜찮은 경우, 즉 시제일치의 예외**

시제 일치(tense agreement) = 주절 동사의 시제(기준 시점)가 종속절 동사의 시제에 영향을 주는데, 서로 일치하기도 하지만, 서로 어울리기도 한다.

ex) a. I **think** that she **blames** him. (주절 현재 = 종속절 현재) (= : 일치)

b. I **thought** that she **blamed** him. (주절 과거 = 종속절 과거)

c. I **think** that she **blamed** him. (주절 현재 ≒ 종속절 과거) (≒ : 어울림)

d. I **thought** that she **had blamed** him. (주절 과거 ≒ 종속절 과거완료)

※ **미래(시간)를 나타내는 표현 -- will, be going to, be ~ing(왕래발착), 현재시제**

a. He **will come** back.

b. He **is going to come** back.

c. He **is coming** back.

d. He **comes** back tomorrow.

B. 과거시제

과거의 일시점에서의 동작 혹은 과거의 상태를 표현

과거시점 표시부사 → in+과거연도, yesterday, then, when, ~ago, last+시간명사, at that time, those days, the other day, just now

a. He was born **in 1974**.

b. I didn't know the truth **then**.

c. He met her at the party **yesterday**.

d. I went there **2 days ago**.

★ 역사적 사실은 항상 과거시제를 쓴다 (기준시점과 관계없이)

e. I **learned** that Columbus **discovered** America.

f. He **taught** us that the Korean War **broke** out in 1950.

2) 완료(상) 시제

어떤 동작이나 상태가 기간에 걸쳐, 즉 <u>한 시점에서부터 또 다른 시점</u>에 영향력을 미칠 때 사용하는 표현

- 현재완료는 **<u>과거의 어떤 일시점</u>**에서의 동작이나 상태가 **<u>기준 현재시점</u>**까지 영향력을 미치는 경우에 사용한다. 기준 현재적 의미가 중요.
- 과거완료는 **<u>과거이전의 시점(더 과거)</u>**에서의 동작이나 상태가 **<u>기준 과거시점</u>**까지 영향력을 미치는 경우에 사용. 기준 과거적 의미가 중요.
- 미래완료는 과거나 현재시점에서의 동작이나 상태가 **<u>기준 미래시점</u>**까지 영향력을 미치는 경우에 사용. 기준 미래적 의미가 중요.

A. **현재완료** : [과거]시점에 발생한 동작이나 상태가 [현재]시점에 영향을 미쳐서 현재적 의미(완료적 or 지속적)가 중요하다.

a. I have lived here (for 10 years. / since 2010) ➔ 지금 잘 안다.
b. How long <u>have</u> you <u>been</u> in Seoul? 얼마나 오래 동안 서울에 있었니?
c. I <u>has</u> *just* <u>finished</u> the assignment. 방금 그 과제를 끝냈다
d. I <u>have</u> not <u>finished</u> lunch yet. 아직 점심을 다 못 먹었다.
e. I <u>have</u> *already* <u>done</u> it. 이미 했다(끝냈다).
f. I <u>have</u> <u>lost</u> my key. 열쇠를 잃어버렸다(그래서 지금 없다)
g. I <u>have</u> *never* <u>seen</u> a lion. 사자를 본 적이 없다

CHECK 2 올바른 것을 고르세요.

01 She [lost / has lost] his fountain pen last week.
02 I [know / have known] him well since he was a child.
03 My grandmother is still alive, but she [was / has been] in hospital for two years
04 When [have you returned/ did you return] home from Europe?
05 The scientist found that gold [is / was] heavier than copper.

정답 1. lost 2. have known 3. has been 4. did you return 5. is

B. 과거완료 : **과거이전(더과거)**의 동작이 **기준과거 시점**까지 영향력을 미치는 경우에 사용하는 시제. 기준 과거 시점에서의 의미가 어떤지가 중요.

a. I **had lived** here *until* 2010. (→ 2010년 이전, 그 때 까진 잘 알았다)
b. I **had** just **finished** my breakfast when he came.
c. I *found* that I **had left** my umbrella at the bus.
d. She **had studied** French for 10 years when I returned to Korea.
e. I **had studied** English for eight hours when he visited me.
f. He **had gone** to Canada when I visited his house.

※ 더 과거를 과거로 표현할 수 있다. – 시간차(선후)를 표현해주는 'and'와 함께도 가능
I *lost* the watch (that) my father **had bought** for me.
= My father **bought** a watch for me **and** I **lost** it

C. 미래완료 : 과거나 현재에 시작된 동작이나 상태가 미래의 기준시점에 영향을 미칠 때 사용하는 시제. 사건이 미래에 까지 연관될 때.

a. She **will have finished** the work by next weekend.
b. I **shall have finished** the work by the time he comes back.
c. He **will have known** me for 10 years *by next month.*
d. I **shall have met** her 5 times *if I see him again next month.*

3) 진행(상) 시제

대개 동작이 (혹은 상태가) **진행 중** 임을 나타내는 표현
→ ⓐ 지속, 연속, 습관 ⓑ 일시성(순간성) 강조

(1) 현재진행: am / are / is + –ing (~하고 있다; ~하는 중이다)
He is studying English.
(2) 과거진행: was/were + –ing : He was studying English.
(3) 미래진행: will/shall + be + –ing : He will be studying English.
(4) 현재완료진행: have/has + been + –ing (지속 or 완료)
a. He has been studying for 7 years. 그는 7년 동안 공부했다 (지속)
b. Have you been fighting? (좀 전에) 싸웠니? (완료)

(5) 과거완료진행: had + been + -ing (지속 or 완료)

He had been studying when I visited him.

(6) 미래완료진행: will/shall + have + been + -ing :

He will have been studying English for 10 years by next year.

그는 내년이면 10년간 영어를 공부하고 있는 셈이 될 것이다.

※ 진행형을 쓰면 어색한 동사들: 동사 자체에 '진행(지속)'의 의미가 있는 동사의 경우

지각(-see, hear, feel, smell…) ; 소유(-have, own, belong…)

감정(-love, like, hate…) ; 상태(-be, look, seem, resemble…)

지식(-know, believe, remember, forget…)

CHECK 3 올바른 것을 고르세요.

01 He recognized her at once, for he [saw / have seen / had seen] her two times before. ***recognize 알아채다**

02 When the bell rang, the students [already left / have already left / had already left] the class. ***ring (종소리 등이) 울리다**

03 My grandmother is still alive, but she [was / has been / had been] in hospital for two years.

04 I [didn't do / have not done / had not done] much more work since I talked to you on Wednesday.

05 He [resembles / is resembling] his father. ***resemble 닮다**

06 The two little cats [belong to / are belonging to] my aunt

07 I [know/ am knowing] that the picture was painted by him.

08 He [has / is having] lunch now.

09 At this time somebody in the world is dying and another [is born / is being born].

정답 1. had seen 2. had already left 3. has been 4. have not done 5. resembles 6. belong to 7. know 8. is having (have = eat) 9. is being born (병렬구조)

3 수의 일치(Agreement)와 주어 찾기

1) 주어-술어간의 수의 일치

주어의 수가 단수이면 단수동사(~∅, ~s)를, 주어의 수가 복수이면 복수동사(~∅)를 써야 한다.

※ ~∅ = ~s 와 ~ed와 같은 어미가 붙지 않는 무표시임

2) 선행사-대명사 간의 수의 일치

선행사(dog)의 수가 단수이면 그 선행사의 대명사(it)도 단수이어야 하고, 선행사(dogs)의 수가 복수이면 그 선행사의 대명사(they)도 복수로 써야 한다. 더불어 인칭, 성, 격도 고려해야 한다.

우선, 주어가 무엇인지 알아야 그 주어의 수에 일치하는 동사를 쓸 것이고 선행사가 무엇인지 알아야 그 주어의 수에 일치하는 대명사를 쓸 수 있다. 그리고 주어가 복합적일 때 초점 일치 혹은 근자 일치 접근법을 고려.

※ **초점일치 = 초점이 놓이는 곳에 수의 일치 적용** Check 2. 1번 참고
근자일치 = 술어동사와 가까운 곳에 수의 일치 적용 Check 2. 7번 참고

CHECK 1 알맞은 것을 고르세요.

01 He [am, are, is] a doctor.
02 They [is, are, am] all students.
03 Every child [has its / have its / has their / have their] own toys.
04 She or you [have, has] to go there.
05 Either you or he [have, has] to go there.
06 Neither you nor I [am, are, is] rich.
07 Not only you but also she [are, is, am] right.
08 She as well as you [are, am, is] right.
09 A teacher and poet [was/ were] at the party.

10 A teacher and a poet [was/ were] at the party.
11 Every [girl / girls] [was / were] invited to the party.
12 Each of the boys [have / has] received two dollars.

정답 1. is 2. are 3. has its 4. have (근자일치) 5. has 6. am 7. is (초점일치) 8. is 9. was 10. were 11. girl, was 12. has

CHECK 2 올바른 것을 고르시오.

01 He as well as you [is / are] right.
02 The number of students in the class [is / are] limited to ten.
03 A number of sailors [was / were] seen on the deck.
04 70 percent of the apples in the basket [is / are] rotten.
05 70 percent of Korea [is / are] composed of the mountains.
06 Either the teacher or the students [has / have] your books.
07 Neither the students nor the teacher [is / are] allowed to smoke.
08 The news written by Michael is well known for [its / their] accuracy.
*accuracy 정확성
09 Every country has [its / their] own tradition.
10 The Excel is one of those cars which [has / have] been discontinued by the manufacturers. *discontinue 중단하다
11 The *ears* of a rabbit are larger than [that / those] of a cat.
12 The *climate* of Korea is milder than [that / those] of Russia.

정답 1. is (초점일치 = He에 초점이 놓임) 2. is (The number에 초점이 놓임) 3. were 4. are 5. is 6. have 7. is (근자일치 = 동사 is에 가까운 the teacher에 수의 일치 적용) 8. its (news는 단수) 9. its 10. have (which의 선행사는 복수인 cars) 11. those (선행사는 복수인 ears) 12. that

4 태(態: Voice)에 관하여

태는 주어의 행위나 상태가 어떤지(주어가 어떤 행위를 하여 목적어에 영향을 주거나 어떤 행위에 의해 영향을 받거나)**를 나타내준다.**
더불어 목소리(태)는 초점을 표현하는 방식이다. ex) He fired me.

1) 수동태의 모형과 주의할 사항

(1) 능 - 수동 전환 모형

John	kicked	a ball	[active]
➔ A ball	was kicked	∅	by John [passive] ↳ 능동성 지닌 행위자

(2) **자동사는 수동 전환 불가** : 자동사는 수동문으로 전환이 안 되는 유형으로 간주
a. I was danced. (×)　b. He was appeared. (×)

(3) 타동사라고 하더라도 수동 전환 불가할 때가 있다. resemble
비능동성 타동사 ➔ 수동 전환 불가 (수동문이 없다)
resemble, have, (consist of ~ , belong to ~)

(4) p.p. (과거분사)가 수동의 의미를 지니지 않을 때도 있다. - 완료인 경우
➔ 완료의 have +능동(능동 타동사일때) 또는 완료상태(c와 같은 자동사일때)
a. John has **kicked** a ball.
b. I saw **fall**en leaves.
c. She's **gone**. (has gone = 완료 ; is gone = 완료)

(5) 형능 의수(능동꼴이 능동이 아닐 때) ➔ middle verb(중간태: 능동반 & 수동반)
His new novel **is sold** very well these days. (×)
➔ is sold가 아니라 sells가 적절한 표현; 이 sells가 형능 의수(**형**태는 **능**동; **의**미는 **수**동)
그의 새 소설은 요즘 매우 잘 팔린다.

(6) 감정촉발 동사(분사)의 수동 (사람을 ~하게 하다, 하는)

a. The news surprised me. ➔ 사물 주어도 능동성을 갖는다.

b. I was surprised at the news. ➔ 사람 주어 ♡ 수동

(흔히 사람이 주어이면 수동으로 표현)

(7) 타동사구의 수동태 — 외로운 전치사 (아래 b문장들의 at과 of)

a. She <u>laughed at</u> me. 그녀는 나를 비웃었다.

➔ I <u>**was laughed at**</u> ∅ (by her).

b. I will <u>**take care of**</u> the baby.

➔ The baby <u>**will be taken care of**</u> ∅ (by me).

(8) 지각, 사역 동사의 수동태 — 부활의 to (능동태에서는 없었던 to가 수동태에서 등장)

a. I saw people cross the street.

➔ People was seen ∅ <u>**to cross**</u> the street (by me).

b. He made me <u>**clean**</u> the room.

➔ I was made ∅ <u>**to clean**</u> the room (by him).

(9) 사고, 인식, 지각, 전달 동사의 수동태 ➔ 자기 생각, 주장이 아니다

a. He is thought to like her (by people). (여기서 people은 '막연한 일반인'으로 간주)

= People think that he likes her.

= It is thought (by people) that he likes her.

b. He is found to meet someone (by people).

= People find that he meets someone.

= It is found (by people) that he meets someone.

c. Mr. Nam is said to be a good teacher (by people).

= People say that Mr. Nam is a good teacher.

= It is said (by people) that Mr. Nam is a good teacher.

(10) 명령문과 의문문의 수동태

a. Open the door. ➔ Let the door be opened.

b. Who opened the window? ➔ By whom was the door opened?

CHECK 1 능동태를 수동태로 전환할 때 빈칸에 올바른 표현은? (시제별 수동태 전환)

01 She cleans the room. ➔ The room ______ by her.

02 She cleaned the room. ➔ The room ______ by her.

03 She is cleaning the room. ➔ The room ______ by her.

04 She was cleaning the room. ➔ The room ______ by her.

05 She will clean the room. ➔ The room ______ by her.

06 She has cleaned the room. ➔ The room ______ by her.

07 She had cleaned the room. ➔ The room ______ by her.

정답 1. is cleaned 2. was cleaned 3. is being cleaned 4. was being cleaned 5. will be cleaned 6. has been cleaned 7. had been cleaned

CHECK 2 올바른 것을 고르거나 밑줄 친 부분 고치기

01 Our old house <u>sold</u> through an estate agent yesterday. ***estate agent 부동산 중개인**

02 He was bitten on the leg [by / from] a mad dog.

03 He was killed [by / in] a car accident.

04 I think his lecture was [interested / interesting]. ***lecture 강의**

05 Water <u>**is consisted of**</u> hydrogen and oxygen. 물은 수소와 산소로 구성되어 있다

06 She <u>**is resembled by**</u> her grandfather. ***resemble 닮다**

07 The bag must <u>**have taken**</u> while I was out.

08 He was seen [cross / to cross] the street.

09 He <u>**was laughed**</u> by other students.

10 Let the parcel [delivered / be delivered] by tomorrow.

11 How is the word [spelling / spelled] ?

12 The sign <u>**is read**</u> "keep out".

13 [Seeing / Seen] from the moon, the earth might look like a ball

14 Jane, [hearing / heard] a noise, went downstairs.

정답 1. was sold 2. by 3. in 4. interesting 5. consists of 6. resembles 7. have been taken 8. to cross 9. was laughed at 10. be delivered 11. spelled 12. reads 13. Seen 14. hearing

5 법(Mood)과 가정법에 관하여

1) 법이란? 화자의 Mood - 명령법, 직설법, 가정법

(1) 가정법이란? -- 확실한 사실(상반된)이 전제되어야 가능한 표현

(사실과 반대의 경우를 가정해보기)

a. Close the door! ➔ 명령법

b. The door is open. ➔ 직설법

c. I wish it were not cold here. ➔ 가정법

(2) <u>사실</u>에 관해서 있는 그대로 진술하는 것을 직설법이라 하고, 반면에 (우회적으로) 가정하여 진술하는 것을 가정법이라 한다.

- **<u>사실</u>**은 현재사실과 과거사실이 있다.
- 현재사실과 반대되는 상황을 가정해봄(원함)으로써 무언가를 말하려고 하는 표현이 **<u>가정법 과거</u>**이며, 과거사실과 반대되는 상황을 가정해봄(원함)으로써 무언가를 말하려고 하는 표현이 **<u>가정법 과거완료</u>**이다.
- 따라서 가정법 과거에는 **<u>과거 시제</u>**가 등장하고(비록 의미는 과거가 아니지만), 가정법 과거 완료에는 **<u>과거완료 시제</u>**가 등장해도 이상할 것이 없다.

결국, 이런 표현형식도 **<u>시제일치의 예외</u>**가 된다고 간주하자.

즉, **시제일치의 고려 대상이 아니다.** ➔ 하나 더 이전 시제로 표현

(사실을 확신할 수 없지만) **If he work(s) hard, I will employ him.**

(사실은 그렇지 않지만) **If he worked hard, I would employ him.**

(사실은 그렇지 않았지만) **If he had worked hard, I would have employed him.**

(설마 그럴 리가 없지만) **If he should work hard, I would employ him.**

2) 가정법 과거

형식: ① if절(종속절)은 If+S+과거동사 ~ , S+would, could, should, might +Vr ~ .

↓

if절 또는 과거형조동사(4개) 구문 이외에, 즉 ① 이외에

② it is time S+V(과거) ~ It is time you *went* to bed.

③ I wish S+V(과거) ~ I wish I *were* a teacher.

I wish I *had* a new car.

④ as if S+V(과거) ~ He talks as if he *were* a millionaire.

3) 가정법 과거완료

형식: ① if절(종속절)은 If+S+ had+p.p.~ , S+would, could, should, might +have +p.p~

↓

if절 또는 과거완료형 조동사(4개) 구문 이외에, 즉 ① 이외에~

② I wish S+V(과거완료) ~ : I wish I *had been* a teacher then.

③ as if S+V(과거완료) ~ : She acts as if she *had lived* in a palace.

CHECK 1 다음 직설법의 문장을 가정법의 문장으로 바꿔보세요.

01 As I don't have enough time, I can't study much.

→ ______________________________

02 As I am not a bird, I can not fly to you.

→ ______________________________

03 I had no more money, so I couldn't buy the car.

→ ______________________________

04 As I didn't know her address, I couldn't write to her.

→

정답 1. If I had enough time, I could study much.

2. If I were a bird, I could fly to you.

3. If I had had more money, I could have bought the car.

4. If I had known her address, I could have written to her.

4) 실현성 없는 상황 가정

비현실적이고 불가능한 상황이나 사건에 대한 가정에는 if절에 should, were to를 사용

(해석: 설마 그럴 리가 없지만…)

If it should rain tomorrow, I will[would]put off my departure.

5) 가정법의 if절에 해당하는 표현들

① **without** = but for = If it were not for = were it not for: (~이 없다면)

② 〃 = If it had not been for = had it not been for: (~이 없었다면)

Quiz

[① / ②] your help, I <u>would</u> be in trouble. 답: ① without

[① / ②] your help, I <u>would have been</u> in trouble. 답: ②의 without

③ **otherwise!** ⓐ그렇지 않으면 ⓑ 그렇지 않았으면

You *are* here with me, <u>otherwise</u>, I <u>would</u> be sad.

[ⓐ / ⓑ] 답: ⓐ (그렇지 않으면)

You *helped* me, <u>otherwise</u>, I <u>would have failed</u>.

[ⓐ / ⓑ] 답: ⓑ (그렇지 않았다면)

④ 가정절(if절)이 도치구문으로 둔갑하기도 한다. (변신하는 로봇)

Had you gone by subway, you could have saved time. 지하철을 탔다면 시간을 아꼈을텐데...

Were I rich, I could buy a nice house. 내가 부자라면 멋진 집을 살 수 있을텐데...

6) 혼합가정(법)에 주의

가정(if절)은 과거 사실에 대한 것+추측(주절)은 현재 혹은 미래 내용에 대한 것

If Bob hadn't hurt his arm yesterday, he **would be** able to play **today**.
➔ 과거사건(어제 부상당한 사건)이 오늘의 사건(경기 출전)에 영향을 끼침
어제 부상당하지 않았다면 밥은 오늘 출전할텐데...

CHECK 2 밑줄 친 부분을 올바르게 고치세요.

01 If I were you, I **will not leave** my room in a mess.
02 If he **didn't help** me then, I would have failed in the business.
03 I could have done better if I **had** a little more time then.
04 If you **took** that bus, you would have met with the accident.
05 The play was very interesting. I wish you **came** to see it.
06 You talk as if you **are** my father. Stop talking like that.
07 **Did he come** earlier, the situation would have changed.
08 He failed again. He **should take** your advice.
09 He worked hard; otherwise, he **would fail** in the examination.
10 If he had worked hard, I **would employ** him.
11 If Bob hadn't hurt his arm yesterday, he **would have been** able to play tomorrow.

정답 1. would not leave 2. had not helped 3. had had 4. had taken 5. had come 6. were 7. Had he come (도치 가정법) 8. should have taken 9. would have failed 10. would have employed 11. would be (혼합 가정법)

6 조동사助動詞

조동사란 자기 뒤에 나오는 동사(본동사)를 보조해주는(도와주는) 동사를 나타낸다.
(본)동사의 기본적인 의미를 변화시키지는 않고 간단하게

① **시제를 표현**해주면서
② 도치문(의문문)과 부정문과 같은 **특수한 문형의 형성**시 등장하거나
③ 법(Mood)을 나타내어 **어감을 추가**적으로 부여해준다. (➔ '법 조동사'라고 함)
(법 = Mood = 화자의 주관적 생각)

He can swim.에서 can은 swim에 '능력'의 의미(어감)를 추가해줌
I will swim.에서 will은 swim에 '의지'의 의미를 추가해줌
I must go now.에서 must는 go에 '의무'의 의미를 추가해줌

다음과 같이 조동사의 의미와 용법은 3가지로 나누어서 이해한다.

A. '가정법'의 조동사: would could should might ➔ 앞의 5장에서 이미 언급됨
※ would, could, should, might는 (과거의) '추측'과 '직설법'(의 과거)로도 사용 가능

B. '추측'(의 의미)의 조동사: will can shall must may / would, could, should, might

C. '직설법'의 조동사: will can shall must may / would, could, should, might

B. 추측의 조동사와 C. 직설법의 조동사 용법은 아래에 조동사별로 잘 나타나 있다.

1) can (a. 능력 b. 허가, 요청, 제안, 권유 ➔ 직설법의 세계)

(1) 직설법엔 could가 아니라 대체로 be able to(manage to)로 표현
You/I can swim (here).
(2) 허가
a. Can I come in? [yes, you can.] (= be permitted to)
b. You can swim (here)
c. Can you give me a ride?

(3) 추측(가능성)

You can get a burn if you are not careful. (조심하지 않으면 화상을 입을거야)

cannot은 부정적 추측(-일리가 없다) He **cannot be** a teacher.

↔ must 는 긍정의 추측. He **must be** a teacher.

2) may(might)

(1) **허가**: -해도 좋다 May I come in? — Yes, you may.

↔ 불허-금지 : No, you may not. / No, you must not.

(2) **불확실한 추측**: -일지도 모른다

This book may be interesting for you.

(3) **기원문**: -하소서 May you live long! May he succeed!

(4) **목적**: -하기 위해서

He studies hard so that he may[can] pass the exam. (시험에 합격하기 위해)

=He studies hard in order that he may[can] pass the exam.

=He studies hard in order to pass the exam.

=He studies hard so as to pass the exam.

=He studies hard to pass the exam.

3) must

(1) **강한 의무**: 반드시 -해야 한다

You must do it at once. (즉시 그것을 해야 한다)

(2) **강한 추측**: must be=-임에 틀림없다 He must be a spy.

(3) **강한 금지, 불허**(-해서는 절대 안 된다) : must not

You must not do it. cf. may not (불허: -해서는 안 된다)

4) should

(1) ⊕ **긍정적 기대 (의무적, 당위성, 당연)**

a. You should go with me.

b. My children should be in bed now.

c. They should be here soon.

(2) ⊖ 부정적 기대 (의외성, 후회)

a. How should he treat us like this?

※ 종속절(that)에 should가 나오게 만드는 동사와 형용사

→ (1) 동사: 주장(insist, argue, contend) 요구(require, request) 명령(order, command, direct), 결정(determine, decide) 제안(suggest, propose) 충고(advise) 소망(wish, desire)

(2) 형용사: It is 형 that~ 의 necessary, natural, desirable, good(이성적 판단의 형용사) sorry, strange, regretful, sorrowful(감정적 판단의 형용사)

a. She proposed that he (should) meet her. (그녀는 그가 자기를 만나야 한다고 제안했다)

b. He suggested that we (should) go there. (그는 우리가 거기 가야한다고 제안했다)

c. They insisted that he (should) be invited. (그들은 그가 초대받아야 한다고 주장했다)

d. It is natural that he (should) go there. (그가 초대받는 것은 당연하다)

e. It is strange that he (should) be invited. (그가 초대받다니 이상한 일이다)

5) would

(1) 과거의 습관(-하곤 했다): He would visit me on weekends.

(2) 과거의 의지, 고집: He would not go there.

The door would not open.

(3) 소망(-하고 싶다): I would like to go with you.

* would like to=should like to

(4) 정중한 표현(-해주시면…): Would you open the door?

(5) 추측: He would be 50 when he died.

6) used to (-하곤 했다): 과거의 습관과 과거의 상태

(1) 과거의 습관

He used to take a walk every morning. 그는 매일 산책하곤 했다

(2) 과거의 상태

There used to be a tall tree on the hill. 큰 나무가 그 언덕에 있었다.

7) 조동사+have+p.p.

(1) should have p.p. = ought to have p.p. (~했어야만 했는데…)

↔ should not have p.p. = ought not to have p.p. (~하지 말았어야만 했는데…)

(2) need have p.p. (~할 필요가 있었다) ↔ need not have p.p. (~할 필요가 없었다)

(3) must have p.p. (~이었음에 틀림없다) ↔ cannot have p.p. (~이었을 리 없다)

(4) may have p.p. (~이었을지도 모른다) ↔ may not have p.p. (~아니었을지도 모른다)

※ may not have p.p. vs. might have p.p. (~이었을지도 모를텐데…)

(He might have been drowned. - 가정법)

그는 익사했을 지도 모를텐데…

8) 기타 조동사 관련 관용 표현

a. had better + Vr (think so) ~하는 게 낫다. ※ Vr = 동사의 원형

b. may well + Vr ~하는 것도 당연하다.

c. may as well + Vr.1 (as Vr.2) ~하는 편이 더 낫다.

= would rather + Vr.1 ~ than Vr.2

d. cannot + Vr ~ too 아무리 ~해도 지나치지 않다

I cannot be too careful of our health.

e. cannot help ~ing ~하지 않을 수 없다.

= cannot but + Vr

= have no choice [alternative] but to R

= cannot not choose but R

CHECK 1 올바른 것을 고르세요

01 You [must / cannot] be tired after your long walk.

02 Such a good man [must / cannot] have committed murder.

03 I [may / must] have said so, but I don't remember it.

04 It is natural that he [must / should] get angry with you.

05 Since the road is wet this morning, it [must / should] have rained last night.

06 I proposed that the party [be / was] put off till tomorrow.

07 I do not drink coffee now, but I [would / used to].

정답 1. must 2. cannot 3. may 4. should (natural이 주절에 있으므로) 5. must 6. be (propose가 주절동사이므로) 7. used to (현재가 아닌 과거의 습관 표현)

7 준동사

동사에서 파생된 말이라서 동사의 성격-절, 태, 법-을 지니지만, 동사 기능을 하지 않고 명사적, 형용사적, 부사적으로 쓰인다.

> **※ 동사의 성격 → 절(문장)을 유도한다(다른 주성분 등을 이끈다).**
> **따라서 준동사구(절)도 절의 압축(축약)된 형식으로 간주하자.**

- **준동사의 형식**: 동사의 원형에 **to** 를 앞에 부가하거나 (to 부정사)
  ~ing 를 뒤에 부가하거나 (동명사, 현재분사)
  ~ed 를 뒤에 부가 (과거분사)

- **준동사의 기능**:

동사	vs	준동사
1. 시제, 수 有		1. 명사적
2. 절 주어 뒤		2. 형용사적
		3. 부사적 용법

CHECK 1 **밑줄 친 부분의 쓰임은 명사적인가? 형용사적인가? 부사적인가?**

01 I planned <u>to go there</u>.
02 I wanted the man <u>to go there</u>.
03 I stopped <u>going there</u>.
04 I saw the man <u>going there</u>.
05 The man <u>to go there</u> likes dogs.
06 The man <u>going there</u> likes dogs.
07 I do the work <u>to get some money</u>.
08 I do the work <u>getting some money</u>.

정답 1. 명사적 2. 명사적 (목적보어로 쓰임) 3. 명사적(목적보어로 쓰임) 4. 명사적(목적보어로 쓰임) 혹은 형용사적 (the man을 수식) 5. 형용사적 6. 형용사적 7. 부사적 8. 부사적 (분사구문)

1) 동명사 vs 부정사의 명사적 용법 (S, O, C로 쓰임)

ⓐ Teaching English / is very difficult.

= To teach English / is very difficult.

= It is difficult / [to teach / teaching] English.

ⓑ He likes [going / to go] with her.

➔ going과 to go둘 다 가능하고 큰 의미 차이는 없다고 간주할 것.

1) 중요한 차이점은

(1) [동명사 / 부정사]는 전치사의 목적어로 쓰일 수 있지만
[동명사 / 부정사]는 전치사의 목적어로 쓰이지 못하고,

a. I am afraid of [to go / going] there.

b. He insisted on [doing / to do] it himself.

※ 동명사 (protecting) vs 일반 명사 (protection)

protecting the girl   protection of the girl

➔ 일반명사는 주어나 목적어를 취할 때 of와 같은 전치사를 함께 수반해야 함

(2) 동사의 목적어로 부정사를 택해야 할지, 동명사를 택해야 할지는 그 동사의 유형에 따라, 즉 동사가 무엇이냐에 따라 결정된다.

➔ to 부정사에는 미래적, 불확정성, 일시적, 구체적인 어감이 있고,
동명사는 과거적, 확정적, 지속적, 일반적인 어감이 있다.

※ 둘 다 목적어로 취할 수 있으나, 의미의 차이가 있는 경우

They forget visiting Seoul yesterday. 과거의 사건을 forget (~했던 것을 forget)

They forget to visit Seoul tomorrow. 미래의 사건을 forget (~할 것을 forget)

I tried doing it.   try ~ing   시험삼아 ~해보다

I tried to do it.   try to v~   ~하려고 애쓰다

cf) I stopped talking to him. 그와 말하는 것을 그만두었다.

I stopped to talk to him. 그에게 말하기 위해 멈추었다.

(to부정사는 목적어가 아닌 수식어구이다)

CHECK 2 올바른 것을 고르세요.

01 I will quit [smoking / to smoke] from now on.

02 He planned [going / to go] with her.

03 Would you mind [opening / to open] the window?

04 I want [being / to be] a doctor.

05 I regret [missing / to miss] the concert.

06 He promised never [smoking / to smoke].

07 She avoids [walking / to walk] on the dark street at night.

08 Do you hope [seeing / to see] her again?

09 Don't forget [waking / to wake] me up at six tomorrow morning.

10 I still well remember [having / to have] a good time in Korea.

11 My chair wants [mending / to mend].

정답 1. smoking 2. to go 3. opening 4. to be 5. missing 6. to smoke 7. walking 8. to see 9. to wake 10. having 11. mending – 주어가 비능동의 혹은 무의지의(의지가 존재하지 않는) 사물 주어이면 want의 목적어로 '형능 의수'(형태는 능동; 의미는 수동) 가능

2) 형용사적 용법 → (1) 명사 수식 (2) 보어로 쓰임

일반적으로는 형용사적 부정사나 형용사적 분사나 큰 차이가 없지만, 중요한 차이점은,

(1) 명사를 수식할 때 분사는 피수식어인 명사와 분사 간의 관계가 주술 관계뿐 인 반면에, 부정사의 경우는 주술 관계뿐 만 아니라 목술 관계, 기타관계도 있다

(2) 명사를 수식할 때 분사는 명사의 앞이나 뒤에서 다 수식 가능한 반면에, 부정사의 경우는 뒤에서만 수식 가능하다

CHECK 3 올바른 것을 고르세요.

01 Please give me some water [to drink / drinking].
02 I have a lot of work [to do / doing].
03 He has no friend [to play / to play with / playing with].
04 He has no paper [to write / to write on / writing on].
05 Look at the [to fly / flying] bird.
06 He fixed my [to break / breaking / broken] car.
07 This is the book [to write / writing / written] by my friend.
08 I know the man [to stand / standing] at the gate.

정답 1. to drink 2. to do 3. to play with 4. to write on 5. flying 6. broken 7. written 8. standing

(3) **보어로 쓰일 때는 현재분사 ~ing는 능동, 진행의 의미를, 과거분사 p.p.는 수동, 완료의 의미**를 지니면서 글의 논리적 전개구성에 따라 해석되는 반면에,
부정사의 경우에는 대개 예정이나 가능 등의 의미(be to 용법)를 지니게 된다.

a. He was **breaking** the window. (창을 깨고 있었다: 능동)
b. The window was **broken**. (창이 깨졌다: 수동)

※Be To 용법

c. They <u>are to</u> meet at six. (**예정**: ~하기로 되어 있다)

d. You <u>are to</u> do the work. (**의무**: ~해야 한다)

e. Not a star <u>was to</u> be seen at the night. (**가능**: ~할 수 있다) 어떤 별도 볼 수 없었다.

f. She <u>was</u> never <u>to</u> return home. (운명적으로) 그녀는 결코 집에 돌아올 수 없었다.

g. If you <u>are to</u> have good friends, you must be good.
(**의도**: ~하려고 하다) 당신이 좋은 친구들을 가지려고 한다면 당신이 좋아야 한다.

CHECK 4 올바른 것을 고르세요 - 능동 vs 수동

01 I feel [tiring / tired] every afternoon.

02 He stood [watching / watched] TV.

03 He looked [surprise / surprised].

04 I heard him [playing / played] flute.

05 I heard my name [calling / called].

06 Leave the door [closing/ closed].

07 He saw his wife [crossing / crossed] the bridge.

08 I made the room [clean / cleaned].

09 She had her book [print / printed].

10 He got his car [repair / repaired].

11 I got my hair [cutting / cut].

12 I had him [cut / to cut] the tree.

13 I got him [cut / to cut] the tree.

정답 1. tired 2. watching 3. surprising 4. playing 5. called 6. closed 7. crossing 8. cleaned 9. printed 10. repaired 11. cut 12. cut 13. to cut

3) 부사적 용법 → 문장 전체를 수식하거나 동사, 형용사, 부사 같은 특정어구를 수식

분사는 문두에서는 목적(~하기 위해서) 등의 의미로는 잘 쓰이지 않으며, 부정사는 문두에서는 원인(~해서), 이유(~이니까) 등의 의미로는 잘 쓰이지 않으며 형용사나 부사를 수식해주지 못한다.

1) To 부정사

a. He came here / **to see** me yesterday. (목적)

b. She was surprised / **to hear** the music. (원인)

c. He must be a fool / **to do** such a thing. (이유 · 판단의 근거)

d. Her mother lived / **to be** 100. (무의지 동사 live와 함께 '결과'를 나타냄)

e. He grew / **to be** a doctor. (무의지 동사 grow와 함께 '결과'를 나타냄)

f. I should be happy / **to go** with you. (조건)

g. French is hard / **to learn**. (단순수식-형용사수식)

= It is hard to learn French.

h.. He is not old enough / **to go** to school. (단순 수식-부사수식)

2) 분사

(1) 시간 (while, when, after, as, before)

a. **Walking** on the street, I met him.

= While I walked on the street, I met him.

b. **Left** alone, I began to read.

=When I was left alone, I began to read.

c. (While) **reading** a book, I found an important fact.

= While I was reading a book, I found an important fact.

(2) 동시동작 (부수적 상황) (as = '-하면서') 및 연속동작 (~and)

a. **Saying** "good-bye", he started the engine.

= He started the engine as he said "good-bye".

b. He was reading comic books, **listening** to the radio.

= He was reading comic books as he was listening to the radio.

c. The train left at six, **arriving** in Seoul at noon.

= The train left at six, and it arrived in Seoul at noon.

d. She opened the door, **finding** the baby alone.
= She opened the door, and she found the baby alone.

※ **with 동시 상황 분사 구문: 'with이하의 구'가 동시상황을 나타내는 분사구문**
It was a misty morning, **with little wind blowing**.
안개 낀 아침이었는데 거의 바람은 불지 않았다.

(3) 원인, 이유 (Because, As, Since)

a. Not **having** enough money, I couldn't buy a Mercedez.
= As I didn't have enough money, I couldn't buy a Mercedez.
b. **Being** sick, he was absent from school.
= Because he was sick, he was absent from school.

(4) 조건 (if)

a. **Turning** to the right, you **will find** John's house.
= If you turn to the right, you will find John's house.
b. **Meeting** him, you **will love** him at first sight.
= If you meet him, you will love him at first sight.

(5) 양보 (though, although, even though, even if)

a. **Living** next door to Alice , I **don't know** her.
= Though I live next door to Alice, I don't know her.
b. **Studying** so hard, I **didn't get** good grades.
= Though I studied hard, I didn't get good grades.

4) 준동사의 주어 및 태 표시

A. 부정사의 주어 표시

(1) 의미상 주어 = 주절의 주어 : I want **to go** with [me / him].
답 : him (to go의 의미상의 주어는 I)

(2) 의미상 주어 = 주절의 목적어 : I want John(him) **to go** with [me / him].
답 : me (to go의 의미상의 주어는 him)

※ **5형식 동사의 예**

ⓐ ask ⓑ allow ⓒ tell ⓓ force ⓔ advise ⓕ enable ⓖ encourage ⓗ order
ⓘ persuade ⓙ permit ⓚ forbid

(3) 기본적인 표시방법 = [∅] or [**for + 주어**] or [**of + 주어**]
① ② ③

① It is impossible [∅] to win the game.
= [∅] **to win** the game is impossible.
to win의 주체 → [?]
답 : for people 혹은 for someone (people 혹은 someone은 막연한 일반인으로 간주됨)

② to win의 주체가 you 라고 표시하려면
→ It is impossible [?] **to win** the game.
= [?] **to win** the game is impossible. 답 : for you

③ say의 주체가 you 라고 표시하려면
→ It is kind [?] **to say** so. 답: of you ('kind'와 같은 인성을 나타내는 형용사의 경우)

※ **사람의 성질을 나타내는 형용사**가 있는 경우 = [?] 답 : of you
kind, nice, careless, foolish, stupid, careful, rude, cruel, polite, crazy, wise, clever…

B. 동명사의 주어 표시 : 다음과 같이 3가지 경우가 있다.

(1) 목적격(him, her, it 등)으로 주어 표시 : I likes him going with her.
(2) 소유격으로 주어 표시
a. He likes **my** going with her.
b. I heard of **your father('s)** coming back home soon.
(3) **Reading** English is difficult, but **speaking** it is even more difficult.
∅으로(무표시) 주어 표시 : Reading과 speaking의 주체 → [?]
답 : people 혹은 someone (people 혹은 someone은 막연한 일반인으로 간주됨)

C. 분사의 주어 표시 -- ∅(무표시)

(1) 분사는 그 앞에 ∅으로(무표시) 주어를 표시한다.

Walking on the street, I met him.

(2) 다음은 주어가 표시되는 특수한 유형이다.

a. As it was fine yesterday, we went on a hiking.

➔[?] [being] fine yesterday, we went on a hiking. 답: It

b. As there is no bus service here, we have to walk.

➔[?] [being] no bus service here, we have to walk. 답: There

D. 준동사의 태 (능동/수동) 표시

주절의 주어가 **능동의 행위자이면 현재분사(~ing)로 표현**되는 반면에, **수동의 행위자이면 과거 분사로 표현**된다.

CHECK 5 **알맞은 것을 고르세요.**

01 [Educating / Educated] in France, she speak French very well.
02 Ann, [hearing / heard] a strange noise, went downstairs.
03 He came into the room, [exciting / excited] and breathless.
04 English is an international language for us to [be learned / learn].
05 Paul stood with his hand [shading / shaded] his eyes.
06 She sat in the chair with her legs [crossing / crossed].
07 He stood with his arms [folding / folded].
08 We received a call [requesting/requested] information on it.
09 His uncle is said to [have educated / have been educated] at Harvard.
10 She was ashamed of [having blamed / having been blamed] in public by them.

정답 1. Educated 2. hearing 3. excited 4. learn 5. shading 6. crossed 7. folded 8. requesting 9. have been educated 10. having been blamed

5) 준동사의 시제 표시

준동사는 그 자체에는 시제가 없으므로 주절의 동사에 맞추어 시간을 해석해내야 한다.
주절의 동사의 시제에 맞출 때, 주절의 동사와 동일한 시간대 혹은 시점을 나타내는 경우에는, 대개 단수형을 사용하고, 주절의 동사보다 하나 더 이전의 과거 시간대 혹은 시점을 나타내는 경우에는, 종종 완료형을 사용한다.

완료형 tov(부정사) 구문	**완료형 ~ing(분사/동명사) 구문**	
↓	↓	
to have p.p. **(대개 능동)**	having p.p. **(대개 능동)**	
to have been p.p. **(수동)**	having been p.p. **(수동)**	(p.p. = 과거분사)

A. 부정사의 시제

(1) 단순형 ─<to V>: 주절동사시제와 동일한 시점의 동작

(2) 완료형 ─<to have p.p.>: 주절동사시제보다 **먼저 일어난** 동작
→ 하나 더 이전시제를 표현

1\. a. He seems to like her. (그는 그녀를 좋아하는 것 같다(현재에서의 추정))
= It seems (I think) that he likes her.

2\. He seems to have liked her. (그는 그녀를 좋아했던 것 같다(현재에서의 추정))
= It seems (I think) that he liked her.

3\. He seemed to like her. (그는 그녀를 좋아하는 것 같았다(과거에서의 추정))
= It seemed (I think) that he liked her.

4\. He seemed to have liked her. (그는 그녀를 좋아했던 것 같았다(과거에서의 추정))
= It seemed (I think) that he had liked her.

※ 소망, 예측의 동사[want, wish, hope, expect] + to부정사

1. I hope to succeed. = I hope that I will succeed. (난 성공하기를 바란다)
2. I hoped to succeed. = I hoped that I would succeed. (난 성공하기를 바랐다)
3. I expected to have passed the exam. → 의미? (시험에 합격할 것을 기대했었는데...(합격하지 못했다))

과거에 이루어지지 않았던 일에 대한 감정 표현(아쉬움, 후회…)

B. 명사의 시제 표시

(1) 단순형 ㅡ<V+ing>: 주절동사시제와 동일한 시점의 동작

(2) 완료형 ㅡ<having+ p.p.>: 주절동사시제보다 **먼저 일어난** 동작

→ 하나 더 이전의 시간을(시제로) 표현

1. You are proud of **having** many friends now.
   = You are proud that [ ] [ ] many friends now. 답: you, have

2. He is proud of **having had** many friends then.
   = He is proud that [ ] [ ] many friends then. 답: he, had

C. 분사의 시제 표시

(1) 단순형 ㅡ<V+ing>: 주절동사시제와 **동일한 시점**의 동작

Singing together, we danced. (우리는 함께 노래하면서 춤을 췄다)

(2) 완료형 ㅡ<having+p.p.>: 주절동사시제보다 **먼저 일어난** 동작

→ 하나 더 이전시제를 표현

Having finished the work, he went out. (그는 그 일을 끝마치고 나서 외출했다)

CHECK 6 올바른 것을 고르세요. - 준동사의 시제 표시

01 He seems to [be / have been] wealthy when he was young.

02 I'm sorry to [keep / have kept] you waiting so long.

03 She is said to [be / have been] a beauty when young.

04 Not [hearing / having heard] the announcement of the delay, they went to the platform.

05 He is proud of [graduating / having graduated] from Korea University then.

정답 1. be 2. have kept 3. have been 4. having heard 5. having graduated

6) 기타 주의할 사항

A. 부정사

(1) 부정사의 반복을 피하려고 to만 쓸 때가 있다: 대부정사 to

You may do the work if you want to. (to = to do the work)

(2) 독립적(주어간 일치 불필요) 부정사

a. to be frank with you 너에게 솔직히 말해서

b. to tell the truth 사실을 말하면

c. to be sure 확실히

d. to begin with 우선

e. strange to say 이상한 말이지만

f. not to speak of ~은 말할 것도 없이

(3) 의문사+to부정사=의문사+주어+조동사+동사원형

a. I really don't know **what to say**. (정말 무엇을 말해야 할 지 모른다)

= I really don't know what I should say.

b. Do you know **how to drive?** (어떻게 운전할 수 있는지 아니?)

= Do you know how you could drive?

c. Decide **what school to go**. (어느 학교에 다닐 지 결정해라)

= Decide what school you should go.

(4) too A to B = so A that 주어 can't B ➔ 너무 A해서 B할 수 없다; B할 수 없을 만큼 A하다)

That book is too difficult for me to read. (저 책은 너무 어려워서 읽을 수 없다)

= That book is so difficult that I can't read it.

= That is such a difficult book that I can't read it

B. 동명사의 관용 표현

(1) It is no use talking to him. = It is no good talking to him.

= It is of no use to talk to him. = It is useless to talk to him.

그와 대화를 해도 소용이 없다

(2) There is no knowing what will happen in the future.

= It is impossible to know what will happen in the future.

미래에 무슨 일이 일어날지 아는 것은 불가능하다

(3) It goes without saying that he is clever.
= It is needless to say that he is clever.
그가 영리하다는 것은 말할 필요도 없다.

(4) I feel like eating something delicious.
= I feel inclined to eat something delicious.
맛있는 것을 먹고 싶다.

(5) I make a point of getting up at 6
= I make it a rule to get up at 6.
6시에 일어나는 것을 규칙으로 삼고 있다.

(6) What do you say to taking a walk?
= How about taking a walk? = Let's take a walk.
산책하는 게 어때?

C. 분사의 관용 표현

(1) 독립적(주어간 일치 불필요) 분사 구문
a. Strictly speaking, he is not a artist. (엄밀하게 말하면)
b. Generally speaking, ~ (일반적으로 말해서)
c. Judging from ~ , ~ (~로 판단하건데)
d. Taking all things into consideration, ~ (만사를 고려하면)

(2) ~ing+as it does (분사 강조어구; 사실, 그게 그렇듯이, 그런 양상이지만)
Standing as it does on the hill, the villa commands a fine view.
(저렇게 언덕 위에 서 있으므로 그 별장은 전망이 좋다.)

8 대명사

1) 인칭대명사에서 Main Points

(1) 인칭대명사 형태

인칭			주격	소유격	목적격	소유 대명사	재귀 대명사
1인칭	단수		I	my	me	mine	myself
	복수		we	our	us	ours	ourselves
2인칭	단수		you	your	you	yours	yourself
	복수		you	your	you	yours	yourselves
3인칭	단수	남성	he	his	him	his	himself
		여성	she	her	her	hers	herself
		중성	it	its	it		itself
	복수		they	their	them	theirs	themselves

(2) **이중소유격**: 한정사(a, the, this, that, 소유격 등)의 중복 금지

a my friend (×) a good Tom's idea (×)

→ my a friend (×) → Tom's a good idea (×)

→ a friend of mine (○) → a good idea of Tom's (○)

(3) **It의 용법**: It is ~ that … 강조구문: …한 것은 바로 ~이다

I met him at a party yesterday.
ⓐ ⓑ ⓒ ⓓ

ⓐ를 강조: It was I that[who] met him at a party yesterday.

ⓑ를 강조: It was **him** that[who] I met at a party yesterday.

ⓒ를 강조: It was **at a party** that[where] I met him yesterday.

ⓓ를 강조: It was **yesterday** that[when] I met him at a party.

2) 관계대명사(접+선+격)와 관계부사(접+선)

※ 포인트: 접속사 역할 + 선행사 파악 + 격 파악

(1) 관계 대명사의 종류

	주격	소유격	목적격
사람	who	whose	whom 생략가능
사물	which	whose, of which	which 생략가능
선행사 포함 [사물]	what	-	what

a. I met a man. + A man (= He : 주격) loved computer games.

→ I met a man (**who** loved computer games).

b. I met a man. + Jane loved a man (= him : 목적격).

→ I met a man (**whom** Jane loved).

c. I met John. + John's (his : 소유격) brother loved computer games.

→ I met John (**whose** brother loved computer games).
↳ 소유격 관계사

d. I work for a company. + A company (It : 주격) sells computers.

→ I work for a company (**which** sells computers).

e. Look at the book. + The book's (Its : 소유격) cover is black.

→ Look at the book **of which** cover is black.

→ Look at the book the cover **of which** is black.

f. I visited the city. + Jane lived in the city (=it).

→ I visited the city (**which** Jane lived in).

→ I visited the city (**in which** Jane lived).
↳ 전치사 +관계대명사

→ I visited the city (**where** Jane lived).
↳ 관계부사

※ 관계대명사에서 주의할 사항

1. **who** — 별 특수한 용법이 없다.

2. **which** — 구, 절을 선행사로 취할 수 있다. (이때 앞에 comma(,) 존재)

3. **that** — ⓐ comma(,)와 전치사랑 안 친하다.

ⓑ 소유격 표현 불가

ⓒ 특정한 선행사랑 친하다.

(특정선행사 = 서수, 최상급, the very, the only, all, no, the same, 의문대명사)

4. **what** — (선행사가 필요 없는) 자유 관계대명사

➔ 명사절을 이끌면서 선행사 the thing 포함하는 것으로 간주됨

What I want is your book.

5. **제한적 용법 vs 계속적 용법(comma)** ⌝

『접속사+대명사』로 전환 ➔ 연속적으로 번역

a. He has 3 sons, who became doctors. (아들 셋 다 의사임)

b. He has 3 sons who became doctors. (세 아들이 의사인데 아들이 넷 이상일 수도)

(2) 관계 부사의 종류

선행사	관계부사		전치사+관계대명사
장소 (place, house…)	when	➔	in, on, at + which
시간 (time, day, hour…)	where	➔	in, on, at + which
이유 (the reason)	why	➔	for which
방법 (the way - 생략)	how	➔	in which

I don't remember **the day**. + Mr. Kim left Seoul **on the day.**
then

➔ I don't remember the day [when] Mr. Kim left Seoul.

➔ I don't remember the day [on which] Mr. Kim left Seoul.

※ 전치사+관계대명사가 모두 관계부사로 전환되는 건 아니다.

CHECK 1 올바른 것을 고르세요.

01 Her sons, both of [them / whom] work abroad, ring her up every week

02 This is the place [where / which] the money was found.

03 This is the place [where / which] I have always wanted to visit.

04 There is some truth in [which / what] he says.

05 The floods destroyed several bridges, [that / which] made it impossible to reach the village by road.

06 The accident about [that / which] today's newspaper reports happened yesterday in my neighborhood.

07 The house was full of boys, tens of [them/whom] were his own grandchildren.

08 John was ill in bed, [that/which] explains why he did not come.

09 Tell me the name of the place [which/where] you found it.

10 I have sent him two letters, neither of [them/which] has arrived.

11 That is the very dress [that/what] my sister had long wanted.

12 I tried to get out of the business, [what/which] I found impossible.

13 He took two rooms [where/for which] he paid $400 a week.

14 This is the proverb [which/whose] meaning I cannot understand.

정답 1. whom (관계사는 접속사 기능이 있지만 them과 같은 일반대명사는 접속사 기능이 없다) 2. where 3. which 4. what 5. which 6. which 7. whom 8. which 9. where 10. which 11. that 12. which 13. for which 14. whose (소유격 관계대명사)

Memo

Memo